Inhalt

Ökumenische Persönlichkeiten

Zu diesem Heft

Liebe Leserinnen und Leser,

Religion in der Öffentlichkeit ist in den letzten Jahren durch extreme und fundamentalistische Äußerungen, Demonstrationen und Gewaltübergriffe in religiös, häufig muslimisch geprägten Ländern, aber nicht nur dort, eine sichtbare und wahrnehmbare Komponente geworden. Das säkulare Europa muss darauf reagieren. Im Nachbarland Frankreich stellt Laurent Schlumberger, Präsident der neu gegründeten Église Protestante Unie de France fest, dass die Minderheitskirchen um der Religionsfreiheit willen zu Beginn des letzten Jahrhunderts den säkularen Staat erkämpft haben. Inzwischen habe sich aber der Laizismus französischer Prägung, der von der protestantischen Kirche mit gestaltet worden sei, zunehmend zu einer negativen Religionsfreiheit entwickelt: Religion ist aus dem öffentlichen Raum verdrängt.

Wie aber ist es in Deutschland, einem säkularen Staat, der eine klare Trennung zwischen Staat und Religion postuliert, auf der anderen Seite mit dem Laizismus Frankreichs nicht vergleichbar ist? Religion im öffentlichen Raum wird in den Medien in den letzten Jahren zunehmend kritisch diskutiert. Dem müssen und können sich Religionsgemeinschaften stellen. Dazu fand im Februar 2013 das Symposion der Ökumenischen Rundschau statt, dessen Beiträge hier veröffentlicht werden.

Die Grundlagen des Staat-Kirchen-Verhältnisses in Deutschland sind definiert, wie es *Hendrik Munsonius* in seinem Beitrag übersichtlich und klar darstellt. Dass es dabei nicht um den Erhalt überholter Privilegien der Kirchen geht, sondern um eine geordnete Aufgabenverteilung, in der Politiker konkrete Erwartungen an die Religionsgemeinschaften haben, wird aus dem Beitrag von *Norbert Lammert* deutlich. Trotzdem sind die Kirchen dem modernen Atheismus auch noch Antworten schuldig und müssen sich einem neuen Diskurs stellen, wie *Thomas Schärtl* aufweist. Wie das im wissenschaftlichen Umfeld der Universität stattfinden kann, untersucht *Christian Polke*. Die beiden Beiträge von *Vasilios N. Makrides* und *Antonio González* weiten den Horizont: Makrides stellt dar, wie sich die orthodoxen Kirchen, allen voran die Russisch-Orthodoxe Kirche der Moderne und dem Pluralismus stellen. Gonzáles entwickelt aus der Perspektive einer Freikirche – er selbst ist Mennonit – eine durchaus provozierende andere Sicht auf die Öffentlichkeit, die er aus der jüdisch-christlichen Tradition ableitet. Einen besonderen Reiz bietet das Thema, wenn sich christliche Tradition dem Gespräch mit anderen religiösen Traditionen öffnet und die deutsche Gesellschaft in ihrer Vielfalt wahrnimmt. Die Beiträge aus jüdischer und islamischer Sicht von *Micha Brumlik* und *Hamideh Mohagheghi* zeigen, wie spannend es ist, sich den Fragen der Religion im öffentlichen Raum miteinander zu stellen.

Mit den Aspekten, die in dieser Ausgabe der Ökumenischen Rundschau angesprochen sind, ist das Thema „Religion im öffentlichen Raum" längst nicht erledigt, die Beiträge haben aber zu intensiven Diskussionen angeregt und werden sicherlich auch weiterhin zum ökumenischen und interreligiösen Gespräch Impulse geben. An der Vorbereitung des Symposions hat *Fredy Henning* maßgeblich mitgewirkt, der aus der Schriftleitung der Ökumenischen Rundschau mit der Beendigung seiner Arbeit in der Ökumenischen Centrale der ACK ausgeschieden ist. Nach Jahrzehnten der Mitarbeit hat der Herausgeberkreis auch *Konrad Raiser* verabschiedet, dem die Ökumenische Rundschau als Schriftleiter und Herausgeber sehr viel verdankt. Seine weiterführenden Fragen und Anregungen, seine Beiträge und Analysen haben über lange Zeit die Ökumenische Rundschau geprägt!

Verwiesen sei noch auf die Analyse der gegenwärtigen ökumenischen Situation von *Christoph Anders* und *Wolfgang Vogelmann*, die im Vorfeld der Ökumenischen Vollversammlung in Busan eine interessante „Wasserstandsmeldung" angeben.

Beim Lesen wünscht Ihnen im Namen des Redaktionsteams spannende Entdeckungen

Barbara Rudolph

Politik und Religion

Erwartungen und Ansprüche[1]

Norbert Lammert[2]

Sehr geehrter Herr Landesbischof, lieber Herr Professor Weber,
meine Damen und Herren,

ich bedanke mich sehr für die freundliche Einladung und die besonders liebenswürdige Begrüßung. Dass ich der Lieblingspolitiker der deutschen Bischöfe sei, war mein Eindruck bislang nicht. Aber nachdem dies jetzt in Ihrem Protokoll verzeichnet ist, macht allein das schon den Besuch lohnend. In der Tat aber sind mir das Thema und die Erwartungen und Ansprüche, die damit verbunden sind, wichtig. Die eigentliche Relevanz des Themas beginnt freilich erst jenseits dieser unverbindlichen Auskunft, weil sich aus allgemeinen Feststellungen durchaus unterschiedliche Schlussfolgerungen ziehen lassen und damit Auseinandersetzungen unvermeidlich machen, vor denen man sich dann nicht drücken darf. Ich bin offen gestanden auch deshalb gekommen, weil ich mit Ihnen gerne über Wahrnehmungen reden möchte, die Sie mit dem Thema und den darin angesprochenen Zusammenhängen verbinden. Nun vermute ich aber, dass es gleichwohl so sein könnte, dass der eine oder andere von Ihnen wissen möchte, was ich denn nun über das Thema denke. Deswegen habe ich mir vorgenommen,

[1] Vortrag, gehalten auf dem Symposion der Ökumenischen Rundschau „Religion im öffentlichen Raum" am 23. Februar 2013. Der Vortragsstil wurde weitgehend beibehalten.
[2] Prof. Dr. Norbert Lammert ist seit 2005 Präsident des Deutschen Bundestages. Er ist Lehrbeauftragter für Politikwissenschaft und Honorarprofessor an der Ruhr-Universität in Bochum und stellvertretender Vorsitzender der Konrad-Adenauer-Stiftung. Bildnachweis: Deutscher Bundestag-Lichtblick-Achim Melde.

einige Punkte, die mir in diesem Zusammenhang wichtig erscheinen, etwas thesenartig und ein bisschen zugespitzt vorzutragen, wobei ich von vornherein darauf aufmerksam machen möchte, dass nach meinem Verständnis nichts davon wirklich originell ist. Ich persönlich glaube ohnehin, dass es bei diesem Thema weniger darauf ankommt, etwas Neues herauszufinden, sondern eher darauf, gefestigte Einsichten und Einschätzungen in einer Weise neu zu sortieren, so dass sie zu praktischen Schlussfolgerungen führen, die mir zu selten stattfinden.

Meine Ausgangsfrage könnte lauten: wie viel Religion erträgt eine moderne, aufgeklärte, liberale Gesellschaft? Und die nach meinem Verständnis sofort dazu gehörige Frage lautet: wie viel Religion braucht eine demokratisch verfasste Gesellschaft? Beide Fragen sind ebenso schwierig wie wichtig. Auf den ersten Blick schließen sie sich beinahe aus, nach meinem Verständnis aber sind sie unabhängig voneinander nicht zu beantworten.

Meine erste Bemerkung zu diesem Thema lautet: Politik und Religion sind zwei unterschiedlich bedeutende, formell oder informell mächtige, rechtlich oder faktisch bindende Gestaltungsansprüche gegenüber einer Gesellschaft und ihren Mitgliedern. Sie können einander nicht gleichgültig sein, aber sie sind gewiss nicht identisch. Die Unterschiede zwischen diesen beiden Gestaltungsansprüchen sind nicht weniger bedeutsam als die Gemeinsamkeiten. Ich will das, was ich hier mit Unterschieden und Gemeinsamkeiten meine, mit zwei, nicht repräsentativ, aber auch nicht völlig willkürlich herausgegriffenen, ganz unterschiedlichen Zitaten verdeutlichen. Dietrich Bonhoeffer schreibt in seinem Aufsatz „Was ist Kirche?": „Die Kirche ist die Grenze der Politik, darum im eminenten Sinn politisch und apolitisch zugleich." Das zweite Zitat wird Abraham Lincoln zugeschrieben: „Politik ist der umsichtige Einsatz persönlicher Bosheit für das Gemeinwohl." Das kann man theoretisch anspruchsvoller formulieren, aber nur schwer prägnanter.

Die etwas anspruchsvollere Formulierung versuche ich in meiner zweiten Bemerkung zu vermitteln: Religionen handeln von Wahrheiten, Politik von Interessen. Das eine ist so zentral wie das andere, und beides ist offenkundig grundverschieden. Zu den Ergebnissen – die meisten von uns werden vermutlich auch sagen Errungenschaften – unserer aufgeklärten Zivilisation gehört die Einsicht in die Aussichtslosigkeit einer abschließenden Beantwortung der Wahrheitsfrage. Diese Einsicht macht Politik nötig und Demokratie möglich. Auf der Basis absoluter Wahrheitsansprüche ist Demokratie als Legitimation von Normen durch Verfahrensregeln gar nicht möglich. Demokratie setzt die Trennung von Religion und Politik voraus, die es allerdings ohne religiös vermittelte Überzeugungen von der Unantastbarkeit der Würde jedes einzelnen Menschen gar nicht gäbe, was wiederum die Komplexität zwischen Zusammenhängen und Unterscheidungen verdeutlicht.

Dritte Bemerkung: Der legitime Gestaltungsanspruch der Politik wird in der Regel durch Verfassungen definiert, die ihrerseits Ausdruck der Überzeugungen, Orientierungen und Prinzipien sind, die in einer Gesellschaft Geltung beanspruchen. Ich halte es aber für eines der vielen, leider weit verbreiteten Missverständnisse unserer Zeit, ausdrücklich oder implizit zu vermuten, dass das, was früher einmal die gefestigte gemeinsame kulturelle Überzeugung einer Gesellschaft war, heute von Verfassungen abgelöst sei. Man brauche das eine nicht mehr, weil es jetzt ja das andere gäbe. Und das, was in einer Gesellschaft Geltung habe, sei, werde und müsse abschließend in einer Verfassung niedergeschrieben sein. Das ist sicher nicht falsch, unterschlägt aber, dass Verfassungen nie Ersatz für, sondern immer Ausdruck von Überzeugungen sind, die in einer Gesellschaft Geltung beanspruchen. Es wäre eine vertiefte Diskussion nicht nur zulässig, sondern notwendig, dass jeder gründliche Blick auf moderne wie auf traditionelle Gesellschaften zu dem Befund kommt, dass der innere Zusammenhalt einer Gesellschaft immer durch Kultur gestiftet wird und durch nichts anderes. Märkte halten Gesellschaften nicht zusammen, Geld schon gar nicht, auch Politik nicht. Politik auch nicht im Sinne eines rechtlich verbindlichen Regelsystems, denn dieses Regelsystem entfaltet seine Plausibilität wiederum nur aus den Kontexten, die ihrerseits nicht politisch, sondern kulturell sind. Insofern könnte man mit einer gewissen Berechtigung darüber nachdenken, ob jedenfalls unter diesem Gesichtspunkt der Unterschied zwischen traditionellen und modernen Gesellschaften wirklich so fundamental ist, wie gelegentlich behauptet wird. Inneren Zusammenhalt stiften kulturelle Überzeugungen. Oder umgekehrt: Wenn dieses Mindestmaß an kulturellen Gemeinsamkeiten verloren geht, erodiert der Zusammenhalt einer Gesellschaft. Wobei die Frage, warum er verloren geht, eher zweitrangig ist, weil die Wirkung nicht von den Motivationen, sondern von den Rahmenbedingungen abhängig ist.

Sie kennen alle die berühmte, beinahe zu Tode zitierte Bemerkung von Ernst Wolfgang Böckenförde, die ich nur deswegen überhaupt nochmal in diesem Zusammenhang ausführen möchte, weil bedauerlicherweise immer nur der erste Satz zitiert wird: „Der freiheitliche säkularisierte Staat lebt von Voraussetzungen, die er selbst nicht garantieren kann." Was genau den eben angesprochenen Zusammenhang bestätigt. Und Böckenförde fährt fort: „Das ist das große Wagnis, das er um der Freiheit willen eingegangen ist. Als freiheitlicher Staat kann er einerseits nur bestehen, wenn sich die Freiheit, die er seinen Bürgern gewährt, von innen her, aus der moralischen Substanz des Einzelnen und der Homogenität der Gesellschaft reguliert. Andererseits kann er diese inneren Regulierungskräfte nicht von sich aus, das heißt mit den Mitteln des Rechtszwanges und autoritativen Gebots zu garantieren versuchen, ohne seine Freiheitlichkeit aufzugeben und – auf säkularisierter Ebene – in jenen Totalitätsanspruch zurückzufallen, aus dem er in den konfessionellen Bürgerkriegen herausgeführt hat." (Staat, Gesellschaft, Freiheit. 1976, S. 60) Wenn man diesen Zusammenhang betrachtet, ist da mehr Explosivstoff drin als in dem längst kanonisierten Eingangssatz, der keinen Streit mehr auslöst, weil alle andächtig nicken und sagen, ja so ähnlich ist es wohl. Ich komme nachher noch einmal auf den Punkt zurück, wie es denn um diese Homogenitätsvermutung bestellt ist.

Vierte Bemerkung: Für die allgemeine Behauptung, dass der innere Zusammenhalt jeder Gesellschaft nicht durch Politik schon gar nicht durch Wirtschaft, sondern durch Kultur gestiftet wird und dass Verfassungen nie Ersatz für, sondern immer Ausdruck von kulturellen Überzeugungen einer Gesellschaft sind, ist das Grundgesetz ein besonders prominentes, prägnantes, schwer überbietbares Beispiel. Das Grundgesetz ist – schon gar, wenn man seinen einleitenden Teil von der Präambel über den Katalog der Grundrechte liest, bis es sich dann in die zum Teil grotesk detaillierten Einzelregulierungen verliert – ein hoch ideologischer, tief religiös geprägter Text, mit einer Reihe normativer Ansprüche für die Gestaltung einer modernen Gesellschaft. Bereits das in der Präambel reklamierte Bewusstsein der Verantwortung vor Gott und den Menschen muss nicht in einer Verfassung stehen – steht aber in unserer Verfassung. Und dass der nicht nur erste, sondern nach Übereinstimmung aller Verfassungsexegeten auch höchste, zentrale Satz unserer Verfassung: „Die Würde des Menschen ist unantastbar", nicht einen empirisch gesicherten Sachverhalt wiedergibt, sondern wenn überhaupt, dann aus der entgegengesetzten Erfahrung eine Norm herleitet, begründet eine der erstaunlichsten, eindrucksvollsten und spektakulärsten Verfassungsversionen, die wir überhaupt kennen. Würden Verfassungen nicht überzeugen wollen, sondern nur Erfahrungen wiedergeben, müsste der Satz eigentlich lauten „Die Würde des Menschen ist angreifbar" – ein Nachweis, der nirgendwo gründlicher geführt worden ist als in unserer Geschichte. Weil wir jedoch wissen, dass es genau so war, erklären wir in unserer Verfassung, dass es umgekehrt sein muss. Das ist im Übrigen natürlich auch der Grund, warum eine so bedeutende, kluge und einflussreiche Persönlichkeit wie Jürgen Habermas zum Erstaunen eines beachtlichen Teils seines „Fanclubs", der sich bis heute davon noch nicht so ganz erholt hat, spätestens seit seiner berühmten Dankesrede bei der Verleihung des Friedenspreises des Deutschen Buchhandels, immer wieder auf die Bedeutung von religiösen Überzeugungen für das Selbstverständnis und die innere Stabilität moderner Gesellschaften verweist. In seiner Auf-

satzsammlung „Zwischen Naturalismus und Religion. Philosophische Aufsätze", veröffentlicht bei Suhrkamp im Jahre 2005, schreibt er: „Religiöse
Glaubensüberlieferungen und religiöse Glaubensgemeinschaften haben seit
der Zeitenwende von 1989/90 eine neue bis dahin nicht erwartete politische Bedeutung gewonnen." Er gelangt zu der Feststellung, dass die Bedeutung der Religion und ihre politische Inanspruchnahme auf der ganzen
Welt gewachsen sei. Deshalb erscheine, welthistorisch betrachtet Max Webers okzidentaler Rationalismus als der eigentliche Sonderweg. So gelangt
er zu der für manche erstaunlichen Schlussfolgerung: „Der liberale Staat
darf die gebotene institutionelle Trennung von Religion und Politik nicht in
eine unzumutbare mentale und psychologische Bürde für seine religiösen
Bürger verwandeln." Allerdings müsse er von ihnen die Anerkennung des
Prinzips der weltanschaulich neutralen Herrschaftsausübung erwarten. „Jeder muss wissen und akzeptieren, dass jenseits der institutionellen
Schwelle, die die informelle Öffentlichkeit von Parlamenten, Gerichten,
Ministerien und Verwaltungen trennt, und zu der er in diesem Zusammenhang eben auch Religion und Kirchen, aber ebenso Überzeugungen rechnet, nur säkulare Gründe zählen." Das gleicht einem intellektuellen Spagat
auf dem Hochtrapez. Aber genau da befinden wir uns gewissermaßen, kul-
tur- und zivilisationsgeschichtlich betrachtet: Wir haben eine Trennung
vorgenommen, die auch ich für unaufgebbar halte und die es ohne jene
Kulturgeschichte gar nicht gäbe, die dieser Trennung vorausgegangen ist,
eine Trennung, deren Relevanz und Stabilität ohne die Lebendigkeit dieser
kulturellen Zusammenhänge auch schwerlich zu erklären ist. Gerade unter
diesem Gesichtspunkt wirkt die souveräne Schlussfolgerung eines gerade
religiös ungebundenen Beobachters und Kommentators wie Jürgen Habermas umso nachdrücklicher, dass auch und gerade der säkulare Staat sich
den genannten Quellen der Sinnstiftung nicht versperren darf.

Fünfte Bemerkung: Aus westlicher Perspektive erscheint die Säkularisierung als der unvermeidliche Preis der Moderne. Weltweit aber sind die
Religionen nie aus der Politik verschwunden. Wir erleben vielmehr nicht
nur eine erstaunliche globale Revitalisierung der Bedeutung von Religionen
im öffentlichen Raum. Wir erleben auch eine bemerkenswerte, teilweise
erschreckende Politisierung und Instrumentalisierung von Religion mit fundamentalistischen Ansprüchen. Wir haben es heute also, etwas idealty-
pisch gesprochen, mindestens mit zwei sehr unterschiedlichen Formen
von Religiosität in Zeiten der Globalisierung zu tun. Die eine ist die persönliche Religiosität im Rahmen respektierter rechtsstaatlicher Demokratie als
ein geschützter Raum persönlicher Entfaltung, und das andere ist die politi-
sierte Religion mit fundamentalistischen Machtansprüchen, die inzwischen
eine bemerkenswerte „Ausdehnung weltweit" erreicht hat.

In diesem Zusammenhang will ich, ohne das im Einzelnen auszuführen und abschließend beurteilen zu wollen, auf ein Dilemma aufmerksam machen, das sich zunehmend dort auftut, wo die Revitalisierung von Religion im öffentlichen Raum mit dem gleichzeitigen Anspruch auf Liberalisierung und Demokratisierung traditioneller Gesellschaften verbunden ist. Es hat für die vor zwei Jahren zuerst in Tunesien, dann in Ägypten und schließlich mit einer scheinbar unwiderstehlichen Kettenreaktion in den nordafrikanischen arabischen Staaten einsetzenden Entwicklung, die bis heute anhält, sehr früh den Begriff vom arabischen Frühling gegeben. Auf diesen Begriff wäre man vermutlich nicht gekommen, wenn sich damit nicht die treuherzige Vorstellung verbunden hätte, dass auf einen frühen Frühling ein strahlender Sommer folgt. Inzwischen gibt es manche Indizien dafür, dass der Sommer ausfällt und wir uns dort längst in einem stürmischen Herbst befinden, der schnell auch in einen kalten Winter umschlagen könnte. Jedenfalls, ohne jetzt diese Spekulation fortführen zu wollen, wird an dieser Stelle fast paradigmatisch das Dilemma deutlich, das sich aus dem absoluten Wahrheitsanspruch von Religion einerseits und dem Liberalisierungsanspruch mit dem Ziel der Etablierung demokratischer statt autoritärer Strukturen andererseits ergibt, das aber nur dann eingelöst werden kann, wenn niemand Wahrheitsansprüche als Legitimation für sein Handeln reklamieren darf. Dies führt im Übrigen, jedenfalls nach meinem zunächst einmal subjektiven Eindruck, auch eine Reihe von durchaus ernst zu nehmenden Persönlichkeiten in dieser Region ganz persönlich in ein schwer lösbares Dilemma, die persönlich von der Notwendigkeit und Möglichkeit einer Liberalisierung ihrer eigenen Gesellschaft überzeugt sind. Durch die Wahlerfolge der eigenen Partei aber sind sie mit Erwartungen der eigenen Anhänger konfrontiert, die das genaue Gegenteil als Ergebnis der Demokratisierungsprozesse fordern, nämlich die Etablierung des Islam als Staatsreligion. Damit verbunden ist dann die Verweigerung einer Unterscheidung zwischen staatlicher und religiöser Normsetzung und die Forderung nach unmittelbarer Geltung religiös begründeter Wahrheitsansprüche als staatliches Recht.

Sechste Bemerkung: Mein Eindruck ist, dass wir es gegenwärtig mit zwei großen, ähnlich weit verbreiteten Missverständnissen zum Verhältnis von Politik und Religion zu tun haben. Das eine ist die Anmaßung, religiöse Glaubensüberzeugungen für unmittelbar geltendes Recht zu nehmen und im wörtlichen wie im übertragenen Sinne dann auch zu exekutieren. Das andere ist die Arroganz, freundlicher formuliert die Leichtfertigkeit, religiöse Überzeugung für überholt, belanglos oder irrelevant zu erklären. Der zweite Irrtum ist kaum weniger gefährlich als der erste. Er ist in unseren Breitengraden weiter verbreitet als der erste und nicht wenige, teilweise namhafte deutsche Intellektuelle haben sich in der guten Absicht der Zurückweisung des ersten Irrtums an der Verbreitung des zweiten Irrtums tatkräftig beteiligt. Religion ist aber nicht belanglos, ganz sicher nicht irrelevant. Aus der richtigen Zurückweisung fundamentalistischer Ansprüche darf nicht die Irrelevanz religiöser Überzeugungen geschlussfolgert werden, weil, wie eben erläutert, auch und gerade der aufgeklärte liberale Staat auf religiöse Bezüge nicht verzichten kann und darf.

Siebte Bemerkung: Hier möchte ich einige, eher empirisch begründete Bemerkungen zum Verhältnis von Glaube und Kirche bzw. von Politik und politischen Institutionen in Deutschland machen. Da gibt es nämlich einige interessante Parallelen, die nach meinem Eindruck die Kirchen gerne bei der Politik wahrnehmen und die Politik gerne bei den Kirchen, beide aber ungern bei sich selber. Ich beginne mit einem statistischen Hinweis zu der vorhin zurückgestellten Homogenitätsvermutung von Böckenförde, dass in der Gesellschaft, in der wir in Deutschland heute leben, noch gut zwei Drittel der Menschen einer Religionsgemeinschaft angehören, keine 60 Prozent davon mehr den beiden großen christlichen Religionsgemeinschaften (59 Prozent). Man kann, je nachdem, die nach wie vor beachtliche Mehrheit interessant finden oder die wachsende Minderheit. Belanglos ist beides nicht. Und belanglos ist schon gar nicht, dass die Vermutung, diese Gesellschaft sei religiös homogen, statistisch damit gleich in doppelter Weise widerlegt ist, weil selbst unter denen, die einer Religionsgemeinschaft angehören, einmal ganz neutral formuliert, die Heterogenität weiter zugenommen hat und die Homogenität verloren gegangen ist. Nun gibt es wiederum eine Reihe von Untersuchungen, die sich mit der Frage beschäftigen, wie es denn über die förmliche oder erklärte Zugehörigkeit zur Religion hinaus um die von der Religion vermittelten Glaubensüberzeugungen bestellt ist. Da habe ich persönlich den Eindruck, dass es ein weites Feld für Interpretationen sowohl für diejenigen gibt, die sagen, wir haben es mit einer massiven Erosion von Glaubensüberzeugungen zu tun, wie für diejenigen, die umgekehrt sagen, wir haben es mit einer erstaunlichen Stabilität von Glaubensüberzeugungen zu tun. Wobei ich mir nicht zutraue, die Frage abschließend zu beantworten, wer von beiden irrt – vielleicht beide. Jedenfalls fällt auf, dass es in einer Gesellschaft, die sich rein statistisch gesehen mit Blick auf religiöse Bindungen so signifikant verändert hat wie die bundesdeutsche Gesellschaft in den letzten 60 Jahren, unter besonderer Berücksichtigung der vergangenen 20 bis 30 Jahre, es eine überragende Akzeptanz der Bedeutung christlicher Werte für eine moderne Gesellschaft gibt. Sämtliche Untersuchungen aus jüngerer Zeit führen zu dem Ergebnis, dass rund die Hälfte aller Befragten ausdrücklich erklären, Deutschland sei stark oder sehr stark durch das Christentum geprägt, die kulturelle Verankerung der Deutschen im Christentum reiche weit über die religiöse Bindung oder das offene Bekenntnis hinaus. Besonders einschlägig wird es dann, wenn solche allgemeinen Fragen in der Weise konkretisiert werden, ob man sich beispielweise vorstellen könne, anstelle eines christlichen Feiertages einen islamischen Feiertag einzuführen, um bei dem zahlenmäßigen Überangebot christlicher Feiertage für eine signifikante Minderheit ein Äquivalent zu schaffen. Da haben wir nämlich hohe, stabile Mehrheiten, die diese Vorstellung kategorisch zurückweisen.

Mit diesem Befund kontrastiert in eindrucksvoller Weise eine dramatisch zurückgehende Kirchenbindung. Das heißt, diese große Gruppe von Menschen, die für sich Religion im Allgemeinen durchaus nicht für belanglos erklärt, die auch christliche Wertüberzeugungen nach wie vor für wichtig hält, hat ein erstaunlich dünnes, dürftiges, sich weiter ausdünnendes Verhältnis zu den Institutionen, die diese Glaubensüberzeugungen verwalten: Die Kirchenbindung macht nur noch einen deprimierend kleinen Anteil derjenigen aus, die für sich Glaubensüberzeugungen für prinzipiell bedeutend halten. Ich interpretiere das nicht weiter, ich möchte nur auf folgende Parallele aufmerksam machen: In der Politik haben wir im Grunde einen ähnlichen Befund. Wir haben ein ganz sicher nicht rückläufiges Interesse an Politik, wir haben sogar ein deutlich messbares, mindestens reklamiertes, erweitertes Partizipationsinteresse an Politik, nie war der Kreis der Menschen so groß wie heute, die zumindest behaupten, sie wollten an politischen Entscheidungsprozessen beteiligt werden. Wenn es dann konkret wird, dünnt sich das auch wieder erkennbar aus, aber dass es heute ein geringeres Interesse an Politik, oder ein geringeres Engagement für Politik gäbe als früher, dies wird man schwerlich behaupten können. Zugleich ist aber nicht nur die Attraktivität, sondern auch das Vertrauen in politische Institutionen dramatisch zurückgegangen.

Die Politik macht insofern eine ganz ähnliche Erfahrung wie die Kirchen, dass nämlich ihre jeweilige „Kundschaft" die Relevanz des Produktes ausdrücklich bestätigt, aber mit den Handelsorganisationen möglichst nichts mehr zu tun haben will. Parlamente, Regierungen, Verfassungsinstitutionen, insbesondere Parteien haben ein dramatisch niedriges Ansehen, wobei mich nicht wirklich tröstet, dass dies kein exklusiver Befund für die Politik ist, sondern ein genereller gesellschaftlicher Befund. Davon betroffen sind auch Wirtschaft und die Unternehmen. Politik hat immerhin inzwischen einen 50-prozentigen Vertrauensvorsprung gegenüber den Banken: 6 Prozent zu 4 Prozent. Auch im Sport gibt es einen dramatischen Vertrauensverlust bei unverändertem Interesse gerade in den Sportarten, deren Seriosität man nicht mehr vertraut. Und natürlich sind auch die Kirchen von einem solchen Vertrauensverlust in einer beachtlichen Weise betroffen. Der Punkt, auf den es mir im Augenblick aber ankommt, gerade auch für unser gemeinsames Thema, ist, dass nach meinem Eindruck sowohl die Kirchen wie die Parteien auf diesen dramatischen Vertrauensverlust und die erschreckende Bindungsaufgabebereitschaft ihrer jeweiligen Kundschaften reflexhaft reagieren. Die Parteien in der Weise, dass sie als Erklärung eine sogenannte Politikverdrossenheit ausgeben und die Kirchen einen angeblichen Glaubensverlust. Ich finde beides entschieden zu „preiswert". Zugespitzt formuliert, gibt es keine Politikverdrossenheit, das ist vielmehr die Sammelbezeichnung frustrierter Verwalter politischer Institutionen für die Bindungsverweigerung der von ihnen angesprochenen Kundschaft. Auf ähnlich preiswerte Weise versuchen die Kirchen, sich über Bindungsverlust in den eigenen Reihen hinwegzumogeln, indem sie sagen, alle Behauptungen eines grundlegenden Reformbedarfs verfehlten den eigentlichen Kern des Problems: einen angeblichen Glaubensverlust. Wir müssen nur den Glauben wieder herstellen, dann kommt die Bindung wieder zustande. Ich halte das bestenfalls für gut gemeint, aber weder für eine zutreffende Analyse noch für eine praktikable Strategie.

Dies führt im Übrigen, da bin ich bei meiner achten Bemerkung, fast folgerichtig zu einem zunehmend schwierigeren Verhältnis zwischen Kirchen und politischen Institutionen, als dies auf Grund der unterschiedlichen „Aufgaben" ohnehin unvermeidlich wäre. Nach meinem Eindruck ist das Verhältnis zwischen Kirchen auf der einen Seite und politischen Institutionen auf der anderen Seite aber nicht einmal wirklich gestört. Es ist vielmehr durch eine merkwürdige Mischung aus Sprachlosigkeit, Kommunikationsverweigerung, Patronage und wechselseitiger Bevormundung gekennzeichnet. Fast überall da, wo es darauf ankäme, dass diese Kommunikation möglichst eng und möglichst souverän stattfindet, lassen sich genau die Störfälle beobachten, die ich nur angedeutet habe: Schwangerschaftskonfliktregelung, Präimplantationsdiagnostik, Beschneidung, Kopftücher, Kruzifixe im öffentlichen Raum, usw. Es gibt eine Reihe von Fragen, bei denen der religiöse Zusammenhang offenkundig oder jedenfalls unbestreitbar ist und bei denen die einen wie die anderen sich aus ihrer jeweiligen Verantwortung gar nicht herausmogeln können, selbst wenn sie es wollten. Dennoch hat man nicht immer den Eindruck, dass die Kommunikation zwischen Politik und Kirche reibungslos funktioniert.

Natürlich ist bei weitem nicht jede politisch bedeutsame Frage auch ethisch schwierig oder von herausragender Bedeutung. Mein Eindruck ist allerdings, dass die ethisch relevanten Fragen in jüngerer Zeit eher zunehmen als abnehmen. Dies hat wiederum keine andere Ursache als den Fortschritt von Wissenschaft und Medizin, demgegenüber sich sowohl die Politik wie die Kirchen als Adressaten sehen, die auf die damit verbundenen

Veränderungen reagieren müssen. Ein objektiver Regelungsbedarf ergibt sich allein durch die breite gesellschaftliche Einsicht, dass keineswegs alles, was möglich ist, auch erlaubt sein müsse. Aber jenseits dieser allgemeinen Einsicht, für die wir hohe stabile Mehrheiten haben, teilt sich die Gesellschaft in viele unterschiedliche Gruppen, sobald aus der allgemeinen Einsicht heraus die konkrete Frage beantwortet werden muss, was, bitte schön, nicht erlaubt sein solle und wer wo welche Grenze zu ziehen habe. An dieser Stelle wird die längst verloren gegangene Homogenität in unserer Gesellschaft, auch was die kulturelle Identität betrifft, ganz besonders offenkundig. Ich persönlich finde es übrigens eher wieder ermutigend, dass es bei einem Thema wie der Beschneidung, um gerade ein Beispiel aus der jüngeren Vergangenheit zu nehmen, vergleichsweise schnell gelingt, in der politischen Klasse eine breite Mehrheit für eine Regelung herbeizuführen, die einen religiös begründeten Anspruch in einer säkular verfassten Gesellschaft durchsetzbar macht. Ich will in diesem Zusammenhang Papst Benedikt XVI. zitieren, der in seiner denkwürdigen Rede vor dem Deutschen Bundestag nicht nur seinerseits die Ambivalenz zwischen Wahrheitsansprüchen und Interessenausgleich angesprochen hat. Eine Ambivalenz, die unter dem Gesichtspunkt der, wie er betont, zentralen Aufgabenstellung jedes Staates, Gerechtigkeit zu ermöglichen, eine nie rundum einlösbare Aufgabenstellung darstellt, sondern er hat dann von den grundlegenden anthropologischen Fragen gesprochen, und dies mit dem Hinweis verbunden: „Was in Bezug auf die grundlegenden anthropologischen Fragen das Rechte ist und geltendes Recht werden kann, liegt heute keineswegs einfach zutage. Die Frage, wie man das wahrhaft Rechte erkennen und so der Gerechtigkeit in der Gesetzgebung dienen kann, war nie einfach zu beantworten, und sie ist heute in der Fülle unseres Wissens und unseres Könnens noch sehr viel schwieriger geworden." Es wird nicht überraschen, dass mir dieser Satz besonders gut gefällt. Und es wird auch nicht überraschen, dass es mich als engagierten Katholiken ärgert, dass mich meine Bischöfe regelmäßig mit der umgekehrten Attitüde adressieren, wonach doch selbst bei den komplexesten Fragen die ethisch einzig richtige Lösung offenkundig sei, die aber von der Politik in einer Mischung aus Höflichkeit, Ignoranz und Arroganz verweigert werde. Was wiederum jenen circulus vitiosus der Sprachlosigkeit und der Kommunikationsverweigerung dauerhaft in Gang setzt, von dem ich vorhin gesprochen habe.

Neunte Bemerkung: Wir leben längst nicht mehr in einer homogenen Gesellschaft, und es gibt keine erkennbare Aussicht, dass diese wieder hergestellt werden könnte, schon gar nicht, dass wir bereit wären, den Preis dafür zu zahlen, unter dem sie alleine wieder hergestellt werden könnte. Deswegen müssen wir uns auf der einen Seite mit der Unvermeidlichkeit des Abschieds von einer kulturell homogenen Gesellschaft anfreunden, und gleichzeitig das Missverständnis der Beliebigkeit vermeiden, als bedeute Multikulturalität, dass nichts mehr wirklich gelte, aber das gleichzeitig. Wir müssen uns auch, was offenkundig in Deutschland noch schwerer fällt als anderswo, ganz ruhig und nüchtern mit der lebenswirklichen Erfahrung auseinandersetzen, dass ohne ein Mindestmaß von Einheit Vielfalt nicht zu ertragen ist. Dies hat interessanterweise einen bekennenden Muslim wie Navid Kermani zu der erstaunlichen Schlussfolgerung veranlasst, die Grundrechte als Menschenrechte nicht nur als Errungenschaft der westlichen Zivilisation, sondern als universale Menschenrechte offensiv einzufordern. An dieser Stelle, sagt Kermani, darf eine liberale Gesellschaft nicht verhandlungsfähig sein. Das, so Kermani, müsse man mindestens unter einer „demokratischen Leitkultur" begreifen dürfen. Mir fallen übrigens nicht viele deutschsprachige Autoren ein, die sich trauen würden, diesen Begriff auch nur in den Mund zu nehmen.

Abschließende zehnte Bemerkung: Aus den genannten Gründen plädiere ich für eine sorgfältige Trennung und zugleich für eine intelligente Verbindung von Politik und Religion, von Glauben und Handeln. Natürlich ist Religion zunächst eine reine Privatangelegenheit, aber sie hat immer auch gesellschaftliche Bedeutung. Sie muss nach ihrem Selbstverständnis mehr sein als eine reine Privatangelegenheit, und sie ist nach allen historischen Erfahrungen, die nicht nur wir, sondern auch andere Gesellschaften gemacht haben, immer mehr als eine Privatangelegenheit. Diesseits und jenseits Europas haben wir inzwischen viele eindrucksvolle, in der Regel eher abschreckende Beispiele dafür, dass die demonstrative Absage an religiöse Orientierungen eine Gesellschaft weder moderner noch humaner macht, was uns das Spannungsverhältnis zwischen Politik und Religion erhält, das uns ständig lästig ist.

Wie viel Religion erträgt eine aufgeklärte liberale Gesellschaft? Hoffentlich mindestens so viel, wie eine demokratisch verfasste Gesellschaft im Interesse ihrer Selbsterhaltung braucht.

Religion – Öffentlichkeit – Recht

Hendrik Munsonius[1]

I. Religion im Recht

1. Relevanz der Religion

Der freiheitlich säkulare Staat hat sich zwar (weitgehend) von der Religion emanzipiert, doch stellt diese nach wie vor einen Faktor dar, den es zu berücksichtigen gilt.[2] Denn sie hat für die Individuen, die religiösen Gemeinschaften und die Gesellschaft prägende Bedeutung.

Nach Art. 1 Abs. 1 Grundgesetz (GG) ist die Würde des Menschen der Ausgangspunkt der normativen Ordnung in Deutschland. Sie ist der Verfassung als unantastbar vorgegeben. Was unter der Würde des Menschen zu verstehen und aus ihrer Unantastbarkeit zu folgern sei, ist in vielerlei Hinsicht umstritten. Unbestritten dürfte jedoch sein, dass es um die Achtung jedes Menschen als eigenständige Person geht.[3] Damit wird auch die Vorstellung geschützt, die sich jeder Mensch von sich selbst und seiner Stellung in der Welt macht. Diese Vorstellung ist besonders dadurch bestimmt, in welcher Weise jemand religiös ist. Religion wirkt sich weitreichend auf

---

[1] OKR Dr. Hendrik Munsonius, M. Th., ist seit 2006 Referent im Kirchenrechtlichen Institut der EKD.

[2] Außer Religionen können auch Weltanschauungen eine entsprechende Relevanz entfalten. Sie sind prinzipiell mit Religionen gleich zu behandeln, auch wenn im Folgenden vorrangig von Religionen die Rede sein wird.

[3] *Christoph Goos:* Innere Freiheit. Eine Rekonstruktion des grundgesetzlichen Würdebegriffs, Göttingen 2011, 21 ff; *Paul Tiedemann:* Was ist Menschenwürde?, Darmstadt 2006, 33 ff.

die Selbst- und Weltwahrnehmung und damit auch auf den individuellen Lebensvollzug aus (individuelle Relevanz).[4] Sie verdient deshalb um der Würde des Menschen willen besonderen Schutz.

Religion manifestiert sich zu erheblichen Teilen in kommunikativen und damit kollektiven Vollzügen. In erster Linie ist hier an rituelle, kultische Praxis zu denken. Religiöse Gemeinschaft erschöpft sich aber zumeist nicht darin, sondern wird, motiviert durch die miteinander geteilte Weltsicht, angereichert durch Formen der Geselligkeit sowie der Lebensbegleitung und -bewältigung. Der Mensch als zugleich religiöses und soziales Wesen bildet Formen religiös bestimmter Sozialität aus (soziale Relevanz erster Ordnung). Da religiöse Menschen mit der für ihren individuellen Lebensvollzug wesentlichen Religion nicht in die Vereinzelung genötigt werden sollen, verdient auch die kollektive Religionspraxis um der Würde des Menschen willen besonderen Schutz.

Die religiöse (oder religiös bestimmte) Praxis der Individuen und Gemeinschaften wirkt sich auf die Gesellschaft aus, der sie angehören, und entfaltet so eine öffentliche Dimension (soziale Relevanz zweiter Ordnung).[5] Diese kann ganz unterschiedliche Gestalt annehmen. Zum einen kann sie darin bestehen, dass aus religiöser Motivation heraus Einfluss auf die Gesellschaft genommen wird, sei es, weil die Religion zur Verantwortung für das Gemeinwesen treibt, sei es, weil die gesellschaftlichen Zustände den Vorgaben der Religion angepasst werden sollen. Zum anderen kann die öffentliche Dimension der Religion darin bestehen, dass sich Menschen religiös motiviert gesellschaftlichen Vollzügen entziehen und Formen einer Parallelgesellschaft ausbilden. In jedem Fall eignet der Religion ein gesellschaftskritisches Potential. Dieses kann sich als sowohl sozial-produktiv als auch sozial-destruktiv erweisen. Religion stellt damit – zumal in ihrer Vielfalt – in mehrfacher Hinsicht ein Ambivalenzphänomen dar, woraus besondere Herausforderungen für die gesellschaftliche Ordnung erwachsen.[6]

Die Herausforderungen für die gesellschaftliche Ordnung werden dadurch potenziert, dass sich nicht die Religion und die Gesellschaft im Übrigen gegenüberstehen, sondern die Gesellschaft in mehrfacher Hinsicht plural verfasst ist. Die Individuen nehmen nicht nur auf dem Feld der Religion oder Weltanschauung am gesellschaftlichen Leben teil, sondern auch in Politik, Kultur und Freizeitverhalten, Wirtschaft und Bildung. Hier finden sich

---

4 Vgl. *Ulrich Barth:* Was ist Religion? Sinndeutung zwischen Erfahrung und Letztbegründung, in: *ders.:* Religion in der Moderne, Tübingen 2003, 3 ff.
5 Vgl. auch *Paul Nolte:* Religion und Bürgergesellschaft, Berlin 2009, 84 ff.
6 Vgl. *Hans Michael Heinig*, Öffentlich-rechtliche Religionsgesellschaften, Berlin 2003, 40; *Rolf Schieder:* Sind Religionen gefährlich?, Berlin 2008.

jeweils ganz unterschiedliche Ausprägungen und Kombinationen.[7] Dabei kann die Religion oder Weltanschauung dadurch besondere Wirkung entfalten, dass sie auch die Betätigung auf anderen Feldern beeinflusst. Eindeutige Ableitungen sind jedoch praktisch ausgeschlossen.

2. Funktion des Rechts

Für das Recht, dem wegen des Geltungsanspruchs seiner Normen und den Instrumenten seiner Sanktionierung für die gesellschaftliche Ordnung eine besondere Bedeutung zukommt,[8] ergeben sich aus der geschilderten Relevanz der Religion drei Herausforderungen: Zum einen verdient die Religion der Individuen und Gemeinschaften jeweils besonderen Schutz – und zwar um ihrer selbst willen. Zum anderen nötigt die (potentielle) soziale Destruktivität der Religion, die garantierte Freiheit einzuhegen und eine pluralismusfähige allgemeine Ordnung zu schaffen. Das Konfliktpotential nimmt mit der religiös-weltanschaulichen Pluralität zu und dies umso mehr, als auch sich areligiös verstehende Menschen zunehmend weltanschaulichen Eifer an den Tag legen. Schließlich besteht auch ein Interesse, die soziale Produktivität der Religion für die Gesellschaft fruchtbar zu machen, sei es, dass sozial-karitativem Handeln Raum gegeben wird, sei es, dass die der Religion eigentümlichen Sinnressourcen und ihr Friedenspotential zur Geltung kommen sollen.

Eine staatliche Rechtsordnung, die diesen Herausforderungen entspricht, baut auf der Unterscheidung von Religion und Recht auf. Sie bezieht sich zwar auf die Religion, ist aber selbst säkular. Das staatliche Recht ist ein Rahmenrecht, das die freiheitsberechtigten Akteure nach ihrem Selbstverständnis ausfüllen können. Es ist strikt darauf bezogen, Freiheit zu ermöglichen und eine Friedensordnung zu garantieren.[9] Unter dieser Perspektive sind die religionsrechtlichen Normen funktional auszulegen und nicht durch Aspekte anzureichern, die eine religiös-weltanschauliche Wertung implizieren. Die damit verbundene Formalisierung und Entmaterialisierung des Rechts stellt einen Freiheitsgewinn dar.

Dies hat Konsequenzen für den Religionsbegriff des Rechts. Denn was unter Religion oder Weltanschauung zu verstehen sei, ist in hohem Grad von der jeweiligen religiös-weltanschaulichen Position abhängig. Wie

---

[7]   Vgl. *Amartya Sen:* Die Identitätsfalle, München 2010.
[8]   Zum Rechtsbegriff *Reinhold Zippelius:* Einführung in das Recht, Tübingen ⁵2008, 1 ff.
[9]   Vgl. *Martin Heckel:* Vom Religionskonflikt zur Ausgleichsordnung, München 2007.

Kunst und Wissenschaft ist der Religionsbegriff ausgesprochen selbstreferentiell. Was jeweils unter einem solchen Begriff zu verstehen ist, muss in erster Linie dem Selbstverständnis der freiheitsberechtigten Akteure überlassen werden. Eine staatliche Definition dieser Begriffe würde bereits das Risiko von Freiheitsverkürzungen in sich bergen. Darum muss als Religion im Rechtssinne alles angesehen werden, was *in* religiöser Kommunikation *als* religiöse Kommunikation anerkannt wird. Es geht also um das jeweilige Selbstverständnis innerhalb einer Religion. Staatlichen Stellen kommt hier nur eine Plausibilitätskontrolle zu.[10]

Materiell muss das säkulare staatliche Recht viele Fragen offen lassen. Es kommt immer dann an seine Grenzen, wenn es um Fragen geht, die in hohem Maße religiös-weltanschaulich interpretiert werden. Zu nennen sind insbesondere die religionsgemeinschaftliche Selbstorganisation, Bildung und Erziehung, Anfang und Ende des Lebens sowie Formen der Lebensgemeinschaft wie Partnerschaft und Familie. Diese Fragen durch Mehrheitsentscheid einer verbindlichen Regelung zuzuführen, ist in einer Demokratie möglich, kann aber im Einzelfall für Minderheiten eine empfindliche Freiheitseinbuße darstellen.

Da der Souveränitätsanspruch des modernen Staates zwar umfassend aber nicht totalitär ist, ist es prinzipiell möglich, Fragen in der staatlichen Rechtsordnung offen zu lassen und der teilgesellschaftlichen Selbstregulierung zu überlassen.[11] Dies geschieht individuell durch die Ausübung der Privatautonomie, kollektiv im Verbands- und Tarifwesen und schließlich auch bei den Religionsgemeinschaften. In solcher Autonomiegewährung erweist sich die Freiheitlichkeit einer Rechtsordnung. Aus staatlichen Normen muss sich dann nur ergeben, unter welchen Bedingungen die Ergebnisse solcher Selbstregulierung Anerkennung in der staatlichen Rechtsordnung finden und damit auch vor staatlichen Gerichten durchgesetzt werden können.[12] Das Rechtsverständnis des säkularen Staates bietet Spielräume für Rechtspluralismus – um der Freiheit willen.[13]

10   *Heinig* (Anm. 6), 52 ff.
11   Vgl. *Albrecht Randelzhofer: Staatsgewalt und Souveränität, in: Josef Isensee/Ferdinand Kirchhof* (Hg.): Handbuch Staatsrecht, 3. Auflage, Bd. 2, Heidelberg 2004, § 17 Rn. 23, 35 ff.
12   Vgl. *Karl-Hermann Kästner:* Staatliche Justizhoheit und religiöse Freiheit, Tübingen 1991, 174; *Ferdinand Kirchhof,* Private Rechtsetzung, Berlin 1987; *Stefan Magen:* Körperschaftsstatus und Religionsfreiheit, Tübingen 2004, 40 f, m. w. N.
13   Vgl. *Christian Polke:* Rechtspluralismus. Ein Weg zur Integration religiöser Pluralität?, in: *Hans-Peter Großhans/Malte Dominik Krüger* (Hg.): Integration religiöser Pluralität, Leipzig 2010, 57 ff.

Darüber hinaus können Sachgebiete mit religiös-weltanschaulicher Valenz im Wege der Kooperation zwischen Staat und Religions- und Weltanschauungsgemeinschaften geordnet werden. Dabei hat sich der Staat auf die säkularrechtlichen Aspekte, die betreffende Gemeinschaft auf die religiös-weltanschaulichen Aspekte zu beschränken.[14] Die religiös-weltanschauliche Neutralität des Staates gebietet solche Kooperation, sobald es einer staatlichen Regelung bedarf, die materiell durch eine Religion oder Weltanschauung bestimmt ist.

II. Religionsverfassungsrecht

Das heutige Religionsverfassungsrecht in Deutschland ergibt sich aus Art. 4 und 7 GG und den durch Art. 140 GG inkorporierten Art. 136–139 und 141 der Weimarer Reichsverfassung von 1919 (WRV). Die wesentlichen Bausteine sind die Trennung von Kirche und Staat, das Grundrecht der Religionsfreiheit, das Selbstbestimmungsrecht der Religionsgemeinschaften[15] und der Status als Körperschaft des öffentlichen Rechts als eine besondere Organisationsform.[16]

Diese Ordnung hat eine lange Geschichte. Sie geht zurück auf den Augsburger Religionsfrieden von 1555 und den Westfälischen Frieden von 1648, mit denen die friedliche Koexistenz im Reich trotz widerstreitender Wahrheitsansprüche in Fragen der Religion gesichert werden sollte.[17] Den Kristallisationskern der neueren staatskirchenrechtlichen Entwicklung in Deutschland bilden das Ende der Monarchie und die Verabschiedung der Weimarer Reichsverfassung 1919. Nach einem langwierigen Differenzierungsprozess endete damit die seit der Konstantinischen Wende während spannungsreiche Symbiose zwischen weltlicher und kirchlicher Herrschaft, zwischen Staat und Kirche.[18]

---

[14] Vgl. *Martin Heckel:* Korollarien zur „Weiterentwicklung von Theologien und religionsbezogenen Wissenschaften", ZevKR 55 (2010), 117 (196 f).

[15] Im Verfassungsrecht werden die Begriffe „Religionsgemeinschaft" und „Religionsgesellschaft" synonym verwendet.

[16] Grundlegend *Axel von Campenhausen:* Religionsfreiheit, in: *Josef Isensee/Ferdinand Kirchhof* (Hg.): Handbuch des Staatsrechts, 3. Auflage, Bd. 7, München 2009, § 157; *Axel von Campenhausen/Heinrich de Wall:* Staatskirchenrecht, München ⁴2006; *Heinig* (Anm. 6); *Hans Michael Heinig/Hendrik Munsonius* (Hg.): 100 Begriffe aus dem Staatskirchenrecht, Tübingen 2012; *Peter Unruh:* Religionsverfassungsrecht, Baden-Baden 2009; *Christian Walter:* Religionsverfassungsrecht in vergleichender und internationaler Perspektive, Tübingen 2006.

[17] *Heckel* (Anm. 9); *Christoph Link:* Kirchliche Rechtsgeschichte, München 2009, 54 ff.

[18] *Martin Borowski:* Die Glaubens- und Gewissensfreiheit des Grundgesetzes, Tübingen

Die 1919 getroffenen Regelungen zielten darauf, die Trennung zwischen Staat und Kirche zu verwirklichen, den Kirchen und Religionsgemeinschaften ihren überkommenen Status zu erhalten und allen anderen Religions- und Weltanschauungsgemeinschaften den Zugang zu gleichen Rechten zu eröffnen.[19] Dem dienen insbesondere die Regelungen des Art. 137 WRV mit der Festschreibung der Trennung von Staat und Kirche, der Garantie des kirchlichen Selbstbestimmungsrechts und den Regelungen über den Status als Körperschaft des öffentlichen Rechts. Diese Regelungen werden flankiert durch Bestimmungen über die Kirchensteuer, das kirchliche Vermögen und die Ablösung der Staatsleistungen. Aus der historischen Situation heraus lassen sich diese Bestimmungen als Normen zur Umsetzung der Trennung von Staat und Kirche begreifen.[20] Zugleich kann man in ihnen einen systematischen Entwurf für ein pluralismusfähiges Religionsverfassungsrecht erkennen, dessen Klugheit sich gerade in unserer Zeit erweisen wird.[21]

Der Freiheitsschutz für die religiösen Individuen und Gemeinschaften einerseits, die Sicherung einer Friedensordnung andererseits und die Realisierung des sozial-produktiven Potentials der Religionen erfordern rechtliche Instrumente, die einen Betätigungsraum eröffnen, vor Vereinnahmung durch Religions- und Weltanschauungsgemeinschaften oder den Staat schützen, Handlungs- und Kooperationsfähigkeit gewährleisten, und einen Diskurs über die Gehalte einer Religion ermöglichen. Die Interessen der Individuen, der Gemeinschaften und des Staates sind dabei teils konsonant, teils gegenläufig und bedürfen einer differenzierten Austarierung.

1. Betätigungsfreiheit und Schutz vor Vereinnahmung

Grundlegend ist die Gewährleistung der Religionsfreiheit, wie sie in Art. 4 Abs. 1 und 2 GG vorgesehen ist.[22] Danach ist sowohl die Freiheit zur Religion (positive Religionsfreiheit), wie auch die Freiheit von der Religion (negative Religionsfreiheit) geschützt. Positiv ermöglicht Art. 4 Abs. 1 und 2 GG, einen Glauben zu haben, zu äußern und zu betätigen. Nach ständi-

---

2006, 44 ff; *Martin Heckel:* Das Auseinandertreten von Staat und Kirche in Deutschland seit der Mitte des 19. Jahrhunderts, ZevKR 45 (2000), 173 ff.

[19] Zu den Verhandlungen *Heinig* (Anm. 6), 94 ff.

[20] *Dietrich Pirson:* Die zeitlose Qualität der Weimarer Kirchenartikel, in: *Max-Emanuel Geis/Dieter Lorenz* (Hg.): Staat, Kirche, Verwaltung, München 2001, 413 ff.

[21] *Hendrik Munsonius:* Quo vadis „Staatskirchenrecht"?, DÖV 2013, 93 ff.

[22] Vgl. Anm. 16.

ger Rechtsprechung des Bundesverfassungsgerichts wird die Religionsfreiheit umfassend als das Recht verstanden, sein Handeln an den Maßstäben seiner Religion auszurichten. Damit sind auch Handlungen in den Schutzbereich einbezogen, die ihren religiösen Charakter weniger aus dem äußerlichen Vollzug, sondern vorrangig aus der religiösen Motivation heraus gewinnen.[23] Was zur Religionsausübung gehört, richtet sich damit nach dem jeweiligen religiösen Selbstverständnis. Korrespondierend schützt Art. 140 GG i. V. m. Art. 137 Abs. 3 WRV die Freiheit der Religionsgemeinschaften, ihre Angelegenheiten selbstständig zu ordnen und zu verwalten.

Die negative Religionsfreiheit schützt vor Vereinnahmung. Niemand ist genötigt, an religiösen Handlungen teilzunehmen oder sich sonst mit einer Religionsgemeinschaft einzulassen. Ebenso muss es möglich sein, sich von einer Religionsgemeinschaft wieder zu lösen. Der Staat garantiert dies u. a. durch Kirchenaustrittsgesetze, nach denen die Mitgliedschaft in einer öffentlich-rechtlichen Religionsgemeinschaft beendet werden kann. Für privatrechtlich organisierte Religionsgemeinschaften gelten die entsprechenden Bestimmungen des bürgerlichen Rechts. Der Austritt aus einer Religionsgemeinschaft ist nach staatlichem Recht auch dann wirksam, wenn nach dem Recht der Religionsgemeinschaft ein Austritt nicht möglich ist. Der Staat verweigert solchen Normen die Anerkennung.[24]

Dem Schutz vor Vereinnahmung durch den Staat dienen die – seit 1919 bestehende – Trennung von Staat und Kirche (Art. 137 Abs. 1 WRV) und das Prinzip der religiös-weltanschaulichen Neutralität.[25] Danach ist es dem Staat verwehrt, sich mit einer Religion oder Weltanschauung zu identifizieren oder Fragen der Religion oder Weltanschauung zu entscheiden. Diese Fragen hat er den Individuen und den Religions- und Weltanschauungsgemeinschaften zu überlassen. Dem Staat ist es verwehrt, eine bestimmte religiöse oder explizit areligiöse Haltung einzunehmen. Damit steht es ihm auch nicht zu, Religionen und Weltanschauungen aus der Öffentlichkeit zu verdrängen. Einschränkungen sind nur zulässig, soweit das Handeln der Individuen und Gemeinschaften Rechtsgüter beeinträchtigt und die Grenzen der Friedensordnung überschreitet.

---

[23] Kritisch *Karl-Hermann Kästner:* Hypertrophie des Grundrechts auf Religionsfreiheit, JZ 1998, 974 ff; *Christian Waldhoff:* Neue Religionskonflikte und staatliche Neutralität, Gutachten D zum 68. Deutschen Juristentag, Berlin 2010, 66 ff, m. w. N.

[24] Zum Recht der Mitgliedschaft in Religionsgemeinschaften ausführlich *Johannes Kuntze:* Bürgerliche Mitgliedschaft in Religionsgemeinschaften, Diss. Göttingen 2012 [im Erscheinen].

[25] *Christian Traulsen,* Art. Neutralität, in: *Heinig/Munsonius* (Anm. 16), 168 ff.

Das Handeln in und von Gemeinschaften setzt Formen der Koordination voraus. Mit zunehmender Komplexität der Innen- und Außenbeziehungen sowie der Handlungsformen bedarf die Koordination einer Formalisierung. Das Recht bietet durch verschiedene Organisationsformen die Möglichkeit, die Probleme der Mitgliedschaft sowie der gemeinschaftlichen Willensbildung und der Handlungsorganisation (Organe, Kompetenzen) zu lösen. Die Selbstorganisation erweist sich als Schlüsselproblem für die Teilhabe am bestehenden religionsverfassungsrechtlichen System.[26]

Für das Religionsverfassungsrecht erweist sich der Begriff der Religionsgesellschaft als Schlüsselbegriff. Nach einer allgemein anerkannten Formulierung wird darunter ein „Verband verstanden, der die Angehörigen ein und desselben Glaubensbekenntnisses oder mehrerer verwandter Glaubensbekenntnisse zu allseitiger Erfüllung der durch das gemeinsame Bekenntnis gestellten Aufgaben zusammenfaßt".[27] Den Religionsgesellschaften stehen nach Art. 140 GG i. V. m. Art. 137 Abs. 4 WRV zunächst die privatrechtlichen Organisationsformen offen. Da das Selbstverständnis der Religionsgemeinschaften aber oft Organisationsformen impliziert, die sich mit dem privatrechtlichen Instrumentarium nicht oder nur unter großen Schwierigkeiten verwirklichen lassen, eröffnet Art. 140 GG i. V. m. Art. 137 Abs. 5 WRV die Möglichkeit, dass sich Religionsgemeinschaften als öffentlich-rechtliche Körperschaften organisieren.

Bei dem Körperschaftsstatus geht es nicht um die Verleihung eines „rätselhaften Ehrentitels"[28], sondern um die Verleihung bestimmter mit dem Körperschaftsstatus verbundener Rechte. Diese ergeben sich aus der gefestigten Interpretation von Art. 137 Abs. 5 WRV und aus einfachgesetzlichen Normen, die auf diesen Status Bezug nehmen.[29] Als wesentliche Elemente des Körperschaftsstatus lassen sich die Organisationsgewalt, Dienstherrenfähigkeit, Rechtsetzungsgewalt, das Widmungs-, Parochial- und Besteuerungsrecht ausmachen. Damit haben die Religionsgemeinschaften in weit größerem Maß als in den Formen des Privatrechts die Möglichkeit, sich so zu organisieren, wie es ihrem religiösen Selbstver-

---

[26] *Munsonius* (Anm. 21), 99 f.
[27] Nachweise bei *Heinig* (Anm. 6), 65, Fn. 146; *Heinrich de Wall:* Art. Religionsgemeinschaft, in: *Heinig/Munsonius* (Anm. 16), 200 ff.
[28] *Rudolf Smend:* Staat und Kirche nach dem Bonner Grundgesetz, ZevKR 1 (1951), 1 (9).
[29] BVerfGE 102, 370 (371f); *Michael Brenner:* Die Kirchen als Körperschaften des öffentlichen Rechts zwischen Grundgesetz und Gemeinschaftsrecht, in: *Axel von Campenhausen* (Hg.): Deutsches Staatskirchenrecht zwischen Grundgesetz und EU-Gemeinschaftsrecht, Frankfurt a. M. u. a. 2003, 43 (47).

ständnis entspricht. Der möglicherweise bestehende Hiatus zwischen privatrechtlichem Kleid und religionsrechtlicher Binnenordnung kann so überwunden werden.[30]

3. Diskursermöglichung

Dass zwischen den Religionsgemeinschaften und anderen Teilen der Gesellschaft ein Diskurs über die Gehalte der Religionen stattfindet, ist aus drei Gründen besonders angezeigt: Zum einen wurde schon darauf hingewiesen, dass der Rechtsbegriff der Religion in Abhängigkeit von dem Selbstverständnis der religiösen Subjekte zu bestimmen ist. Dieses Selbstverständnis muss in seinen wesentlichen Punkten so zur Sprache kommen und aufgenommen werden können, dass auch ohne Zugehörigkeit zu dieser Religion ihre Gehalte als solche plausibel oder wenigstens partiell nachvollziehbar werden. Es bedarf einer Vermittlung zwischen religiöser und säkularer Sprache. Zum anderen dient es dem Frieden zwischen Religionen und Weltanschauungen, wenn man mehr voneinander weiß. Vorurteile und Ängste können so abgebaut werden.[31]

Schließlich kommen die Religionen als Ressource von letztgültigem Sinn in Betracht. Die moderne, in vieler Hinsicht funktional bestimmte und arbeitsteilige Gesellschaft bildet abhängig vom Sachzusammenhang unterschiedliche Rationalitäten aus. Religionen stehen mit ihrem holistischen Ansatz und ihrem Transzendenzbezug quer zu dieser Entwicklung und gehen darin nicht auf. Sie repräsentieren die Dimension, die sich durch Rationalitäten allein nicht mehr erschließen lässt. Ihnen eignet damit ein spezifisches Sinnerschließungspotential, das im gesellschaftlichen Diskurs fruchtbar gemacht werden kann.[32]

Der Beförderung des Diskurses dienen insbesondere der Religionsunterricht nach Art. 7 Abs. 3 GG und die wissenschaftliche Theologie. Der Religionsunterricht ist ordentliches Lehrfach und wird in Übereinstimmung mit den Grundsätzen der Religionsgemeinschaften erteilt. Es handelt sich um eine klassische gemeinsame Angelegenheit von Staat und Religi-

---

[30] BVerfGE 83, 341 (Bahai); *Heinig* (Anm. 6), 247 f. Ausführlich *Stefan Magen:* Körperschaftsstatus und Religionsfreiheit, Tübingen 2004, 197 ff.

[31] Vgl. *Christoph Schwöbel:* Wissenschaftliche Theologie, in: *Stefan Alkier/Hans-Günter Heimbrock* (Hg.): Evangelische Theologie an Staatlichen Universitäten, Göttingen 2011, 74 ff.

[32] Vgl. *Petra Bahr:* Vom Sinn öffentlicher Religion, in: *Hans Michael Heinig/Christian Walter* (Hg.): Staatskirchenrecht oder Religionsverfassungsrecht?, Tübingen 2007, 73 ff; *Jürgen Habermas:* Glauben und Wissen, Frankfurt a. M. 2001.

onsgemeinschaften, bei der die Inhalte von der Religionsgemeinschaft bestimmt werden. Der konfessionelle Religionsunterricht dient zum einen der Persönlichkeitsbildung, zum anderen dazu, Kindern und Jugendlichen im Feld der Religionen und Weltanschauungen Orientierung zu geben und sie über die Religion, in der sie aufwachsen, sprachfähig zu machen.[33]

Die wissenschaftliche Theologie steht in zwei Systemzusammenhängen.[34] Einerseits ist sie Wissenschaft wie andere Wissenschaften auch und befleißigt sich einer vernunftgeleiteten, historisch-kritischen Erforschung bestimmter Phänomene, die an andere Wissenschaftsdiskurse anschlussfähig ist. Damit stehen die Einzeldisziplinen zwangsläufig in einem engen Zusammenhang zu ihren „profanen" Bezugswissenschaften wie Altphilologie, Altorientalistik, Geschichtswissenschaft und Philosophie. Andererseits ist die Theologie auf eine bestimmte Religionsgemeinschaft bezogen und nimmt an religiöser Kommunikation rezeptiv und prägend teil. Aus diesem Bezug ergibt sich auch der Kanon der Einzeldisziplinen, die zur Theologie gehören. Die Theologie ist konstitutiv zugleich in den wissenschaftlichen und den religionsgemeinschaftlichen Kommunikationszusammenhang eingebunden. Für sie sind darum zugleich das Prinzip der religiösen Authentizität und das der rationalen Kommunizierbarkeit leitend.[35]

Das große Interesse des Staates daran, dass die Theologie der Religionen wissenschaftlich im Zusammenhang der Universitäten betrieben wird, ist historisch an der Verpflichtung abzulesen, dass Geistliche wenigstens drei Jahre an einer deutschen Universität studiert haben sollen (Triennium). Diese Regelung geht u. a. auf den Kulturkampf zurück und hat in den Staatskirchenverträgen und Konkordaten ihren Niederschlag gefunden.[36] Gegenwärtig sind die Bemühungen zu nennen, Islamische Theologie an den Universitäten zu etablieren, wie dies auch durch den Wissenschaftsrat empfohlen worden ist.[37]

---

[33] *Ev. Kirche in Deutschland:* Identität und Verständigung. Standort und Perspektiven des Religionsunterrichts in der Pluralität, Denkschrift 136, 1994, 26 ff.

[34] *Hendrik Munsonius:* Einführung nichttheologischer Doktorgrade an theologischen Fakultäten?, in: *Hans Michael Heinig/Hendrik Munsonius/Viola Vogel* (Hg.): Organisationsrechtliche Frage der Theologie, Tübingen 2013, 129 (135 ff).

[35] *Christoph Schwöbel:* Wissenschaftliche Theologie. Ausbildung für die Praxis der Kirche an staatlichen Universitäten im religiös-weltanschaulichen Pluralismus, in: *Stefan Alkier/Hans-Günter Heimbrock* (Hg.): Evangelische Theologie an Staatlichen Universitäten, Göttingen 2011, 56 (65).

[36] *Ernst-Lüder Solte:* Theologie an der Universität, München 1971, 103 ff.

[37] Wissenschaftsrat: Empfehlungen zur Weiterentwicklung von Theologien und religionsbezogenen Wissenschaften an deutschen Hochschulen, Drs. 9678–10, 29.1.2010; *Hans Michael Heinig:* Islamische Theologie an staatlichen Hochschulen in Deutschland, ZevKR 56 (2011), 238 ff; *Janbernd Oebbecke:* Islamische Theologie an deutschen Universitäten, ZevKR 56 (2011), 262 ff.

Religion, Öffentlichkeit und Recht treten miteinander in Wechselwirkung. Religion wirkt sich durch Gestaltung oder Verweigerung in zuweilen produktiver oder destruktiver Weise auf die gesellschaftliche Wirklichkeit aus. Indem sich Religionsgemeinschaften der öffentlichen Auseinandersetzung stellen, können sie einerseits Einfluss nehmen, setzen sich aber auch dem Einfluss der gesellschaftlichen Wirklichkeit aus. Religionsgemeinschaften sind für ihr Handeln in der Welt auf Rechtsformen angewiesen. Der säkulare, freiheitliche Staat bietet den Religionsgemeinschaften einen Handlungsrahmen, in dem sie gemäß ihrem Selbstverständnis agieren können. Das Recht ist jedoch nicht statisch, sondern unterliegt Gestaltungs- und Wandlungsprozessen.[38] In die Entwicklung des Rechts fließen explizit oder implizit die religiösen Wertungen wie auch die Wahrnehmung von religiösen Subjekten, Institutionen und Prozessen durch die Beteiligten ein. Darüber bedarf es der öffentlichen Auseinandersetzung. Pluralität ist zwar anstrengend aber um der Freiheit, der Demokratie und des Friedens willen nicht zu hintergehen.

---

[38] *Niklas Luhmann:* Positivität des Rechts als Voraussetzung einer modernen Gesellschaft, in: *ders.,* Ausdifferenzierung des Rechts, Frankfurt a. M. 1999, 113 ff.

Religion und die atheistische Option

Thomas Schärtl[1]

Der Begriff der *Öffentlichkeit*, der im Hintergrund der folgenden Überlegungen eine mittelbare (aber eben nur: mittelbare) Rolle spielt, soll hier im Sinne einer Schlüssel- und Wurzelmetapher der *Agora* verstanden werden. Das Spannungsfeld von Religion und Öffentlichkeit wäre damit als Problem der Sichtbarkeit von *Religion auf der Agora* zu interpretieren. Gegeben wären damit auch spezifische Gebote und Verbote, die von dem, der die Agora betritt, zu beachten erwartet werden. Religionssoziologisch wäre in diesem Rahmen die Frage interessant, wie sich die Agora im Übergang vom 20. zum 21. Jahrhundert verändert hat, ob zum Beispiel von der Religion und ihrer Theologie mehr Diskursivität und Argumentationsbereitschaft erwartet oder ob von der religiösen Praxis ein Zurückdrängen in die Unsichtbarkeit gefordert wird. Diese Dinge legen sich nahe, wo die Agora mehr und mehr von einer Atmosphäre negativer Religionsfreiheit durchherrscht wird.

Aber um diese Fragen geht es nicht primär in den folgenden Ausführungen. Es geht eher um eine Rahmentheorie, die uns zu sehen hilft, wie der neue Atheismus die Stellung von Religion auf der Agora beeinflussen könnte. In der Oberflächenwahrnehmung könnte man dabei zunächst an Aktivitäten wie die der Giordano-Bruno-Stiftung denken, die sich mit einem fast kirchlich-missionarischen Eifer der atheistischen Sache annimmt und dabei nicht nur etablierte Kirchen und Religionen mit Verdacht überzieht, sondern grundsätzlich die Auffassung vertritt, dass es beim Atheismus um eine inhaltlich zu füllende Sache gehe, die sich eben nicht mit der Ablehnung des

[1] Thomas Schärtl ist Professor für Philosophie an der Katholisch-Theologischen Fakultät der Universität Augsburg.

Theismus sich erschöpft.[2] Um zu ermessen, wo und wie der Atheismus die Religion trifft, wird in den folgenden Überlegungen ein Umwegverfahren eingeschlagen. Die Kernthese soll aber an dieser Stelle schon offen benannt werden: Der neue Atheismus offenbart, dass es inzwischen eine nicht-religiöse Option gibt, die eine echte Option darstellt und nicht allein eine Optionsverweigerung ist. Zudem legt die öffentliche Sichtbarkeit des sogenannten neuen Atheismus nahe, dass der Atheismus als Option nicht nur Zugang zur Agora, sondern dort bereits einen festen Platz besitzt.

1. Religiöse Sprache

Gleich an den Anfang soll eine weitere These gestellt werden – die These nämlich, dass die christlich-religiöse Sprache, so wie sie in den etablierten Kirchen vermittelt wurde, immer weniger gebraucht und immer weniger verstanden wird. Diese These hat eine heuristische Voraussetzung, die Religion in Analogie zu Sprache betrachtet (wobei Analogien dieser Art ja immer eine gewisse Perspektivenbeschränkung bedeuten) und die sich bei der Frage, warum es Relevanz- und Plausibilitätsverluste gibt, auf die religiöse Sprache konzentriert. Dabei muss jedoch bereits im Vorfeld der Eindruck vermieden werden, der Atheismus sei in irgendeiner Weise für den Relevanzverlust der religiösen Sprache verantwortlich. Das Verhältnis, das hier aufzuspüren ist, ist sicher nicht das von Ursache und Wirkung, aber auch nicht einfach das von Krankheit und Symptom. Die Zusammenhänge sind komplexer und gerade deswegen wird im Folgenden der Umweg über die religiöse Sprache und über die Analogie von ‚Religion als Sprache' gewählt.

Dieser Ansatz, der auf dem Boden der genannten Analogie steht, ist aber keineswegs selbstverständlich; es könnte die Gefahr bestehen, das Phänomen Religion zu verzeichnen, wenn man es seinerseits im weitesten Sinne als Zeichensystem versteht. Denn sofort hätte man die Frage zu beantworten, was in der Religion Zeichen ist und was genau bezeichnet werden soll. Es soll daher nur etwas deutlich Bescheideneres behauptet werden, nämlich dass die Sprachanalogie einen enormen heuristischen Wert hat. Ein Beispiel liefert Clifford Geertz in seiner Definition von Religion:

---

[2] Zu inhaltlichen Differenzierungen beim sog. neuen Atheismus vgl. weiterführend *Thomas Schärtl:* Der Neue Atheismus und seine Herausforderungen, in: Una Sancta [2] (2012), 90–102. Auf eine weitere inhaltliche Auseinandersetzung mit dem neuen Atheismus wird im Folgenden verzichtet, da ich das an anderer Stelle schon versucht habe. Vgl. auch *Thomas Schärtl:* Neuer Atheismus: Zwischen Argument, Anklage und Anmaßung, in: Stimmen der Zeit 226 (2008), 147–161.

„[E]ineReligion ist *(1) ein Symbolsystem, das darauf zielt, (2) starke, umfassende und dauerhafte Stimmungen und Motivationen in den Menschen zu schaffen, (3) indem es Vorstellungen einer allgemeinen Seinsordnung formuliert und (4) diese Vorstellungen mit einer solchen Aura von Faktizität umgibt, daß (5) die Stimmungen und Motivationen völlig der Wirklichkeit zu entsprechen scheinen.“*[3]

In Geertz' Definition werden (neben der Tatsache, dass er einen wohl individualistisch verkürzten Religionsbegriff vorlegt) auch sofort die Nachteile offensichtlich, die die Sprachanalogie haben kann: Zum einen waltet hier ein eigenwilliger Dualismus zwischen Zeichen und Bezeichneten, der im Tonfall den religiösen Symbolsystemen nur einen ‚scheinbaren Wirklichkeitswert' unterstellt. Bei diesem Problem geht es nun nicht primär um die Frage, ob religiöse Symbolsysteme in einem fragwürdigen Sinne ‚bloß' mythisch sind; eher geht es darum, dass keineswegs klar ist, welche epistemische Warte es uns je gestatten könnte, zwischen vermeintlichen und echtem Wirklichkeitswert unterscheiden zu können. Dass wir religiösen Symbolsystemen – und zwar besonders dann, wenn es sich um sogenannte archaische oder untergegangene handelt – mit Fremdeln begegnen, liefert keinen brauchbaren Anhaltspunkt für eine Kriteriologie des Wirklichkeitssinnes. Zum anderen zeigt sich in der genannten Definition ein gewisser Hang zum religionsphilosophischen bzw. religionstheoretischen Non-Realismus und Non-Kognitivismus, der in voller Radikalität (wie sie Geertz vielleicht nicht beabsichtigt hätte) nicht von einer Wahrheitswertfähigkeit religiöser Aussagen bzw. Äußerungen ausgehen kann. Was von Religion bliebe, wäre dann in der Tat nur ein Erzeugen von Stimmungen und Motivationen. Andererseits trifft Geertz doch eine wesentliche Absicht von Religion, wenn er schreibt:

„Die religiöse Perspektive unterscheidet sich von der *Common sense*-Perspektive dadurch, daß sie [...] über die Realitäten des Alltagslebens hinaus zu umfassenderen Realitäten hinstrebt, die jene korrigieren und ergänzen. Es geht ihr nicht um ein Einwirken auf diese umfassenderen Realitäten, sondern um ihre Anerkennung, um den Glauben an sie. Von der wissenschaftlichen Perspektive unterscheidet sie sich dadurch, daß sie die Realitäten des Alltagslebens nicht aufgrund institutionalisierter Zweifel in Frage stellt, die die feststehenden Aspekte der Welt

---

[3] *Clifford Geertz:* Religion als kulturelles System. In: *Ders.:* Dichte Beschreibung. Beiträge zum Verstehen kultureller Systeme, Frankfurt a. M. [8]2002, 44–95, hier 48.

in einen Strudel probabilistischer Hypothesen stürzen, sondern auf der Grundlage von Wahrheiten, die nach ihrem Dafürhalten umfassenderer und nicht-hypothetischer Natur sind. Ihr Losungswort ist Hingabe, nicht Distanz; Begegnung, nicht Analyse. Von der Kunst schließlich unterscheidet sie sich dadurch, daß sie sich von der Frage der Faktizität nicht löst und nicht absichtlich eine Aura des Scheins erzeugt, sondern das Interesse am Faktischen vertieft und eine Aura vollkommener Wirklichkeit zu schaffen versucht."[4]

Sehen wir von den Einlassungen zum Kunstbegriff einmal ab – Geertz trifft eher Design als Kunst in seiner Charakterisierung –, so können wir diese Feinbestimmung der Religionsdefinition doch beibehalten, wenn wir die Darlegung des Impetus von Religion stehen lassen. Der non-realistische Unterton ist noch nicht ganz verschwunden, aber doch schon milder geworden.

Um natürlich alle diese Gefahren, die sich einstellen, wenn man die Analogie von Religion und Sprache zu weit treibt, zu umgehen, soll das Augenmerk im Folgenden auf dem Phänomen der ,religiösen Sprache' liegen. Die gesamte Fragestellung wird damit etwas vereinfacht. Um aber auch hier nicht schon im Ansatz mit unabsehbaren Fragen aufgehalten zu werden, sei hier die These gewagt, dass wir im Normalfall sehr gut zwischen religiöser und nicht-religiöser Sprache zu unterscheiden wissen – und zwar selbst dann, wenn es uns nicht gelänge, eine klare und eindeutige Definition von „Religion" anzugeben. Zu Grunde zu legen ist allerdings ein etwas erweiterter Begriff von Sprache – ein Begriff von *Sprache*, der auch alles bedeutungsvolle Tun, durch das etwas kommuniziert werden kann, als Sprache auffasst. Nehmen wir diesen weiteren Begriff als Ausgangspunkt, so können wir – wie Peter Winch dies an einem Gedankenexperiment verdeutlicht hat – religiöse Sprache im weiteren Sinne auch dann schon identifizieren, wenn wir über die im Hintergrund liegenden religiösen Auffassungen und Überzeugungen vielleicht (noch) gar nicht im Bilde sind oder wenn uns diese Überzeugungen (gemessen etwa an den eigenen religiösen Überzeugungen) extrem befremdlich vorkommen:

„Stellen wir uns einen Stamm vor, dessen sprachliche Äußerungen nichts enthalten, was wir als Äußerung ,religiöser Überzeugungen' gelten lassen möchten. Es gibt bei diesem Stamm jedoch bemerkenswerte Gebräuche. Nehmen wir an, diese Leute leben im Gebirge. Wenn einer der Angehörigen des Stammes stirbt, wird er mit einer gewissen zeremoniellen Förmlichkeit begraben oder verbrannt. Zu dieser Zeremonie

[4]   *Geertz,* Religion, 77.

gehört vielleicht eine Weile stummer Betrachtung der Berge, womöglich werfen sie sich vor den Bergen nieder. Ähnliche Handlungen werden auch in anderen wichtigen Augenblicken des Stammeslebens vollzogen: wenn geheiratet wird, aus Anlaß einer Geburt, wenn der Jüngling unter die Erwachsenen aufgenommen wird."[5]

Peter Winch bietet uns also einen weit gefassten Begriff der religiösen Sprache – zu ihr würde also auch das gehören, was wir als rituelle Sinndeutung beschreiben könnten, die als Sinndeutung auch dann noch einen religiösen Charakter behält, wenn kein expliziter Bezug zu einer transzendenten Realität auszumachen ist. Im ‚Sprachspieltest' wären wir also in der Lage, die folgenden Sätze

(a) „Denn durch dein Heiliges Kreuz hast du die ganze Welt erlöst."

(b) „Wer wandeln will wie Gott auf dieser Erde, muss sterben wie ein Weizenkorn."

(c) „Zur Geburt unseres Kindes laden wir alle Freunde und Verwandten ein, mit uns im Garten einen Apfelbaum zu pflanzen."

(d) „Wir wollen den Umzug nach München mit einer kleinen House-Warming-Party begehen."

(e) „Menschen, die eine derartige Aura besitzen, sind sicher begabte Lehrer."

von

(f) „Ursula von der Leyen fordert eine neue Grundrente für alle."

klar zu unterscheiden und (a) und (b) dabei *eindeutig* als Sätze zu identifizieren, die zu einer religiösen Sprache gehören, die eine lange christliche Tradition hat. Schwieriger ist es sicher bei den Sätzen (c) bis (e). Nimmt man Peter Winch als Ausgangspunkt, so müssten wir zumindest (c) und (e) als religiöse Sätze stehen lassen. Denn wenn diese Sätze nur einigermaßen ernst geäußert werden, kommen in ihnen rituelle Wirklichkeitsdeutungen zum Tragen, die typisch für Religion sind. Satz (d) ist hier das Problem, markiert aber bereits eine Art Problemposition, die derzeit immer wieder diskutiert wird: Wenn nämlich in Satz (d) – so seltsam und kontraintuitiv sich dies zunächst anhören mag – ein religiöser Satz vorliegen sollte, dann ist Religion ein allgegenwärtiges, quicklebendiges Phänomen. Und wir wären gezwungen, die Frage nach dem Fremdwerden von Religion als Veränderung des religiösen Sprechens, des religiösen Wortschatzes oder der Vorliebe für bestimmte religiöse Sprachen (im Gegensatz etwa zu traditionsbeladenen anderen) zu beschreiben. Eindeutig ist die Zuordnung sicher bei Satz (f), der zu einer nichtreligiösen Alltagssprache gehört.

---

[5] *Peter Winch:* Bedeutung und religiöse Sprache. In: *Ders.:* Versuchen zu verstehen, Frankfurt a. M. 1992, 149–182, hier 153 f.

Diese ersten Differenzierungen können nun dabei helfen, dass ein Grundgefühl jede Diagnostik der gegenwärtigen Lage von Religion in den westlichen Gesellschaften beherrscht: ein Gefühl des Sprachverlustes, das begrifflich genauer artikuliert und damit auch analysiert werden kann. Auch wenn die radikale Säkularisierungsthese, die sozialphilosophische Ansätze von der Aufklärungszeit bis in die Mitte des 20. Jahrhunderts geprägt hatte,[6] endgültig falsifiziert ist, weil wir zu Beginn des 21. Jahrhunderts nun doch nicht in einer areligiösen Welt leben bzw. weil Aufklärung plus Modernität nicht notwendig Areligiosität implizieren,[7] so hat dies leider keinen positiven Effekt auf die christlich-religiöse Sprachtradition. Überall wird ein Verlust an Sprachkompetenz, ein Verlust an Vokabeln und (um in diesem Bild zu bleiben) an Regelbeherrschung beklagt. Aber was heißt es nun genau, wenn wir beklagen, Religion sei eine Fremdsprache geworden?

Einen eindrücklichen Anhaltspunkt liefert eine Fotografie, die das Bistum Regensburg vor Monaten auf ihrer Homepage veröffentlicht hatte: Es zeigt die Einzugsprozession des Domkapitels und der Bischöfe zur Exequienliturgie für den verstorbenen, emeritierten Regensburger Weihbischof. Am Rand des Bildes kann man allerlei Menschen erkennen, die offenkundig dem Einzug zuschauen, interessiert, fasziniert; manche fotografieren. Andere blicken von ihren Kaffeetassen hoch, halten die Hand vor die Augen, um sich einen Reim auf die Ereignisse zu machen. Diese Menschen hätten natürlich auch andere Optionen gehabt. Sie hätten sich sofort der Prozession anschließen können, um den Gottesdienst mitzufeiern. Sie hätten die Prozession ehrfürchtig betrachten, rituell von den Bischöfen Segen erbitten können etc. Nichts davon passiert; die Menschen, die am Rande stehen ‚spielen' (und dieser Ausdruck sei hier sehr allgemein und ohne irgendwelche Untertöne verwendet) im wahrsten Sinne des Wortes nicht mit. Sie bleiben daneben stehen und verweigern sich, wenigstens ein Minimum an religiöser Umgangssprache zu sprechen – um von der Hochsprache ganz zu schweigen. Natürlich wäre zu diesem Bild noch mehr zu sagen: Der Einzug des Presbyteriums zusammen mit dem Bischof ist auch eine rituelle Abbildung von Macht- und Autoritätsverhältnissen. Aber diese Abbildung geht in diesem Fall ins Leere. Der Sinn des Spieles lebt davon,

---

[6] Vgl. *Hans Joas:* Glaube als Option. Zukunftsmöglichkeiten des Christentums, Freiburg i. Br. 2012, 29–34.
[7] Vgl. *Ders.,* Glaube als Option, 42.

dass Menschen, die die Option haben, das Spiel sinnvoll und aktiv mitzuspielen, diese Option auch nützen.[8] Aber das geschieht nicht. Aus dem bedeutungstragenden Liturgie-Spiel ist ein Spektakel geworden, eine Attraktion, die man bestaunt oder amüsant findet. Dieses Bild zeigt passgenau, was gemeint sein könnte, wenn Religion fremd wird: Menschen nehmen die Option, eine bestimmte (religiöse) Gebrauchssprache zu sprechen, indem sie zum Beispiel bestimmte rituelle Ausdrucksformen artikulieren, nicht wahr. Für sie sind derartige Artikulationsformen buchstäblich eine Fremdsprache geworden.

Aber warum wird Religion als Sprache fremd? Das eben gewählte Beispiel zeigt, dass dies mit einem Funktionsverlust zu tun hat, den wir allerdings noch genauer untersuchen müssen.

Auf der Linie der Analogie liegt es, uns kurz über die Funktionen von Sprache zu verständigen, um ermessen zu können, wie und warum Religion als Sprache (und darin auch die religiöse Sprache) fremd wird. David Lewis hat eine Definition von Sprache vorgeschlagen, die die Beziehung des Sagens zum Aussagen von Wahrheit ins Zentrum rückt:

> *„Was ist eine Sprache?* Etwas, das gewissen Ketten von Laut- bzw. Zeichentypen Bedeutungen zuweist. Sie könnte daher eine Funktion sein, eine Menge von geordneten Paaren von Ketten und Bedeutungen. Die Entitäten im Bereich der Funktion sind gewisse finite Folgen akustischer Lauttypen oder schriftlich fixierbarer Zeichentypen. Wenn – im Bereich einer Sprache L ist, wollen wir – einen *Satz von L* nennen. Was könnte eine Bedeutung eines Satzes sein? Etwas, das dann, wenn es mit faktischer Information über die Welt – bzw. mit faktischer Information über *jede* mögliche Welt – kombiniert wird, einen Wahrheitswert ergibt. Sie könnte daher eine Funktion von Welten in Wahrheitswerte sein – oder einfacher, eine Menge von Welten.“[9]

Ein wenig klingt diese Definition wie die der frühen orthosprachlichen Richtung der frühen analytischen Philosophie, deren Augenmerk auf dem konstatierenden Aspekt der Sprache lag und dabei auf der Untersuchung der ‚Darstellung von Sachverhalten‘. Bei Lewis ist dies allerdings abgemildert durch den Bezug zu möglichen Welten, so dass die Sprache sinnvoll schon dann ist, wenn sie darstellt, was der Fall sein könnte oder sein sollte.

---

[8]   Vgl. *Ludwig Wittgenstein:* PU § 204: „Ich kann etwa, wie die Sachen stehen, ein Spiel erfinden, das nie von jemandem gespielt wird. – Wäre aber auch dies möglich: Die Menschheit habe nie Spiele gespielt; einmal aber hat Einer ein Spiel erfunden, – das allerdings nie gespielt wurde?"

[9]   *David Lewis:* Die Sprachen und die Sprache. In: *Georg Meggle* (Hg.): Handlung, Kommunikation, Bedeutung, Frankfurt a. M. 1993, 197–240, hier 197.

Allerdings sind für Lewis mögliche Welten sozusagen objektive (ontologische) Größen, so dass das *Universe of Discourse* aller möglichen Welten jene Bezugsgröße darstellt, die im weitesten Sinne als Referenzgarant des Sprechens aufkommen kann.[10] Natürlich stellt auch Lewis nicht in Abrede, dass es andere Funktionen von Sprache (genauer: des Sprechens) gibt, die sich eben nicht im Darstellen erschöpfen.[11] Und es ist ihm auch bewusst, dass Sprache eine soziale Größe darstellt:

> „Was ist Sprache? Ein soziales Phänomen, ein Teil der Naturgeschichte des Menschen; ein Bereich menschlichen Handelns, in dem Ketten akustischer Laute geäußert und Ketten von Zeichen niedergeschrieben werden; ein Bereich, in dem wir mit Gedanken bzw. Handlungen auf die von den anderen in dieser Weise produzierten Laute bzw. Zeichen reagieren.
>
> Diese verbale Tätigkeit ist größtenteils rational. Wer gewisse Laute oder Zeichen produziert, tut dies aus einem bestimmten Grund. Er weiß, dass ein anderer, der seine Laute hört bzw. seine Zeichen sieht, in der Lage ist, gewisse Annahmen zu machen bzw. auf eine gewisse Art und Weise zu handeln."[12]

Aber wie kommen diese beiden, von Lewis selbst als antithetisch bezeichneten Auffassungen von Sprache zusammen? Wie verbinden sich das Darstellen von Sachverhalten in möglichen Welten (also der Umstand, dass das Sagen unter einen generellen Wahrheitsvorbehalt gestellt ist) mit der Tatsache, dass Sprache *tout court* eine soziale Praxis ist, die auf Handlungs- und Kommunikationszusammenhängen aufruht und diese erzeugt? Das Zwischenglied, das Lewis hier einfügt, ist die Konvention:

> „Meinem Vorschlag zufolge handelt es sich bei der Konvention, derzufolge eine Population eine Sprache *L* verwendet, um eine Konvention der *Wahrhaftigkeit* und des *Vertrauens* in L. In L wahrhaftig zu sein, heißt, in einer gewissen Art und Weise zu handeln: Niemals zu versuchen, irgendwelche Sätze von *L* zu äußern, die nicht wahr in L sind. Irgendwelche Sätze von L also nur dann zu äußern, wenn man glaubt, daß sie wahr in *L* sind. In *L* Vertrauen zu haben, heißt, seine Annahmen auf eine gewisse Art und Weise zu bilden: Den andern Wahrhaftigkeit in *L* zuzuschreiben und somit auf eine durch andere gemachte Äußerung eines Satzes von *L* hin in der Regel anzunehmen, daß der geäußerte Satz wahr in *L* ist."[13]

Man könnte zunächst naiv fragen, ob Lewis den Wahrheitsvorbehalt des Sagens nicht zu streng und zu optimistisch an die Wahrhaftigkeitsverpflichtung für die Sprecher bindet. Gibt es nicht auch das Lügen oder das Imaginieren?

---

[10] Vgl. *Lewis,* Sprache, 214 f.
[11] Vgl. *Lewis,* Sprache, 210 f.
[12] *Lewis,* Sprache, 197.
[13] *Lewis,* Sprache, 202 f.

Aber vielleicht müssen wir uns daran erinnern, dass das Lügen ein parasitäres Phänomen ist, das nur dann funktioniert, wenn man eine Sprache hat und kennt, wenn man schon alle jene Fertigkeiten und Kompetenzen besitzt, die einem helfen, sich in einer Sprache ohne Hindernisse und gleichsam blindlings zu orientieren. Schon schwieriger ist der Fall des Imaginierens (und Fingierens) zu beurteilen; immerhin geht es dabei allenfalls am Rande um das Darstellen von in unserer Welt bestehenden Sachverhalten.

Aber womöglich lässt sich auch dieses Phänomen in dem von Lewis entwickelten Schema verstehen. Stellen wir uns dafür jene bayrische Nostalgikergruppe der Königstreuen vor, die am Starnberger See den Jahrestag des Todes von Ludwig II. feiert und für dieses Zeremoniell sogar entsprechend kostümiert auftritt. Vielleicht finden wir keinen Zugang zu diesem Zeremoniell, finden es ein wenig schräg und aus der Zeit gefallen, weil wir unterstellen, dass die Teilnehmer/innen hier in eine untergegangene Welt flüchten, die mit unserer Welt nicht viel zu tun hat. Aber selbst wenn wir hier irritiert sind, räumen wir dieser Gruppe doch noch eine gewisse Vernünftigkeit ein, sobald wir verstehen, dass das Handeln dieser Gruppe bestimmten Regeln folgt,[14] von transparent zu machenden Überzeugungen getragen ist und in konsistente Konventionen eingesenkt bleibt. Wir können sogar sagen, dass die Sprache, die diese Gruppe benutzt (und die in Teilen nicht unsere Sprache ist), sich auf eine mögliche Welt bezieht, deren Relevanz im Kontrast zu unserer möglichen Welt besteht: Diese seltsame Ludwig-II-Welt ist eine idealisierte Kontrastwelt zur aktualen Welt. Diese Perspektive ist im Übrigen für die Bewertung der religiösen Sprache nicht ganz belanglos; denn gewisse Teile der religiösen Sprache – denken wir an die Implikationen eschatologischer Aussagen etc. – haben ihren Wert darin, dass eine ideale Welt (eine vollkommen gerechte Welt, eine Welt ohne Tod, eine Welt ohne Böses) imaginiert wird, die in einen Gegensatz zur aktualen Welt (bzw. zu unseren Erfahrungen der aktualen Welt) gesetzt wird – ein Gegensatz, der zur Tiefendiagnostik der als wirklich erfahrenen Welt Anlass gibt.

Mit diesen Überlegungen lässt sich nun auch das Phänomen des religiösen Sprachverlusts in seiner ganzen Breite erfassen. Wir können nämlich (kursorisch und ohne Anspruch auf Vollständigkeit in der folgenden Auflistung) konstatieren, dass eine Sprache dann zur Fremdsprache wird, wenn

a) die Regeln, die durch Sprachkonventionen bewahrt werden, nicht gelernt oder vermittelt werden können,[15]

---

[14] Vgl. *Wittgenstein*, PU § 206.
[15] Einen solchen Fall hat *Ludwig Wittgenstein* in der Parabel von der Erkundung eines fremden Landes beschrieben; vgl. *Wittgenstein*, PU § 207.

b) Konventionen zerfallen und Vertrauensverhältnisse erodieren, weil das Vertrauen in die Darstellungsfunktion einer Sprache bzw. eines wichtigen Teils der relevanten Ausdrücke einer Sprache erlischt,

c) Überzeugungen, die die Sprachkonventionen stützen, fragwürdig werden und einem permanenten Rechtfertigungsdruck ausgesetzt sind,[16]

d) die für das Bedeutungstragen verantwortliche mögliche Welt außer Sichtweite gerät oder (im schlimmsten Fall) in den ontologischen Scheol der *unmöglichen* Welten wandert,

e) alle jene Kontexte (Äußerungskontexte), Äußerungsbedingungen und Lebensformen verschwinden, die die Vitalität einer bestimmten Sprache bzw. Sprachpraxis garantieren und in denen die elementaren Begriffsschemata unserer Weltorientierung realisiert werden.

Vor allem der an letzter Stelle genannte Punkt geht über David Lewis hinaus, insofern als Äußerungskontexte und Lebensformen im Sinne Wittgensteins[17] präkonventionelle Gegebenheiten darstellen. Das heißt: Es liegt nicht in unserem direkten Ermessen, Äußerungskontexte zu produzieren, zu eliminieren, zu modifizieren bzw. Lebensformen zu erzeugen oder zum Verschwinden zu bringen. Unser Einfluss darauf ist stark vermittelt – etwa so wie wir durch gesunde Lebensweisen unser Lebensalter beeinflussen, aber nicht vollständig kontrollieren können.

Schon auf den ersten Blick können wir jetzt sehen, wie und wo der Atheismus erodierend auf die religiöse Sprache wirken kann: Es ist Punkt (c); der Atheismus lässt tragende Überzeugungen fragwürdig werden. Aber dieses Fragwürdigwerden hätte keine so umfassenden Auswirkungen, wenn es nicht jene Sprachverlustfaktoren gäbe, die in den Punkten a, b, d und e angesprochen wurden. Der neue Atheismus kann eigentlich nur deshalb eine gewisse Kraft entfalten, weil es vor allem den Faktor (e) gibt, nämlich den Zerfall der die Glaubenssprache prägenden Lebensformen – ein Zerfallen, das von einer ganzen Reihe von kontingenten Faktoren beeinflusst ist.

Sprachphilosophisch ist dieser letzte Punkt noch einmal von ganz besonderem Interesse; denn es macht sich an diesem Punkt (e) eine kulturalistische Deutung fest. Für sie lieferte schon Wittgenstein einige inspirierende Impulse, wenn er schreibt:

---

[16] Überzeugungen – gerade dann, wenn sie grundlegende Überzeugungen sind – leben davon, dass sie weitgehend unbehelligt in Kraft sind, um eine ,reibungslose' Sprachpraxis zu gewährleisten.

[17] Vgl. *Wittgenstein,* PU § 23.

„Vergleiche einen Begriff mit einer Malweise: Ist denn auch nur unsere Malweise willkürlich? Können wir nach Belieben eine wählen? (z. B. die der Ägypter). Oder handelt sich's da nur um hübsch oder häßlich?[18]

Wittgenstein geht es hier nicht mehr nur um Ausdrücke und die Gestalt von Ausdrücken, sondern um die Begriffsschemata selbst, die wir in unserer Welterfassung prägen und sprachlich in Dienst stellen. Es gibt für diese Schemata keine, von oben herab verordnete absolute Richtigkeit, kein Bemessen an Fakten, die uns in einer gewissen Direktheit bestimmte Schemata aufnötigen würden und andere gar nicht erst zum Zuge kommen lassen.[19] Sicherlich bedingt unsere menschliche Natur diese Begriffsschemata in einer gewissen Weise; aber dieses Bedingen ist so indirekt wie der vernünftige Lebensstil eine gesunde körperliche Verfassung ‚bedingen' kann.[20] Ein anderer, im obigen Zitat angesprochener Punkt ist ebenfalls interessant: eine Malweise ist ein kulturelles Gut. Normalerweise können wir sie uns nicht einfach so aussuchen, selbst wenn wir andere Malweisen kennen oder imitieren können. Wenn wir in unserer Zeit verständlich bleiben wollen, so denkt Wittgenstein, so müssen wir den stilistischen Gepflogenheiten der jeweiligen Zeit auch folgen. Analoges gelte für die sprachliche Verständigung. Was Wittgenstein gleichwohl nicht antizipiert hatte, ist die Situation, die wir im Kunstwort als Postmoderne bezeichnen. Diese Situation, in der wir uns religionsphilosophisch und religionspädagogisch ohne allen Zweifel befinden, lässt als das geradezu fröhliche und unbeschwerte Nebeneinander verschiedener Sprachen – oder in Wittgensteins Bild – von verschiedenen ‚Malstilen' verstehen. Wir sind in der Lage, den Stil zu wählen, weil es keinen vorgeschriebenen, dominanten Stil zu geben scheint, dem wir aus Verständlichkeitsgründen heraus folgen müssten. Die Wahl der Sprache ist damit direkter möglich, als Wittgenstein dies vorschwebte; die Verbindung von Sprechen und der Evaluierung unserer Überzeugungen ist nötiger geworden. Um es etwas drastisch zu formulieren: Die Situation der Postmoderne ist eine Situation ohne Muttersprache.

---

[18] *Wittgenstein:* PU II, xii (= WW, Bd. 1, 578).

[19] Dies ist bei *Wittgenstein* noch stärker dort zu finden, wo er die ‚Unabhängigkeit' der Grammatik von Fakten (Sachverhalten in der Welt) betont. Vgl. dazu *Peter M. S. Hacker:* Wittgenstein: Mind and Will. Vol. 4 of an Analytical Commentary on the *Philosophical Investigations*, Part I: Essays. Oxford 2000, 74–78.

[20] Vgl. *Wittgenstein* PU II, xii, 578: „Ich sage nicht: Wären die Naturtatsachen anders, so hätten die Menschen andere Begriffe (im Sinne einer Hypothese). Sondern: Wer glaubt, gewisse Begriffe seien schlechtweg die richtigen, wer andere hätte, sähe eben etwas nicht ein, was wir einsehen, – der möge sich gewisse sehr allgemeine Naturtatsachen an-

Ein interessantes Indiz ist die Weise, wie der Ausdruck „Sprachspiel" von Jean-Francois Lyotard im Gegensatz zu Wittgenstein gedeutet wird: Bei Wittgenstein ist Sprachspiel eine sinnvolle sprachliche Tätigkeit, die verständlich ist, wenn sie Regeln entsprechend erfolgt. Nicht ohne Grund benutzt Wittgenstein Tätigkeitswörter, um dies zu beschreiben.[21] Sprachspiele können voneinander unabhängig sein, aber auch miteinander verbunden werden (so wie man die Spielregeln von Volleyball und Sandlaufen kombinieren kann und dann ein neuartiges Spiel, nämlich Beach-Volleyball, erhält). Sprachspiele können einfach und komplex sein, wobei die komplexen ihren Wurzelgrund in einfacheren Sprachspielen haben. Der Wechsel von Spielen ist kein Problem, weil die Sprache ja eine Vielzahl von verschiedenen Tätigkeiten zulässt, ja sogar benötigt.[22] Für Lyotard jedoch sind Sprachspiele gegeneinander abgeriegelte Sinnbezirke,[23] die man betreten und verlassen kann, die man aufsuchen und erkunden kann, die aber u. U. gegeneinander abgeriegelt sind und daher auch nicht miteinander kombiniert werden können. Dieses Bild von Sprache ist nicht Wittgensteins Bild von Sprache. Aber es ist ein Bild von Sprache, das in die Postmoderne passt, weil eben diese Epoche dadurch gekennzeichnet ist, dass selbst primitive sprachliche Tätigkeiten auseinanderzudriften beginnen, dass komplexe Sprachspiele als abriegelbar empfunden werden.

3. Die religiöse Option und die Optionen

In gewisser Weise ist die postmoderne Benutzung des Wortes „Sprachspiel", die der Diagnose einer parzellierten Sprachsituation dienen soll, ein Vehikel, mit dem die postmoderne Situation verstärkt, wenn nicht sogar heraufbeschworen werden kann. Hans Joas hat in einer instruktiven vergleichbaren Diagnose die hier sprachtheoretisch skizzierte Situation als Situation einer Optionsvermehrung beschrieben.[24] Wenn sich Optionen zu neuen oder alternativen religiösen Artikulationen oder sogar (zum sozial weder sanktionierten noch begrüßten) Verzicht auf diese Artikulation auftun, dann hat dies natürlich einen Einfluss auf die tradierten Sprachkonventionen und Sprachmonopole. Joas mahnt uns aber auch, wenn er schreibt:

ders vorstellen, als wir sie gewohnt sind, und andere Begriffsbildungen als die gewohnten werden ihm verständlich werden."

[21] Vgl. *Wittgenstein,* PU § 23.

[22] Vgl. *Wittgenstein,* PU §§ 21, 24.

[23] Vgl. *Jean-Francois Lyotard:* Das postmoderne Wissen. Ein Bericht, Wien 1999, 36–41, bes. 39–41.

[24] Vgl. *Joas,* Glaube als Option, 146 f.

„Wir sollten uns deshalb vor einer leichtfertigen kulturkritischen These hüten, der zufolge Optionsvermehrung und Pluralismus Hauptursachen für die Erschwerung der Weitergabe des Glaubens seien. Die entsprechenden Diagnosen machen zwar mit Recht darauf aufmerksam, dass es die Gefahr eines Eklektizismus oder ‚Donjuanismus' [...] auf dem Gebiet der Religion gibt, aber sie irren, wenn sie diese Gefahr wie eine zwangsläufige Folge schildern. Solche Diagnosen verkennen, wie wenig die Gewissheit in unseren Personen-, Wert-, und Glaubensbindungen von der Einsicht in die Entstehung affiziert wird. Wir leben in kontingenter Gewissheit. Weil solche Diagnosen dies verkennen, resignieren ihre Anhänger leicht gegenüber der Aufgabe, die von ihnen empfohlene Option zu einer lebendigen Option zu machen. Die Individuen erleben nämlich nicht alle verfügbaren Optionen als lebbar, als wirklich attraktiv für sie auch nur in einem potentiellen Sinn. Diese Lebendigkeit hängt vielmehr ab von den Fähigkeiten derer, die diese Option vertreten und vorleben [...].“[25]

Joas benutzt hier die Terminologie von William James, der in seinem *Will To Believe* zwischen verschiedenen Gattungen von Optionen unterschieden hat.[26] Deshalb lohnt es sich, an dieser Stelle einen kleinen Schritt über Joas hinaus und zu William James zurückzugehen. James unterscheidet u. a. zwischen toten und lebenden, zwingenden und vermeidbaren, bedeutsamen und trivialen Optionen. Auf dieser Linie kann es durchaus liegen, dass durch eine Reihe von Faktoren (gesellschaftliche Veränderungen) die reine Zahl von Optionen sich vermehrt hat, dass aber die wenigsten für ein Individuum lebendige, bedeutsame und zwingende Optionen sind. Eine Option ist lebendig dann, wenn sie für eine Person eine wirkliche, ernst zu nehmende, zugängliche Alternative darstellt; sie ist bedeutsam dann, wenn sie in einen Zusammenhang mit den Präferenzen und Handlungszielen einer Person steht. Sie ist zwingend, wenn sie nicht nur eine vage theoretische Möglichkeit darstellt, sondern ganz praktisch und ganz konkret aus der Perspektive dieses betroffenen Individuums auch realisiert werden kann und wenn sie sich buchstäblich aufdrängt. Das bunte Vermehren und nun aber Schaffen von Optionen kann gerade dazu führen, dass Optionen vermeidbar werden – auch und gerade im Bereich des Religiösen. Und so beeinflusst die Vermehrung von Optionen das Problem der Wahl des ‚Sprachspiels' (im Sinne Lyotards, nicht Wittgensteins) vielleicht doch etwas mehr, als Joas dies im genannten Zitat zugeben mochte. Natürlich hat er Recht, wenn er betont, dass es falsch wäre, die bloße Vermeh-

---

25 *Joas,* Glaube als Option, 148.
26 Vgl. *William James:* The Will To Believe. In: *Ders.:* Writings 1878–1899, ed. by *F. H. Burkhardt,* Cambridge/New York 1992, 445–704, hier 457 f. Dazu auch *Thomas Schärtl:* Wahrheit und Gewissheit. Zur Eigenart religiösen Glaubens, Regensburg/Kevelaer 2004, 22 f.

rung von Optionen monokausal für Irritationen und Unsicherheiten der Wahl (des religiösen Sprachspiels) verantwortlich zu machen. Aber die Vermehrung kann dazu führen, dass die Lebenskraft einer bis dato unbefragt relevanten Option abnehmen kann, dass die Echtheit von Optionen zu verblassen, geradezu auszubleichen beginnt. Und sie wird dazu führen, dass die Präsentation einer Option als einer lebendigen und echten Option – im letzten Satz hat Joas dies angedeutet – mühevoller wird und noch stärker davon abhängt, dass es überzeugende Individuen gibt, die diese Lebendigkeit verkörpern. Das muss nun nicht als Ruf nach einem neuen religiösen Heroismus interpretiert werden oder als Hinweis auf die steigende Nachfrage nach charismatischen Glaubensautoritäten. Dies mag ein Teil davon sein. Weitaus formaler präsentiert sich in der Vermehrung von Optionen, die dazu führt, dass ehedem echte und lebendige Optionen in ihrer Echtheit und Lebendigkeit befragt und bezweifelt werden können, eine neue Notwendigkeit, Überzeugtsein mit dem Überzeugen zu verbinden bzw. zu begründen. Anders gesagt: Wo Selbstverständlichkeiten gehen, herrscht nicht sofort relativistisches Chaos oder – mit Blick auf die religiöse Sprache – eine Art spiritueller Schürzenjägerei, aber es stellt sich eine neue Situation von Begründungspflichten ein, die in ihrer Feinporigkeit mühsam zu werden droht, weil je neu ausgehandelt werden muss, was als Grund und als Grundlage des Begründens gelten kann.[27]

Die oben genannten, sehr formal abgehandelten Gründe für das Zur-Fremdsprache-Werden der religiösen Sprache lassen sich durchaus konkretisieren und mit Leben füllen. So berichten die Punkte b) bis d) vor allem von einem Vertrauens- und Relevanzverlust, von einem Problematischwerden der den reibungslosen Sprachzusammenhang verantwortenden Überzeugungen. Diagnostisch kann und muss man fragen dürfen, woher dieser Vertrauens- und Relevanzverlust stammt. Der Sozialphilosoph und Soziologe Hans Joas gibt darauf eine interessante Antwort:

---

[27] Verkompliziert wird die Options-Analyse noch einmal, wenn man hier ein ökonomistisches Deutungsraster in Dienst nimmt. Vincent Miller hat in seinen instruktiven Analysen herausgestellt, dass Religion in einer ‚post-fordistischen' Konsumkultur selbst ein Konsumgut wird und damit unter marktrationalen Gesichtspunkten evaluiert werden kann. Vgl. *Vincent Miller:* Consuming Religion. Christian Faith and Practice in a Consumer Culture, New York 2003, 32–72. Die oben genannte Überzeugungsarbeit – und dies sei hier als These angedeutet – kann theoretisch rein ökonomisch erfolgen und würde damit auch Rationalitätsgesichtspunkten gehorchen. Wenn es also darum geht, die genuin der Religion angemessene Überzeugungsarbeit zu leisten, so muss gleichzeitig auch dargelegt werden, was an Religion über jede ökonomistische Rasterung hinausreicht.

„Die entscheidende Dimension für die Erklärung von Säkularisierungsprozessen –
so lautet zumindest meine These – ist die Haltung von Kirchen und anderen religiösen Gemeinschaften zu einigen zentralen Fragen, nämlich zu sogenannten nationalen Fragen, zur sozialen Frage, zu demokratischen Fragen, zu den Fragen der Rechte
des Individuums und der Frage des religiösen Pluralismus. Die Wirkungen ökono-
mischer Prozesse, wissenschaftlicher oder kultureller Entwicklungen auf Religion
werden ebenso wie die Impulse des religiösen Zweifels oder die Erfahrung religiöser
Gewissheit immer durch diese Spannungsfelder hindurch vermittelt."[28]

An Joas' Bemerkungen ist zweifellos viel Richtiges. Man könnte vieles davon unter die in der katholischen Theologie deutscher Zunge diskutierte
Frage nach der immer noch ausstehenden Rezeption der Moderne subsu-
mieren.[29] Allerdings wecken diese Anmerkungen den Eindruck, dass eine
fortschrittlichere, ‚liberalere' Form von Christentum und Glaube eigentlich
blühen müsste. Das ist nun aber gerade nicht der Fall; und vom Zulauf, den
etwa ressentiment-geladene Versionen des Katholizismus derzeit haben,
wird diese These geradezu falsifiziert. Joas handelt die Relevanz- und Ver-
trauensfrage anhand eines Katalogs von (durchaus wichtigen) gesellschaftlichen Stellfragen ab. Daneben stellt er aber auch im Anschluss an Ernst
Troeltsch einen Katalog von Themen, die zur Kernbotschaft des Christentums gehören, die aber die Verständlichkeit der christlich-religiösen Sprache in der umgebenden Kultur extrem erschweren:

> „Als die hauptsächlichen intellektuellen Herausforderungen für das Christentum be-
> trachtete er [sc. Troeltsch, TS] die wachsende Verständnislosigkeit gegenüber vier
> wesentlichen Gehalten der christlichen Botschaft: (1) dem Ethos der Liebe, (2) dem
> Person-Verständnis, (3) der Gemeinschaftlichkeit des Kults und (4) der Konzentration
> aller Spiritualität auf Jesus Christus."[30]

Auch dieser Katalog und die damit verbundene Diagnose offenbart eine
große Hellsichtigkeit, die bei Troeltsch wegen ihrer geradezu propheti-
schen Qualität noch größer ist als bei Joas, der in Zeitgenossenschaft zu
diesen Fragen und Problemen lebt. Ohne hier sofort einen kulturpessimis-
tischen Ton anzuschlagen, lässt sich doch festhalten, dass ein hedonisti-
sches Lebensethos, ein empiristisches Personverständnis, ein individuali-
siertes Heilsinteresse und ein vom Personalen entkoppeltes spirituelles
Suchen die Sache des Christentums erheblich erschweren und durch die

---

[28] Vgl. *Joas,* Glaube als Option, 70 f.
[29] Vgl. *Klaus Müller:* Die Vernunft, die Moderne und der Papst, in: Stimmen der Zeit 227
      (2009), 291–306.
[30] *Joas,* Glaube als Option, 202 mit Bezug zu *Ernst Troeltsch:* Die Zukunftsmöglichkeiten
      des Christentums, in: Logos 1 (1910/11), 165–185.

damit verbundenen Veränderungen des kulturellen Rahmens vor allem in Hinsicht auf den oben genannten Faktor e) dazu beitragen, dass die religiöse Sprache des Christentums nicht mehr greifen kann.

Aber diese Diagnose wäre immer noch zu einseitig, würde man nicht auch versuchen, Faktoren im Sinne von b) bis c) zu benennen, die den Relevanzverlust als Vertrauensverlust und den Vertrauensverlust als Überzeugungsverlust versehen helfen. Deshalb könnte man an dieser Stelle einen Katalog von tiefer liegenden, existentiellen und metaphysischen Themen skizzieren, die ein modifiziertes Verständnis der *ersten* Joas-These gestatten: Die Haltung der Kirchen und Religionsgemeinschaften nicht nur zu brennenden sozialen Fragen, sondern auch zu einer Reihe von existentiellen und metaphysischen Fragen hat zu Säkularisierungsprozessen und damit zu Relevanzverlusten und a fortiori zu Sprachverlusten geführt. Welche Themen sind dies? Wenn man an die eigenartigen Gelegenheiten denkt, in denen westliche Weltbilder mit denen in ihnen verkörperten Religionsgemeinschaften jenseits von gesellschaftlichen Debatten miteinander kollidieren, so sind dies erstens Fragen nach der Anerkennung eines naturalistischen Weltbildes, das eine Rückkehr in vormoderne Formen der Weltbeschreibung verbietet, zweitens Fragen nach der Legitimität epistemischer Ratifikation von Überzeugungen, die autoritatives Setzen als Diskursverweigerung und Irrationalität brandmarkt, drittens die Anerkennung eines Ethos der tragischen Existenz, das die Revision fundamentaler Entscheidungen gestattet, gerade dann wenn sich die dafür bereit liegenden Optionen vermehrt haben.

In Hinsicht auf die Anerkennung eines naturalistischen Weltbildes tut sich das katholische Christentum noch viel leichter als die evangelikalen Geschwister. Allerdings ist das Problem an der Tiefe noch nicht gepackt, solange es in der religiösen Praxis wie in der theologischen Reflexion Refugien eines Supranaturalismus gibt, der so tut, als hätte es Darwin, Einstein oder Heisenberg nie gegeben. Das etablierte Vokabular der Schöpfungstheologie ist korrodiert und kann, wie sich seit zwei, drei Dekaden leider auch gezeigt hat, nicht durch personalistische Platzhalterphrasen ersetzt werden. Es mag philosophische Gründe geben, einen kalten metaphysischen Naturalismus zu verwerfen, aber als Grundüberzeugung ist er in der Weltorientierung unserer Zeitgenossen etabliert.[31] Ja, selbst das immer wieder zu beobachtende Ausbrechen in esoterische Weltsichten ratifiziert

---

[31] Vgl. zur begrifflichen ontologischen Seite des Problems *Thomas Schärtl:* Arbeitsloser Schöpfergott. In: *Patrick Becker/Ursula Diewald* (Hg.): Zukunftsperspektiven im theologisch-naturwissenschaftlichen Dialog, Göttingen 2011, 5–19.

dieses naturalistische Weltbild noch einmal, weil es sich hier im Wesentlichen um eine Verlängerung des Physikalismus in einen Hinterwelts-Physikalismus handelt,[32] der gerade in seiner Absurdität und Unglaubwürdigkeit ein Schrei nach einer gelingenden, weil tragfähigen und überzeugenden Versöhnung von Naturalismus und Religion ist.[33]

Der zweite Punkt betrifft die epistemologische Seite des Sprechens – eben jene Nahtstelle, an der sich durch die Vermehrung von Optionen – immer mehr lose Enden auftun. Charles Taylor hat in seinen instruktiven kultur- und sozial-,archäologischen Überlegungen darauf aufmerksam gemacht. Er identifiziert im Grunde die Reformation[34] als einen Ort der Entwindung alter Gewissheiten und spannt einen Bogen zur Aufklärung,[35] in der sich die individuelle Verantwortung vor und für Gewissheitsansprüche Bahn bricht, auch wenn es sich hier um Initialzündungen handelt, deren Wirkungen erst viel später, vielleicht sogar deutlich später unter dem Hinzukommen weiterer gesellschaftlicher Faktoren spürbar werden und ihr inzwischen bekanntes und problematisiertes Ausmaß erreichen. Um genau diesen Aspekt einer individuellen und unvertretbaren Letztverantwortlichkeit auszumalen, lädt uns Taylor zu einer Art Gedankenexperiment ein:

"What would I be like if I had been born to different parents? As abstract exercise, this question can be addressed [...]. But if I try to get a grip on this, probing my own sense of identity, on the analogy with: what would I be like if I hadn't taken that job? married that woman? and the like, then my head begins to swim. [...]
The point I am trying to make is that in earlier societies this inability to imagine the self outside of a particular context extended to membership of our society in its essential order. That this is no longer so with us, that many of these 'what would it be like if I were …?' questions are not only conceivable but arise as burning practical issues [...], is the measure of our disembedding."[36]

Die soziale Un-Eingebundenheit (ein Konzept, das wir aus heutigen religionssoziologischen Studien unter dem Stichwort des Zerfallens von Milieus kennen), von der Taylor spricht, führt in Teilen zu einer sprachlichen Entkontextualisierung, zu einem Verlust des Selbstverständlichen. Das Zweifeln übernimmt mit der Verantwortung für die eigene Gewissheit eine legi-

---

[32] Vgl. *Edmund Runggaldier:* Philosophie der Esoterik. Stuttgart 1996; vgl. ferner auch *Bernhard Grom:* Hoffnungsträger Esoterik?, Kevelaer 2002.
[33] Vgl. *Joas,* Glaube als Option, 191 f mit Bezug zu *Detlef Pollack:* Säkularisierung – ein moderner Mythos?, Tübingen 2003.
[34] Vgl. *Charles Taylor:* A Secular Age, Cambridge/London 2007, 25–89.
[35] Vgl. *ders.,* Secular Age, 146–158.
[36] *Ders.,* Secular Age, 149.

time Funktion. Wie sich dies auf die Sache der Religion auswirkt, dürfte klar sein: Autoritätsbeweise, ja jede Form von epistemischer Autorität außerhalb der ‚erstpersönlichen' Letztinstanzlichkeit bleibt prekär. Und als Selbstverständlichkeiten angesehene Geltungsansprüche geraten gerade wegen ihrer vermeintlichen Selbstverständlichkeit in das Kreuzfeuer der Kritik. In dem Maße wie sich sprachliche Autoritäten auch sozial zu marginalisieren beginnen, öffnen sich Leerstellen, die niemals ohne Begründungsarbeit gefüllt werden können – und zwar auch dann noch, wenn auch die über die Begründungspflicht befindende Vernunft in ihrem eigenen Anspruch marginalisiert worden ist.

Der letzte Punkt greift unmittelbar auf die Gegenwart zu – und nähert sich noch einmal dem Gedanken einer Optionsvermehrung. Diese Vermehrung – zugänglich gemacht im Setting einer globalen Gleichzeitigkeit und einer gedächtnislosen ‚Jetzt-Zeitigkeit' konfrontiert uns mit der Idee eines immer wieder gewährten Neustarts. Die Sehnsucht nach einem Reboot von Lebensführung und Lebensentscheidung, von Weichenstellungen und biographischen Verläufen, sickert immer tiefer in unser Alltagsbewusstsein ein und gewinnt im zunehmenden Patchworkcharakter von Lebenskonstellationen mehr und mehr Plausibilität. Eine Religion wie das Christentum, die an der Idee definitiver Entscheidungen und bruchloser Versprechen festhält, tut sich enorm schwer, für diese Konstellationen überhaupt noch eine Sprache bzw. aus ihrer Sprachtradition eine nicht bloß aus- und abgrenzende Benennung zu finden.

4. Schlussfolgerungen: Die atheistische Option

Nimmt man diese verschiedenen Faktoren zusammen, die zur Schwächung der Verständlichkeit der religiösen Sprache beitragen (können) und addiert man dazu die oben skizzierte Options-Analyse, so ergibt sich das folgende interessante Bild: Der neue Atheismus kann die religiöse Sprache eigentlich nur dort schwächen, wo er tragende Überzeugungen angreift. Per se hätte Religion und hätte religiöse Sprache noch ausreichend viele Stützungsmechanismen zur Verfügung. Erst durch deren Wegbrechen, kann der Atheismus signifikant zu weiteren Korrosionsprozessen beitragen.

Der Atheismus rüttelt dort, wo er argumentativ auftritt, an den Überzeugungen, die eine religiöse Sprache und eine religiöse Lebensform tragen. Dieses Rütteln erhöht einerseits den Begründungsdruck, der – wie oben schon angedeutet wurde – durch die (postmoderne) Optionsvermehrung und Optionsverwirrung ohnedies hoch ist. Zudem stellt ein artikulierter, argumentativer Atheismus den religiösen Überzeugungen, die ein religiöses Weltbild tragen, ein eigenes, inzwischen nicht selten neodarwinistisch grundiertes, naturalistisches Weltbild entgegen, das seinerseits viele Züge einer Weltanschauung hat (und damit auch jene Funktionen erfüllen kann, die man von Weltanschauungen erwartet oder – je nach Standpunkt – befürchtet).

Wo der Atheismus nicht primär argumentativ, sondern rhetorisch auftritt, kann er immerhin dadurch das Fremdwerden der Grammatik christlicher (oder sogar überhaupt monotheistisch-religiös geprägter) Lebensführung und Glaubensüberzeugung, den Eindruck der Distanz und Irrelevanz dieser religiösen Überzeugungen und die kritische Frage verschärfen, ob religiöse Überzeugungen überhaupt noch auf der Agora eines öffentlichen Diskurses artikuliert werden sollen.

Allerdings ist die Voraussetzung für die Wirkung des Atheismus auf die Sprache von Religion und auf die Lebenskraft religiöser Überzeugungen die, dass die religiöse Sprache bereits aus anderen Gründen unter einen Druck geraten ist. Der neue Atheismus bewirkt nicht den Zusammenbruch der religiösen Sprache, kann aber Korrosionsprozesse befördern, wenn sie schon aus anderen Gründen begonnen haben. Auf der Basis dieser Korrosionen ereignet sich aber dann auch etwas genuin Neues – und darin könnte das Neue am neuen Atheismus bestehen: Er liefert nicht nur Argumente zur Options-Enthaltung, sondern kann die postmoderne Situation der Optionsverwirrung und der Options-Unübersichtlichkeit dazu nutzen, um sich selbst als genuin eigene, alternative Option darzustellen, die öffentlich sichtbar werden will und eine öffentliche Stimme für sich beansprucht. Dieser Aufstieg zur genuin eigenen Option, die sich nicht einfach dem Spiel religiöser Optionsergreifung entzieht, sondern auf dem Spielfeld religiöser Optionen eine eigene Alternative zu sein vorgibt, ist nicht bloß Attitüde. Mit den immer deutlicher werdenden Feinbestimmungen eines naturalistischen und humanistischen Weltbildes verfügt der neue Atheismus dann auch über ein ‚Glaubensangebot‘, das ihn als Optionsalternative auch inhaltlich füllt.[37] Im Gefüge vieler Kräfte, die an der Glaubwürdigkeit und Relevanz religiöser Sprache(n) rütteln, kann sich der Atheismus als eine eigene, neue Glaubenssicht etablieren, die wie jedes Glaubenssystem Vordenker, Propheten und Zeloten kennt.

---

[37] Vgl. hierzu *A. C. Grayling:* The God Argument. The Case Against Religion and for Humanism, London 2013.

Orthodoxe Kirchen im öffentlichen Raum: Hintergrund, Probleme, Perspektiven

Vasilios N. Makrides[1]

1. Hinführung

Reflexionen und Theorien aus unterschiedlichen Perspektiven über die öffentliche Rolle der Religion in der heutigen Welt, und sogar in den säkular geprägten, liberalen Demokratien des Westens, sind sicherlich keine Seltenheit. Die Überwindung der sozialen Marginalisierung der Religion, die Modifizierung älterer Säkularisierungsparadigmen in Bezug auf die angeblich zunehmende Privatisierung der Religion, der gegenwärtige Diskurs um die „postmetaphysische" und „postsäkulare" Situation (verstanden als kritische Selbstreflexion über die eigenen säkularistischen Voraussetzungen und Prinzipien), postmoderne und postkoloniale Theorieansätze, der Einfluss religiöser Ideen und Akteure auf die Politik oder auf andere Projekte (z. B. zur Artikulierung einer Zivilgesellschaft), religiöse Wiederbelebungsphänomene mit starkem öffentlichem Charakter und weitere damit verbundene Entwicklungen haben in den letzten Dekaden deutlich gemacht, dass Religionen nicht einfach zum Aussterben verurteilt sind, sondern dass sie ein enormes und im Diskurs der Moderne oftmals unterschätztes Potential haben, das sie gegebenenfalls einsetzen können, nicht zuletzt im öffentlichen Raum. Diese Tatsache wurde seitens diverser säkularer Entscheidungsträger wahrgenommen, die teilweise für einen neuen Umgang mit Religionen plädierten. Auf der anderen Seite haben diese Tatsache auch militante Atheisten zur Kenntnis genommen. Dies erklärt vielleicht, warum letztere aus Furcht vor einer zunehmenden Revitalisierung

[1] Vasilios N. Makrides ist Professor für Religionswissenschaft (Orthodoxes Christentum) an der Philosophischen Fakultät der Universität Erfurt.

noch vehementer gegen Religionen vorgehen. Es erübrigt sich hier zu erwähnen, dass diese Thematik notwendigerweise auch das Orthodoxe Christentum und die Orthodoxen Kirchen unmittelbar betrifft, die wichtige Akteure auf vielen Handlungsfeldern der heutigen globalen Welt sein wollen.

Es sollte aber nicht, wie es schon oft der Fall gewesen ist, übersehen werden, dass die gesamte Diskussion um die öffentliche Rolle der Religion grundsätzlich westeuropäischen bzw. westlichen Ursprungs ist. Es geht mit anderen Worten um eine Entwicklung, die aufs Engste mit den Religionspolitiken in der Neuzeit und der Moderne in Westeuropa und allgemein im Westen verbunden ist. Damals ging es im Rahmen der Konfessionalisierung (Pluralisierung des Christentums) und der Säkularisierung (im Sinne der sozialen Ausdifferenzierung) um die Begrenzung der öffentlichen Rolle der Religion (insbesondere der Institution der römisch-katholischen Kirche) und um das friedliche Zusammenleben von Anhängern diverser Religionen in einem politischen staatlichen Gebilde. Die Betrachtung der Religion als Privatsache des Individuums galt als Schutzmaßnahme gegen Andersgläubige oder Individuen, die vom religiösen Mainstream abwichen. Der konstitutionelle Rechtsstaat hatte allmählich die Oberhand über die Religionen in seinem Territorium gewonnen und hätte idealerweise religiös neutral und tolerant sein sollen sowie die Rechte aller seiner Bürger/innen und den Religionsfrieden ohne jegliche Benachteiligungen garantieren müssen. Die institutionelle Religion sollte sich dementsprechend in die staatlichen Angelegenheiten nicht einmischen, sondern möglichst auf ihren eigenen Bereich beschränkt bleiben. Die religiösen Überzeugungen der Bürger/innen galten prinzipiell als Privatsache, die den öffentlichen Sektor nicht unbedingt betreffen sollten. Solche und ähnliche Postulate trafen auf die heftige Reaktion insbesondere der römisch-katholischen Kirche, weil sie für diese einen erheblichen Machtverlust bedeuteten, jedoch wurden sie langfristig generell durchgesetzt und bildeten eine wichtige Säule der modernen säkularen und liberalen Demokratien der westlichen Welt, wie dies an der entsprechenden Trennung von Staat und Kirche deutlich zu erkennen ist. Hier handelt es sich um die langfristigen Konsequenzen der zugegebenermaßen schmerzhaften Auseinandersetzung des lateinischen Christentums als Ganzem mit der Moderne, mit der sowohl die römisch-katholische Kirche als auch die protestantischen Kirchen sich schließlich auf jeweils eigene Weise arrangieren konnten. Dies hatte einen neuen *modus vivendi* und *operandi* mit nicht-religiösen Akteuren in einer säkularen Gesellschaft zur Folge, deren Legitimität von diesen Kirchen wesentlich akzeptiert wurde. Die heutigen Diskussionen über die öffentliche Rolle der Religion spiegeln gewisse Veränderungen in diesen früheren Positionen wider, die säkulare (und nicht religiöse) Akteure in den letzten Dekaden zwangsläufig vorgenommen haben. Die wachsende Zahl von im Westen lebenden Muslimen war unter anderem ein Grund dafür. Aufgrund dieser Entwicklungen wurde deutlich, dass die Religion keine ausschließliche Privatsache mehr ist, sondern dass sie öffentlich sehr wirksam und einflussreich werden kann. Es geht also darum, wie man sich die künftige neue öffentliche Rolle der Religion vorstellt, ohne gleichzeitig die prinzipiellen Fundamente moderner säkular und liberal ausgerichteter Demokratien und Gesellschaften in Frage zu stellen.

Wie hinlänglich bekannt, betraf die vorangegangene Entwicklung langfristig auch andere Teile der Welt jenseits des Westens, zumal der moderne Nationalstaat heute ein mehr oder weniger universelles Phänomen darstellt. Diese Prozesse wurden aber von diversen Spannungen und Problemen begleitet, wann immer die jeweils besonderen politischen, kulturellen und religiösen Voraussetzungen und Konstellationen, die mit den entsprechenden westlichen nicht unbedingt deckungsgleich waren, zum Tragen kamen. Die Frage ist in diesem Zusammenhang, auf welche Art und Weise das gesamte Thema die orthodoxe Welt betrifft und beschäftigt,[2] die sich von einem gewissen historischen Punkt an anders als die lateinische Welt entwickelte und ihre eigenen Besonderheiten aufweist. Was sollte man nun über die öffentliche Präsenz und Rolle der Orthodoxie sagen? Wenn wir beispielsweise die Bundesrepublik Deutschland in Betracht ziehen, dann stellt die Orthodoxie, als „Dritte im Bunde" innerhalb der hiesigen christlichen Kirchen, einen öffentlichen Akteur dar, obwohl sie als solcher nicht von entscheidender Bedeutung ist. Mit anderen Worten sind die verschiedenen „nationalen" Orthodoxen Kirchen in Deutschland eigentlich eine Minderheit, die zwar präsent und sichtbar sind sowie öffentlich in der Form der „Kommission der Orthodoxen Kirche in Deutschland" (KOKiD) gemeinsam auftreten, doch keineswegs ausschlaggebend sind oder sein können in einem mehrheitlich andersartigen religiösen und kulturellen Milieu. Daher wäre mein Plädoyer, die öffentliche Rolle der Orthodoxie nicht anhand ihres Minderheitsstatus in einem bestimmten Staat zu untersuchen, einem Zustand, der in der ganzen Welt reichlich vorzufinden ist (in Westeuropa, in den USA, in Australien usw.). In einem solchen Fall passt sich die jeweilige Orthodoxe Kirche in der Regel der Mehrheitsumwelt an und folgt dem etablierten Mainstream, so dass es schwierig ist, etwaige orthodoxe Besonderheiten zu erkennen. Beispielsweise wären die Orthodo-

---

[2]   Vgl. *Emmanuel Clapsis* (Hg.): The Orthodox Churches in a Pluralistic World: An Ecumenical Conversation, Geneva/Brookline, MA 2004.

xen Kirchen in den USA, die anderen Herausforderungen ausgesetzt sind und andere Möglichkeiten im amerikanischen pluralen Umfeld haben,[3] nicht der ideale Maßstab, um über die orthodoxe Präsenz in der Öffentlichkeit und die orthodoxe Welt allgemein zu urteilen. Dasselbe gilt für die Präsenz von Orthodoxen Kirchen in einem mehrheitlich muslimischen Kontext heute, wie im Falle der historischen Patriarchate von Konstantinopel, Alexandrien und Antiochien. Ähnliches gilt ebenso für die Meinungen von orthodoxen Theologen und Denkern, die in einem nicht-mehrheitlich orthodoxen Milieu gearbeitet und reflektiert haben (z. B. die russische theologische Diaspora nach 1917 im Westen). In diesem Fall begegnet man oftmals progressiven Ideen und Vorschlägen, die jedoch im Kontext der ursprünglichen Herkunftsorte und Kirchen der jeweiligen Orthodoxen in der Regel nicht realisierbar waren. Aus diesen Gründen ist es sicherlich angebrachter, wenn wir eine Situation unter die Lupe nehmen, in der eine Orthodoxe Kirche die Mehrheitsreligion in einem Staat darstellt und sie gewisse „Privilegien" seitens des Staates oder der Gesellschaft insgesamt genießt. Daraus lassen sich die Besonderheiten der Orthodoxie besser wahrnehmen, unter anderem in Bezug auf ihre tatsächliche oder angestrebte öffentliche Rolle.

2. Der besondere Nexus von Staat und Kirche im orthodoxen Kontext und dessen Konsequenzen

Obige Bemerkungen lassen sich am besten verdeutlichen, wenn man die historisch bekanntesten Orthodoxen Kirchen in mehrheitlich orthodoxen Kontexten in Betracht zieht, wie etwa diejenigen von Griechenland, Zypern, Russland, Rumänien, Serbien oder Bulgarien. In all diesen Fällen handelt es sich um dominante Kirchen, die in vielfältiger Weise mit der Geschichte, Kultur und Ethnizität der jeweiligen Völker in enger Verbindung stehen. Diese Verbindung ist unter anderem an Hand der Art und Weise sichtbar, wie sie vom jeweiligen Staat behandelt werden. In manchen Fällen werden sie im Unterschied zu den anderen Religionsgemeinschaften des jeweiligen Staates deutlich privilegiert. Es ist kein Zufall, dass oftmals die Rede von „nationalen" Orthodoxen Kirchen ist, obwohl dieser Begriff

---

[3] Vgl. *Stanley S. Harakas:* Orthodox Christianity in American Public Life: The Challenges and Opportunities of Religious Pluralism in the Twenty-First Century, The Greek Orthodox Theological Review 56 (2011), 377–397; *Dominic Rubin:* Erfahrungen mit der Orthodoxie in den Vereinigten Staaten, Religion und Gesellschaft in Ost und West 41/3 (2013), 25–27.

in der orthodoxen Ekklesiologie nicht vorkommt – in der Regel spricht man dort von „lokalen" Kirchen, die alle zusammen die universelle Orthodoxe Kirche ausmachen. Interessanterweise handelt es sich in diesen Fällen um dem Prinzip nach säkulare Staaten, die unter westeuropäischen Einflüssen zustande gekommen sind und die teilweise eine ähnliche Struktur und Organisation aufweisen (nicht zuletzt auch im Kontext der Europäischen Union/EU, der manche davon angehören). Trotzdem lassen sich etliche Phänomene (z. B. eine religiöse Färbung des Staates und der Öffentlichkeit) beobachten, die in den westlichen Demokratien nicht gerade auf dieselbe Weise vorkommen. Betrachtet man zum Beispiel die engen Beziehungen zwischen der russischen politischen Führung und der Russischen Orthodoxen Kirche heutzutage,[4] dann werden diese orthodoxen Besonderheiten mehr als deutlich.

Konkreter dargestellt: Es gibt zwar eine formelle Trennung zwischen Staat und Kirche im orthodoxen Kontext, denn beide stellen zwei klar unterschiedliche Institutionen dar. Trotzdem geht es hier nicht genau um die bekannte friedlichere (in Deutschland) oder feindlichere (in Frankreich) Trennung, die in den heutigen westlichen Demokratien existiert und die einen anderen soziohistorischen Hintergrund aufweist. In der orthodoxen Welt sind bis heute etliche „Spuren" von früheren historischen Modellen von Staat-Kirche-Beziehungen zu finden (z. B. vom byzantinischen „Symphonia-Modell"). Es geht hier um die dauerhafte „Aufeinanderbezogenheit" von Staat und Kirche und den Diskurs um ihre Reziprozität und gegenseitige Unterstützung (συναλληλία), die idealerweise kooperieren und sich harmonisch ergänzen sollten. Eine gewisse Säkularität des Staates ist zwar gegeben, jedoch ist diese nicht mit der westlichen hundertprozentig gleichzusetzen. Der säkulare Staat in mehrheitlich orthodoxen Ländern hat eine wie auch immer geartete orthodoxe Färbung, die mit der langen Geschichte von Staat-Kirche-Beziehungen im orthodoxen Osten zusammenhängt und die zutreffenderweise als „symphonischer Säkularismus" bezeichnet wurde.[5] Dies führt unweigerlich zu einer Privilegierung der Orthodoxen Kirchen, die sowohl offiziell (im Kontext des Staatsapparats und -protokolls) als auch inoffiziell (innerhalb der breiten Bevölkerung) stattfinden kann.

---

[4]   *Gerd Stricker:* Faktisch Staatskirche. Die Orthodoxe Kirche im heutigen Russland, Herder-Korrespondenz 66 (2012), 43–47.
[5]   *Kristen Ghodsee:* Symphonic Secularism: Eastern Orthodoxy, Ethnic Identity and Religious Freedoms in Contemporary Bulgaria, Anthropology of East Europe Review 27 (2009), 227–252.

All dies bedeutet letztendlich, dass die Orthodoxen Kirchen in den jeweiligen Staaten – historisch gesehen – immer *eine öffentliche Rolle* gespielt haben und ihre öffentliche Sichtbarkeit mehr als gegeben war (z. B. bei der Vereidigung einer neuen Regierung oder bei der Eröffnung einer neuen parlamentarischen Periode). Zieht man die Rolle der Orthodoxie als „Staatschristentum" im zaristischen Russland in den Vergleich mit ein, dann ist ihre öffentliche Rolle mehr als deutlich. Dasselbe gilt auch für die mehrheitlich orthodoxen Länder auf dem Balkan. Die enge Verknüpfung von orthodoxer Konfessionszugehörigkeit mit den jeweiligen Nationalismen machte die Orthodoxie oftmals zu einem Schlüsselfaktor in der Gesellschaft und in der Wahrnehmung der Bevölkerung. Die Orthodoxie wurde zudem sehr oft von diversen Regimes als Legitimationsfaktor benutzt oder für verschiedene Zwecke instrumentalisiert (z. B. in Griechenland während des Kalten Krieges gegen die Verbreitung des Kommunismus[6] oder nach 1989 für die Kontakte im orthodoxen Ost- und Südosteuropa[7]), was wiederum nicht nur die hiesigen Besonderheiten der Staat-Kirche-Beziehungen unterstreicht, sondern auch die starke Präsenz der Orthodoxen Kirche im öffentlichem Raum. Es geht hauptsächlich um eine öffentliche Rolle, die generell vom Staat unterstützt und zum großen Teil von der Gesellschaft selbst akzeptiert wurde, trotz der selbstverständlichen Existenz gegenseitiger Meinungen und entsprechender Kritik.

Eine Ausnahme davon bildete die Periode des Kommunismus (1917–1991) in der Sowjetunion sowie in einigen ehemaligen Ostblockstaaten die Zeit nach dem Zweiten Weltkrieg, in denen historische und bedeutende orthodoxe Mehrheitskirchen ansässig waren (z. B. in Rumänien, Bulgarien, Jugoslawien). Die Religionspolitik der kommunistischen Regimes war zwar unterschiedlich entfaltet und variierte je nach Kontext und Epoche. Jedoch blieb der antireligiöse Tenor über die lange Dauer erhalten und führte in vielen Fällen zu einer erheblichen Marginalisierung der jeweiligen Orthodoxen Kirchen und zu deren oftmals gewaltsamen Ausscheiden aus dem öffentlichen Leben (z. B. durch Verbot, Kritik oder Verfolgung). In manchen Fällen gelang es aber den Orthodoxen Kirchen, eine eingeschränkte öffentliche Präsenz zu erlangen (z. B. der Russischen Orthodoxen Kirche nach

---

[6] *Vasilios N. Makrides:* The Orthodox Church of Greece, in: *Lucian N. Leustean* (Hg.): Eastern Christianity and the Cold War, 1945–91, London/New York 2010, 253–270.

[7] *Victor Roudometof:* Orthodoxy as Public Religion in Post-1989 Greece, in: *Victor Roudometof/Alexander Agadjanian/Jerry Pankhurst* (Hg.): Eastern Orthodoxy in a Global Age: Tradition faces the Twenty-First Century, Walnut Creek, CA 2005, 84–108; *Vasilios N. Makrides:* Orthodoxe Kirche, Kultur und Politik in Griechenland in Folge der Wende von 1989, in: *Alojz Ivanišević* (Hg.): Re-Sakralisierung des öffentlichen Raums in Südosteuropa nach der Wende 1989, Frankfurt a. M. 2012, 179–200.

dem Zweiten Weltkrieg), obwohl sie wiederum meistens als Instrumente der Regimes für eigene Zwecke ausgenutzt wurden. Trotzdem bedeutete diese Periode insgesamt einen radikalen Bruch in der langen Tradition der öffentlichen Präsenz der Orthodoxen Kirchen. Das kann sehr gut erklären, warum diese Kirchen im Postsozialismus mit allen Kräften versuchten, die verlorenen Jahre wiedergutzumachen und ihre öffentliche Präsenz im Lande neu zu gestalten und mit allen Mitteln zu etablieren.[8]

Die Öffentlichkeit der Orthodoxie lässt sich aber *mutatis mutandis* auch in anderen mehrheitlich orthodoxen Ländern beobachten, die nie die Konsequenzen des Kommunismus am eigenen Leib erfuhren. Dies betrifft zum Beispiel die Republik Zypern, in der die Orthodoxe Kirche historisch immer eine prägende Funktion hatte und sogar die griechisch-orthodoxen Zyprioten gegenüber politischen Instanzen vertrat (z. B. während der Osmanenherrschaft, 1571–1878). Das diesbezügliche Phänomen der Ethnarchie ist aufs Engste mit der Geschichte dieser Insel verbunden. Sehr charakteristisch ist der Fall des Erzbischofs Makarios III. (1950–1977), eines solchen Ethnarchen, der auch als erster das Amt des Präsidenten der unabhängigen Insel übernahm (1960–1977).[9] Das Phänomen betrifft ebenso Griechenland, den ersten mehrheitlich orthodoxen Mitgliedsstaat der EU seit 1981. Hier waren die öffentliche Rolle und Präsenz der Orthodoxie historisch mehr als offensichtlich, obwohl nach 1974 der Staat eine größere Abkoppelung von der Kirche suchte und gemäßigte Säkularisierungsmaßnahmen einführte. Angesichts dieser Situation ist es sehr interessant zu beobachten, wie der populäre, gleichwohl umstrittene Erzbischof Christodoulos (1998–2008) systematisch versuchte, die Orthodoxie mit einer neuen öffentlichen Rolle zu versehen, die ich früher als „expressiven Interventionismus" bezeichnet habe.[10] Es ging dabei nicht um die offizielle Übernahme politischer Ämter seitens der Kirche und deren entsprechende offenkundige und aktive politische Rolle. Es ging vielmehr um den Versuch, die Orthodoxie zu einem Schlüsselfaktor in der Gesellschaft zu machen, dauerhaft in allen Bereichen des Staates und öffentlichen Debatten zu intervenieren und, wenn möglich, den Staat implizit oder explizit von den

---

[8]   *Ingeborg Gabriel/Cornelia Bystricky* (Hg.): Kommunismus im Rückblick. Ökumenische Perspektiven aus Ost und West (1989–2009), Ostfildern 2010.

[9]   *Paul Sant Cassia:* The Archbishop in the Beleaguered City: An Analysis of the Conflicting Roles and Political Oratory of Makarios, Byzantine and Modern Greek Studies 8 (1982/83), 191–212.

[10] *Vasilios N. Makrides:* Scandals, Secret Agents and Corruption: The Orthodox Church of Greece during the 2005 Crisis – Its Relation to the State and Modernization, in: *Victor Roudometof/Vasilios N. Makrides* (Hg.): Orthodox Christianity in 21st Century Greece: The Role of Religion in Culture, Ethnicity and Politics, Farnham 2010, 61–87.

Meinungen der Kirche abhängig zu machen. Die Kirche konnte somit auch in den nicht-religiösen Bereichen aktiv werden (z. B. in der Außenpolitik) und entsprechend den Kurs des Landes mitbestimmen und mitentscheiden. Dieser Plan erklärt schließlich, warum Christodoulos vehemente Kritiker aus mehreren Ecken hatte und dass es zu einem großen Konflikt zwischen Staat und Kirche bezüglich der Streichung der Angaben zur Religionszugehörigkeit aus den Personalausweisen im Jahre 2000 kam.[11] Christodoulos wollte in diesem Fall die Logik des modernen und strukturell wie auch funktionell ausdifferenzierten säkularen Staates in Frage stellen und entsprechend agieren. Seine Reaktion war auf die nach 1974 eingesetzten milden Säkularisierungsmaßnahmen in der griechischen Gesellschaft gerichtet, eine Haltung, die einiges über die Besonderheiten der orthodoxen Welt offenbart. Sein Nachfolger, Erzbischof Hieronymos II., hat aber eine andere Strategie in dieser Hinsicht und versteht die öffentliche Rolle der Orthodoxie grundsätzlich anders,[12] obwohl mehrere Hierarchen und andere Orthodoxe den Ansichten von Christodoulos näher stehen. Ähnliche Schwierigkeiten mit dem neuen Öffentlichkeitsstatus im Postsozialismus lassen sich *mutatis mutandis* bei anderen Orthodoxen Kirchen beobachten. Ohne etwaige Entwicklungen leugnen zu wollen, sind die Besonderheiten der Orthodoxen Kirchen etwa in Rumänien, Georgien und Serbien nach der Wende im Rahmen des Demokratisierungsprozesses und der notwendigen Anpassung an das neue soziopolitische Umfeld mehr als sichtbar geworden.[13]

Das obige Bild zeigt mehrheitlich orthodoxe Staaten, die mehr oder weniger den Prinzipien der Moderne folgen und entsprechend in allen Fällen agieren, unter anderem im Bereich Religion, wenn auch unter Beibehaltung bestimmter Eigentümlichkeiten. Auf der anderen Seite stehen Orthodoxe Kirchen, die ihren eigenen Weg einschlagen möchten und

---

[11] *Isabelle Dépret:* Religion, nation, citoyenneté en Grèce: L'Église orthodoxe et le conflit des cartes d'identité, Paris 2011. S. auch *Vasilios N. Makrides:* Between Normality and Tension: Assessing Church-State Relations in Greece in the Light of the Identity (Cards) Crisis, in: *ders.* (Hg.): Religion, Staat und Konfliktkonstellationen im orthodoxen Ost- und Südosteuropa. Vergleichende Perspektiven, Frankfurt a. M. 2005, 137–178.

[12] *Effie Fokas:* Religion in the Greek Public Sphere: Nuancing the Account, Journal of Modern Greek Studies 27 (2009), 349–374; *Vasilios N. Makrides:* Die Orthodoxe Kirche Griechenlands und der lange Weg zur Modernisierung, Glaube in der 2. Welt 38/10 (2010), 18–21.

[13] *Lucian Turcescu/Lavinia Stan:* The Romanian Orthodox Church and Democratization: Twenty Years Later, International Journal for the Study of the Christian Church 10 (2010), 144–159; *Tamara Grdzelidze:* The Orthodox Church of Georgia: Challenges under Democracy and Freedom (1990–2009), ebd., 160–175; *Bojan Aleksov:* The Serbian Orthodox Church: Haunting Past and Challenging Future, ebd., 176–191.

gegebenenfalls den Konflikt mit dem Staat wollen. Der Grund hierfür sollte in der mangelhaften Begegnung der gesamtorthodoxen Welt mit der Moderne gesucht werden. Dieses Manko erscheint zunächst aus historischen Gründen nachvollziehbar, jedoch hat es zur Folge, dass die orthodoxe Welt sich in vielerlei Hinsicht noch in einem vormodernen Status befindet. Sie hat bisher die Legitimität der Moderne nicht akzeptiert und träumt in der Regel von einer angeblich besseren Welt, die aus einer vormodernen Situation stammt. Aus diesem fehlenden Arrangement mit der Moderne erklärt sich zudem die Tatsache, dass die Orthodoxie moderne Herausforderungen und Probleme (z. B. die individuellen Menschenrechte) in der Regel mit einem stetigen Rückgriff auf ein vormodernes Instrumentarium zu adressieren oder zu kritisieren versucht.

Wichtig erscheint überdies, dass die Orthodoxen Kirchen in den heutigen Debatten über die öffentliche Rolle der Religion keine wichtigen Akteure sein können, gerade weil sie die westlichen Erfahrungen in diesem Rahmen weder gut kennen noch richtig erlebt haben. Man kann zwar sehr wohl über die öffentliche Rolle der Religion allgemein und kontextunabhängig sprechen und debattieren, doch ist es den wichtigsten Diskussionsbeteiligten klar, dass man bei diesem Thema um die westlichen Erfahrungen und Entwicklungen nicht herumkommt. Dies zeigt, genau wie in vielen anderen Fällen, die Dominanz der relevanten westlichen Diskurse. Die besondere Unterscheidung zwischen dem Staat, dem Öffentlichen und dem Privaten geht nämlich auf solche westliche Entwicklungen zurück. Eine öffentliche Religion bzw. Kirche sollte demgemäß Teil einer Zivilgesellschaft werden und entsprechend agieren, weil sie frühere autoritäre oder theokratische Herrschaftsmodelle hinter sich gelassen hat. Das setzt aber bestimmte Bedingungen voraus, wie die soziale Ausdifferenzierung, die Säkularisierung, die Liberalität des Individuums, die Neutralität gegenüber unterschiedlichen Wertesystemen, Ideologien und Weltanschauungen, die Anerkennung der Differenz des Anderen und insbesondere die effiziente Trennung von Staat und Kirche. Die Orthodoxen Kirchen haben aber bis heute Probleme mit Konzepten, Prinzipien und Entwicklungen dieser Art.[14] Es stellt sich deswegen die Frage, was unter diesen Umständen der orthodoxe Beitrag zur Debatte über die Öffentlichkeit der Religion überhaupt sein kann.

---

[14] *Vasilios N. Makrides:* Orthodox Christianity, Modernity and Postmodernity: Overview, Analysis and Assessment; Religion, State & Society 40 (2012), 248–285.

3. Die öffentliche Präsenz und Rolle der Kirche: Orthodoxe Ansichten und Vorschläge

In diesem Zusammenhang ist es möglicherweise hilfreich, ein konkretes Beispiel näher unter die Lupe zu nehmen in Form der Russischen Orthodoxen Kirche im Postsozialismus. Es ist nicht übertrieben zu behaupten, dass diese Kirche eine beeindruckende Entwicklung auf mehreren Ebenen seit 1991 vorweisen kann, sowohl innerhalb der Russischen Föderation als auch international. Dafür genügt ein Blick auf die Website des Moskauer Patriarchats. Noch wichtiger ist vielleicht, dass diese Kirche die orthodoxen Positionen zu manchen aktuellen Themen offiziell formulierte und infolgedessen festlegte. Erwähnenswert sind unter anderem die Dokumente von 2000 über die *Sozialkonzeption* sowie von 2008 über die Menschenwürde und die Menschenrechte. Anhand dieser Dokumente lässt sich zeigen, welche Vorstellung über ihre öffentliche Rolle heutzutage in ihrer Hierarchie dominiert.

Die *Sozialkonzeption* ist zuerst ein längeres Dokument, das in sechzehn Kapiteln eine ganze Menge von Themen behandelt und die orthodoxen Positionen dazu zu artikulieren versucht. Es handelt sich um den ersten systematischen und verbindlichen Versuch, die orthodoxe Sicht auf die heutige Gesellschaft bzw. die damit verbundenen großen Herausforderungen und Probleme insgesamt zu formulieren. Im Gegensatz zur römisch-katholischen Kirche und zu den protestantischen Kirchen, die jeweils ihre eigene Sozialdoktrin bzw. Sozialethik seit vielen Jahrzehnten ausgearbeitet und formuliert hatten, fand man auf orthodoxer Seite bis vor kurzem eher ein Schweigen diesen Themen gegenüber, zumindest was die Form einer systematischen Darlegung auf der offiziellen kirchlichen Ebene betrifft, abgesehen von diesbezüglichen Enzykliken oder gelegentlichen kurzen Stellungnahmen. Dieses Fehlen ist nicht ein „ontologisches", sondern sollte bestimmten soziohistorischen Umständen zugesprochen werden.[15] Die Russische Orthodoxe Kirche betrat mit ihrer *Sozialkonzeption* praktisch Neuland in der orthodoxen Welt und sorgte mit deren Veröffentlichung für viele Diskussionen. Dieser Text wurde als ein Kompromissversuch verstanden, da er beide konservative wie liberale Kreise innerhalb der Kirche zufriedenzustellen beabsichtigte. Bei näherer

---

[15] *Vasilios N. Makrides:* Die soziale Verantwortung in der Sicht der Orthodoxen Kirche, in: *Anton Rauscher et al.* (Hg.): Handbuch der Katholischen Soziallehre, Berlin 2008, 249–254.

Betrachtung wird jedoch deutlich, dass die Russische Kirche von Prinzipien ausgeht, die in (klarem) Gegensatz zur Moderne stehen, welche grundsätzlich und inhaltlich einer teilweise scharfen Kritik unterworfen wird.

Konkreter gesagt: Der Pluralismus und die Liberalität moderner westlicher Demokratien werden konsequenterweise sehr kritisiert, denn der Staat sollte den Normen der christlichen und der natürlichen Moral nicht widersprechen. Die Idee eines über die Kirche souveränen Staates, die staatliche Regulierung der religiösen Landschaft oder die säkulare bzw. religionsneutrale Ausrichtung des Staates, wie diese in der westlichen Welt seit dem Beginn der Neuzeit neu artikuliert worden sind, erscheinen im Lichte der *Sozialkonzeption* auf der Ebene der Theorie eher als abwegig und verwerflich. Selbst die Pluralität von Meinungen und politischen Ansichten wird misstrauisch behandelt, denn die *Sozialkonzeption* geht grundsätzlich von einheitlichen, nicht-pluralistischen Prinzipien in allen – religiösen wie auch anderen – Bereichen aus. Natürlich macht die Sozialkonzeption in vielen Bereichen auf pragmatische Weise deutlich, dass die heutige politische Situation (z. B. die säkulare, religionsneutrale und liberale Demokratie) *nolens volens* akzeptiert werden muss, weil es gegenwärtig unrealistisch wäre, sie zu leugnen. Jedoch gibt sie Bewertungen dieser Situation an, die eher abschlägig sind oder einen negativen Beigeschmack haben. Dies geschieht hauptsächlich mit Bezug auf eine idealisierte Vergangenheit (z. B. die theokratische Situation zur Zeit der Richter im Alten Testament), die als Richtschnur für alle heutigen und künftigen Entwicklungen, meistens explizit, gilt. Überdies kommt die klare Überlegenheit der Kirche gegenüber dem Staat zum Ausdruck. Das Wichtigste ist, den Heilsauftrag der Kirche mit der Staatsgewalt in Einklang zu bringen. Das ist mit der politischen öffentlichen Aufgabe der Kirche aufs Engste verbunden. Die *Sozialkonzeption* erwähnt ausführlich viele Bereiche (Nation, Gesellschaft, Diakonie, Kultur, Moral usw.), in denen diese Kooperation durchaus vorstellbar und möglich ist. Die Tatsache, dass der moderne Staat nicht an religiöse Verpflichtungen gebunden ist, bedeutet demnach nicht, dass es keine Kooperation zwischen Staat und Kirche geben kann.

Ein damit verbundenes Thema hat mit der religiösen Legitimierung der politischen Herrschaft zu tun, was im orthodoxen Kontext in der Vergangenheit sehr oft der Fall war. Laut der *Sozialkonzeption* kann dies hauptsächlich mit der engen Verbindung und Zusammenarbeit von Kirche und Staat erklärt werden, was wenig Raum für die Verselbständigung der Kirche und ihre autonome Entwicklung vom Staat bietet. Die Kirche sollte weder eine Präferenz für ein politisches System oder eine politische Theorie zeigen noch für politische Unruhen und Aufstände zwecks einer Änderung in der Herrschaftsform sorgen. Das Modell, das hier propagiert wird, ist das des Gehorsams und der Loyalität. Die einzige Ausnahme von der Loyalität zum Staat besteht, wenn der Staat sich gegen die Kirche und die Orthodoxie (= den rechten Glauben) richtet oder die Menschen zu sündhaften Taten anleitet. In solchen Fällen ist der Kirche vorbehalten, dem Staat ihre Loyalität zu entziehen. Wenn es um solche Gewissensfragen gehe, dann sei es erlaubt, gegen die Staatsgewalt vorzugehen. Dies hat unter anderem zur Folge, dass der Staat nicht nur die Kirche gegenüber anderen Religionsgemeinschaften präferiert und unterstützt, sondern auch, dass er ihre Wahrheitsansprüche teilt. Der Staat sollte also grundsätzlich Sorge dafür tragen, dass die wahre Kirche und Religion in seinem Territorium bzw. Zuständigkeitsbereich etabliert und nicht hinterfragt wird. Die Trennung von Kirche und Staat gemäß dem westlichen Modell und deren Konsequenzen (z. B. Toleranz, Säkularität, Pluralismus, Multikulturalismus, Relativität der Wahrheitsfrage, Privatisierung der Religion) werden folglich verwerfend betrachtet und kritisiert. Die *Sozialkonzeption* geht von dem absoluten Wahrheitsanspruch der Orthodoxen Kirche aus. Das orthodoxe Modell von Staat-Kirche-Beziehungen im Sinne der gegenseitigen Unterstützung solle die öffentliche Präsenz und Rolle der Kirche bestimmen. Als öffentliches Ziel der Kirche wird die „Vergeistigung der Gesellschaft" als Ganzes und deren „geistige Wiedergeburt" angegeben. Das Mittel zum Ziel dabei solle eine „neue Symphonie" mit dem Staat sein. Die Kirche erwartet zudem, dass der moderne Staat bei seiner Religionspolitik nicht alle Religionen bzw. Religionsgemeinschaften in denselben Topf wirft und alle gleichermaßen behandelt. Er solle dabei vielmehr die Zahl der Anhänger der jeweiligen Religionen sowie den Beitrag dieser Religionen zum historischen, kulturellen und geistigen Erbe bzw. zur staatsbürgerlichen Haltung des Volkes berücksichtigen. Die konkreten westlichen Errungenschaften in Sachen Gewissens- und Religionsfreiheit, Menschenrechte oder Privatisierung der Religion werden ablehnend als Zeichen eines Verfalls des geistigen Wertesystems des Westens, des massenhaften Abfalls vom Glauben und des Verlustes des Strebens nach Heil kritisiert. Der moderne Staat sei nicht mehr, wie ursprünglich, ein Instrument zur Durchsetzung der göttlichen Gebote in der Gesellschaft. Er sei irdisch, säkular und nicht an religiöse Verpflichtungen gebunden. Die Frage also bleibt, wie die Kirche in einer solchen Umwelt leben und agieren solle. Diesbezüglich sieht die *Sozialkonzeption* keine unüberwindlichen Probleme. Die flexiblen pluralistischen und liberalen Rahmenbedingungen der modernen Demokratien böten der Kirche die Möglichkeit einer Anpassung an die heutige Situation und garantierten zudem den legalen Status der Kirche sowie ihre

Unabhängigkeit von anders- oder nichtgläubigen Gruppen in der Gesellschaft.[16]

Eine ähnliche Richtung zeigt ebenfalls das kürzere Dokument zu den Menschenrechten von 2008, das interessanterweise eine interchristliche Debatte ausgelöst hat. Der Hauptkritikpunkt lautete, die Russische Kirche mache die Menschenrechte von normativen moralischen Prinzipien abhängig und verdrehe dadurch den eigentlichen Sinn der individuellen Menschenrechte. Abgesehen von der Frage nach der Richtigkeit der Argumentation in diesem Dokument, bleibt von Bedeutung, dass die russisch-orthodoxe Position nicht unbedingt als modern oder zeitgemäß charakterisiert werden kann, denn sie bezieht sich auf Autoritäten der Vergangenheit und manifestiert in vielerlei Hinsicht eine vormoderne Logik. Es ging mit anderen Worten um eine Menschenrechtskonzeption auf der Basis absoluter und normativer orthodoxer Prinzipien, die keine Abweichungen von diesem Modell zuließen.[17]

Was könnte die Bindung an diese Logik für die öffentliche Rolle der Orthodoxie im postsozialistischen Russland bedeuten? Wirft man einen Blick auf den dominanten Diskurs der Russischen Kirche unter Patriarch Kirill I. über die „traditionellen Werte", die um jeden Preis zu verteidigen seien, und die scharfe Kritik an fast allen Errungenschaften der (westlichen) Moderne, dann stellt sich unausweichlich die Frage nach den Konsequenzen dieser öffentlichen Präsenz und Wirkung der Orthodoxie. In vielerlei Hinsicht geht es hier um die Bildung einer antiwestlichen und antimodernen Front und die Suche nach Alliierten jenseits der westlichen Sphäre (z. B. im eurasischen Raum).[18] All dies geht mit der Verteidigung traditioneller antiwestlicher Werte und der Etablierung von neuen sozialen Normen einher, wie der Umgang mit der inzwischen sehr bekannten Punkband *Pussy*

---

[16] *Josef Thesing/Rudolf Uertz* (Hg.): Die Grundlagen der Sozialdoktrin der Russisch-Orthodoxen Kirche. Deutsche Übersetzung mit Einführung und Kommentar, Sankt Augustin 2001, insbes. 21–46. Vgl. auch *Vasilios N. Makrides:* Die politische Aufgabe der Kirche: Bemerkungen anhand der *Sozialkonzeption* der Russischen Orthodoxen Kirche, in: *Irene Dingel/Christiane Tietz* (Hg.): Die politische Aufgabe von Religion. Perspektiven der drei monotheistischen Religionen, Göttingen 2011, 219–243.

[17] *Rudolf Uertz/Lars Peter Schmidt* (Hg.): Die Grundlagen der Lehre der Russischen Orthodoxen Kirche über die Würde, die Freiheit und die Menschenrechte, Moskau 2008. Vgl. auch *Vasilios N. Makrides:* Die Menschenrechte aus orthodox-christlicher Sicht: Evaluierung, Positionen und Reaktionen, in: *Mariano Delgado/Volker Leppin/David Neuhold* (Hg.): Schwierige Toleranz. Der Umgang mit Andersdenkenden und Andersgläubigen in der Christentumsgeschichte, Fribourg/Stuttgart 2012, 293–320.

[18] *Gerd Stricker:* Ein abstruses Programm. Ist die Russische Orthodoxie auf dem Weg in die antiwestliche Isolation?, Herder Korrespondenz 61 (2007), 624–629.

Riot 2012 zeigte.[19] Diese Entwicklungen im postsowjetischen Russland
wurden zutreffend mittels des analytischen Konzeptes der „Entsäkularisie-
rung" analysiert.[20] Es handelt sich dabei um einen Prozess, der sich prinzipiell gegen das westliche gesellschaftliche Modell insgesamt und die öffentliche Rolle der Religion darin richtet.

Abgesehen von solchen offiziellen Stellungnahmen gibt es zudem innerhalb der orthodoxen Welt eine Fülle weiterer Ansichten und Vorschläge
über die öffentliche Rolle der Kirche, die individuell vertreten werden und
die insofern nicht allgemein verbindlich sind.

Die beiden Dokumente der Russischen Kirche und insbesondere die
Sozialkonzeption wurden beispielsweise im Sinne des sogenannten „politischen Hesychasmus" in einem neo-byzantinischen Rahmen interpretiert,
nämlich mit Bezug auf die hesychastischen Streitigkeiten im Byzanz des
14. Jahrhunderts.[21] Genau wie die orthodoxen Byzantiner damals gegen
die lateinische Scholastik, den Rationalismus und den Humanismus kämpf-
ten, so formulierte die Russische Kirche heute ihre Positionen gegen den
westlichen Säkularismus, Liberalismus und Multikulturalismus. Der byzan-
tinische Hesychasmus wies ab einem gewissen Zeitpunkt politische Dimensionen auf und prägte die östlich-orthodoxe Kultur insgesamt auf entscheidende Weise. Viele Charakteristika des „politischen Hesychasmus" (z. B.
Priorität der Kirche gegenüber dem Staat, fundamentale Autonomie der
Kirche, Missionierung, Unterstützung der Kirche vom Staat, Ökumenizität,
Antiokzidentalismus) sind hauptsächlich ebenfalls in der *Sozialkonzeption* integriert, insbesondere was die Staat-Kirche-Beziehungen und die öffentliche Rolle der Kirche heute betrifft. Es geht dabei abermals um eine
umfassendere Herausforderung des säkularisierten Westens, die es abzu-
wehren gilt. Die Orthodoxie bleibt eine wichtige Stütze der russischen
Identität im Postsozialismus und kann die Unabhängigkeit und Eigenständigkeit russischer Kultur gegen die ansteckende westliche Gefahr garantieren. Obwohl obige Interpretation der Dokumente der Russischen Kirche
und auch des byzantinischen Hesychasmus mehrere Einwände verursa-
chen kann,[22] geht daraus deutlich hervor, dass die Strategie des „politi-

---

[19] *Thomas Bremer:* Der Fall „Pussy Riot" und die Russische Orthodoxe Kirche, Religion
      und Gesellschaft in Ost und West 41/3 (2013), 20–21.

[20] *Vyacheslav Karpov:* Desecularization: A Conceptual Framework, Journal of Church and
      State 52 (2010), 232–270.

[21] *Vladimir Petrunin:* Političeskij isichazm i ego tradicii v social'noj koncepcii Mos-
      kovskogo Patriarchata, St. Petersburg 2009.

[22] *Kristina Stöckl:* Political Hesychasm? Vladimir Petrunin's Neo-Byzantine Interpretation
      of the Social Doctrine of the Russian Orthodox Church, Studies in East European
      Thought 62 (2010), 125–133.

schen Hesychasmus" als wichtige Orientierung für die Präsenz und die Rolle der Kirche in der öffentlichen Sphäre heute vorgeschlagen wird.[23]

Andererseits werden zu diesem Thema differenzierte, teilweise auch optimistische Meinungen geäußert, die von einem wichtigen Beitrag der Orthodoxie zu den heutigen Diskussionen um die öffentliche Rolle der Religion ausgehen. Speziell über die Russische Kirche wurde postuliert, sie könnte sowohl ein institutioneller Partner für den Staat (Hochkirche) als auch eine Hilfe für die Gläubigen unten (Volkskirche) sein, was zivilgesellschaftlich durchaus relevant ist. Solche Orientierungen lassen sich vor dem Hintergrund der Erfahrungen von totalitärer Herrschaft, Verfolgung und Emigration im 20. Jahrhundert sehr gut beobachten. Es wird einerseits eine Umorientierung von einer staatszentrierten zu einer gesellschaftszentrierten Perspektive in vielen Bereichen erkennbar, andererseits auch eine staatszentrierte Perspektive des Moskauer Patriarchats vor dem Hintergrund des vorrevolutionären Zarismus. In diesem Zusammenhang sucht man nach neuem zivilgesellschaftlichen Potential, etwa in der monastischen Spiritualität des Ostens in Abgrenzung zum westlichen zivilgesellschaftlichen Engagement. Die russische theologische Reflexion hat bisher diverse Modelle von solchem Engagement behandelt, sowohl die sozialaktiven als auch die spirituellen.[24] Auch im Kontext der Diskussion um die möglichen „multiplen Modernitäten" wurden die Chancen der Orthodoxie als öffentlicher Religion differenzierter wahrgenommen. Obwohl aus einer zivilisationsvergleichenden Perspektive die Russische Kirche als andersartig in Europa erscheinen mag, ist die Orthodoxie aus einer postsäkularen Perspektive Teil der europäischen religiösen pluralen Landschaft. Daher nimmt sie an dem Prozess um die Bestimmung der europäischen politischen und kulturellen Integration aktiv teil.[25]

Aus dem Kontext der amerikanischen Orthodoxie finden wir ferner eine ganze Menge von neuen Vorschlägen zugunsten einer Wiederentdeckung und Reaktivierung des orthodoxen Potentials in einem liberalen und

---

[23] In Bezug auf weitere Dimensionen und Konsequenzen des orthodoxen „politischen Hesychasmus", s. *Daniel P. Payne:* The Revival of Political Hesychasm in Contemporary Orthodox Thought: The Political Hesychasm of John S. Romanides and Christos Yannaras, Lanham 2011.

[24] *Kristina Stöckl:* Staatskirche und Diaspora: Die zwei Erscheinungsformen von Zivilgesellschaft in der russischen Orthodoxie, in: *Arnd Bauerkämper/Jürgen Nautz* (Hg.): Zwischen Fürsorge und Seelsorge. Christliche Kirchen in den europäischen Zivilgesellschaften seit dem 18. Jahrhundert, Frankfurt a. M./New York 2009, 237–257; *Katja Richters:* Die Russische Orthodoxe Kirche zwischen Staat und Zivilgesellschaft, Religion und Gesellschaft in Ost und West 41/3 (2013), 11–13.

[25] *Kristina Stöckl:* European Integration and Russian Orthodoxy: Two Multiple Modernities Perspectives, European Journal of Social Theory 14 (2011), 217–233.

pluralistischen Rahmen, wie dem der Vereinigten Staaten von Amerika.[26]
Verschiedene, als genuin orthodox geglaubte Grundannahmen (z. B. der
Personalismus und das Verständnis der Trinität Gottes als Gemeinschaft
von Personen, die Synodalität und die Gemeinschaftlichkeit als Charakteristika der orthodoxen Ekklesiologie, die göttlich-menschliche Gemeinschaft, die Freiheit des orthodoxen Ethos) werden auf bestimmte Weise
gedeutet, so dass sie für die Bejahung einer demokratischen und liberalen
soziopolitischen Ordnung eingesetzt werden könnten. Die imperiale Vergangenheit der Orthodoxie wird nicht als inkompatibel mit der modernen
Demokratie angesehen. Es wird postuliert, dass die Errungenschaften der
Moderne nicht ausschließlich säkular zu begründen seien, sondern dass sie
mit der Orthodoxie in der heutigen öffentlichen Sphäre durchaus in Verbindung gebracht werden könnten.[27]

Auf der anderen Seite gibt es auch einige kritische Stimmen, die auf
die bestehenden Defizite in orthodoxen Kontexten und die Relevanz der
westlichen Entwicklungen zum Thema hinweisen, die die orthodoxe Welt
nicht ignorieren dürfe. In einer von einem breiten Publikum gelesenen
populären griechischen theologischen Zeitschrift, wurde ein thematisches
Heft vor kurzem genau diesem Thema gewidmet. Ein wohl bekannter Text
von Jürgen Habermas über die Religion in der Öffentlichkeit wurde ins
Griechische übersetzt und dazu gab es sieben Kommentare aus orthodoxer
Sicht. In manchen davon waren kritische Stimmen in Bezug auf die Situation in der Orthodoxie enthalten, aus denen deutlich wird, dass die orthodoxe Seite in ein konstruktives Gespräch mit der westlichen Moderne treten will.[28] In anderen Positionierungen werden die bestehenden Defizite
orthodoxer Gesellschaften und die daraus resultierenden Schwierigkeiten
präziser lokalisiert und anschaulicher analysiert. Eine Verbesserung der Situation setze voraus, dass die Orthodoxen sich eingehender mit dem Erbe
der Moderne beschäftigen, um Antworten auf die eigenen Dilemmata zu
finden. Die Rückbesinnung auf die orthodoxe Eschatologie wird schließlich
als nützliches Mittel angesehen, die Wirren der Geschichte und die Rolle
der Kirche darin auf eine konstruktive Weise zu beurteilen.[29]

[26] Vgl. *Aristotle Papanikolaou/Elizabeth H. Prodromou* (Hg.): Thinking through Faith. New Perspectives from Orthodox Christian Scholars, Crestwood, NY 2008.
[27] *Elizabeth H. Prodromou:* Toward an Understanding of Eastern Orthodoxy and Democracy Building in the Post-Cold War Balkans, Mediterranean Quarterly 5 (1994), 115–138; *Nikolas K. Gvosdev:* Emperors and Elections: Reconciling the Orthodox Tradition with Modern Politics, Huntington, NY 2000; Aristotle Papanikolaou: The Mystical as Political: Democracy and Non-Radical Orthodoxy, Notre Dame, IN 2012.
[28] In der Zeitschrift Σύναξη 124 (Oktober – Dezember 2012), 3–78.
[29] *Pantelis Kalaitzidis:* Ὀρθοδοξία καὶ Νεωτερικότητα. Προλεγόμενα, Athen 2007, 127–161; *ders.:* Orthodoxy and Political Theology, Geneva 2012, 81–86.

Angesichts der Vielfalt unterschiedlicher Meinungen, Einschätzungen und Vorschläge zum Thema, stellt sich zwangsläufig am Ende die Frage nach dem realistischen Beitrag aus orthodoxer Sicht zur Debatte über die öffentliche Präsenz der Religion heute. An dieser Stelle sollte meines Erachtens eine kritische Distanz eingehalten werden, insbesondere gegenüber der oftmals vorschnell postulierten positiven Korrelation zwischen der Orthodoxie und dem heutigen Diskurs um öffentliche Religionen. Trotz der scheinbaren Verbindungen, dürfen wir die Tatsache nicht außer Acht lassen, dass vieles dabei aus der orthodoxen Geschichte und Tradition konstruiert und auf subjektive, ja sogar arbiträre Weise interpretiert wird und zwar ohne die notwendige Berücksichtigung der historischen oder empirischen Basis. In manchen Fällen verbergen sich hinter solchen Versuchen normative orthodoxe Wahrheits- und Absolutheitsansprüche oder Absichten, die westliche Moderne rückgängig zu machen oder sie zu traditionalisieren. Die dafür verwendeten Kriterien sind in der Regel sehr subjektiv, einseitig und parteiisch, daher erklärt sich die Tatsache, dass manche Orthodoxe eine und dieselbe Grundannahme gegen oder für eine moderne Entwicklung benutzen; beispielsweise, den orthodoxen Personalismus sowohl gegen[30] als auch zugunsten[31] der Konzeption der individuellen Menschenrechte. Im Endeffekt drängt sich fast der Eindruck auf, unter diesem Gesichtspunkt sei in der Orthodoxie alles möglich und die bestehenden Wachstumsschmerzen und Probleme der Orthodoxie in Geschichte und Gegenwart täuschten lediglich! All dies unterstreicht nochmals die grundsätzlichen Schwierigkeiten dieser orthodoxen Vorgehensweise und Argumentationslogik.

Bevor man also über die Rolle und den möglichen Beitrag der Orthodoxie in der öffentlichen Sphäre spricht, und zwar mit Bezug auf die aktuellen Diskussionen und Debatten im Westen, ist eine vorherige ernsthafte Auseinandersetzung der Orthodoxie mit der Moderne insgesamt absolut notwendig, die bisher aus verschiedenen soziohistorischen und völlig nachvollziehbaren Gründen ausgeblieben ist. Diese Begegnung hat zwar auf bescheidene Weise angefangen, aber eigentlich ist sie noch nicht einmal voll in Gang gekommen. Das Thema der Religion in der Öffentlichkeit ist aufs Engste mit dem gesamten Projekt der Moderne verbunden und kann losge-

---

[30] *Christos Yannaras:* Human Rights and the Orthodox Church, in: *Emmanuel Clapsis* (Hg): The Orthodox Churches in a Pluralistic World: An Ecumenical Conversation, Geneva/Brookline, MA 2004, 83–89.

[31] *Papanikolaou,* The Mystical as Political, 87–130.

löst von diesem nicht richtig nachvollzogen werden. Dies ist eine grundlegende Voraussetzung, um über dieses Thema überhaupt sachgemäß sprechen zu können. Die Orthodoxen Kirchen haben noch grundsätzliche Probleme mit modernen liberalen und säkularen Prinzipien und stellen diese eigentlich in Frage. Es ist kein Zufall, dass in den letzten Jahren ein Dialog zwischen manchen orthodoxen Theologen und Vertretern der Anglo-Katholischen theologischen Bewegung *Radical Orthodoxy* initiiert wurde.[32] Beide Seiten haben interessante Gemeinsamkeiten, wie die Negierung der Legitimität der Moderne und die Kritik am politischen Liberalismus, die bis zu dessen Verwerfung reicht.[33] All dies zeigt, dass die Orthodoxen Kirchen noch weit davon entfernt sind, sich an den gegenwärtigen Diskussionen ernsthaft zu beteiligen. Dies wäre ohnehin mit John Rawls nicht möglich, der die Rolle der säkularen Akteure und die säkulare Vormacht in der heutigen Welt besonders betont und der die Übersetzung des religiösen Diskurses in einen säkularen als grundlegende Voraussetzung für einen gesellschaftlichen Grundkonsens sieht.[34] Das ließe sich aber auch nicht mit dem einigermaßen „religionsfreundlicheren" Theorieansatz von Jürgen Habermas realisieren, der eine Komplementarität im Lernprozess sowohl seitens säkularer als auch religiöser Akteure fordert.[35] Hier geht es aber um einen möglichen gegenseitigen Verständigungsprozess, um unnötige Spannungen und Konflikte aus dem Weg zu gehen. Die Grundannahmen des freiheitlichen, offenen und säkularen Verfassungsstaates gelten aber für Habermas weiterhin als etabliert und unangefochten, und gerade hier haben die Orthodoxen Kirchen Probleme auf der inhaltlichen, prinzipiellen Ebene. Die formelle, pragmatische Ebene der Akkommodation und der Kompromisse ist jedoch eine andere, auf der diese Schwierigkeiten meistens nicht spürbar sind.

Diese kritischen Bemerkungen sollten keineswegs den Eindruck erwecken, westliche Gesellschaften hätten alle Probleme mit der Religion in der öffentlichen Sphäre schon längst gelöst. Hier sind die Probleme jedoch anderer Natur als bei den Orthodoxen Kirchen und Kulturen, wobei die be-

---

[32]   *Adrian Pabst/Christoph Schneider* (Hg.): Encounter between Eastern Orthodoxy and Radical Orthodoxy, Farnham 2009.

[33]   In Bezug auf *Radical Orthodoxy*, s. *John Milbank:* Theology and Social Theory: Beyond Secular Reason, Oxford 1990.

[34]   *John Rawls:* The Idea of Public Reason Revisited, The University of Chicago Law Review 64 (1997), 765–807; *ders.:* Political Liberalism (expanded edition), New York 2005.

[35]   *Jürgen Habermas:* Religion in der Öffentlichkeit. Kognitive Voraussetzungen für den „öffentlichen Vernunftgebrauch" religiöser und säkularer Bürger, in: *ders.:* Zwischen Naturalismus und Religion, Frankfurt a. M. 2005, 119–154; *ders.:* Religion in the Public Sphere, European Journal of Philosophy 14 (2006), 1–25. S. auch *ders.:* Reconciliation through the Public Use of Reason: Remarks on John Rawls's Political Liberalism, Journal of Philosophy 92 (1995), 109–131.

stehenden Differenzen zwischen Ost und West in dieser Hinsicht unverkennbar sind.[36] Es gibt sicherlich spezifische religiöse Bindungen und Identifizierungen mit bestimmten Vorstellungen auch in westlichen Gesellschaften, die unter Umständen diskriminierend wirken können. Statistiken zeigen zum Beispiel, dass in Deutschland viele Politiker und Wähler sehr nah an christlichen Traditionen sind, obwohl sie sich nicht ausdrücklich zum christlichen Glauben bekennen. Die Zahl der Kirchenbesucher kann wohl zurückgehen, doch glauben viele, das Christentum gehöre zum Kern deutscher bzw. westlicher Kultur; insofern zum Beispiel, als politische freiheitliche Grundsätze über christliche Fundamente in Bezug auf die Würde des Menschen verfügten.[37] Diese kulturelle Verankerung im Christentum kann vermutlich zu expliziten oder impliziten Diskriminierungen nicht-christlicher Bürger/innen führen, wie etwa im kirchlichen Arbeitsfeld, denn die katholische und die evangelische Kirche bilden zusammen den zweitgrößten Arbeitgeber in Deutschland.[38] Auch die Diskussionen und Debatten (wie zwischen Habermas und Rawls über die Konstruktion und den Gebrauch von *public reason*) im Rahmen der Ermöglichung eines Grundkonsenses zwischen unterschiedlichen Akteuren in der Öffentlichkeit zeigen, dass dem ganzen Thema kein definitiver Punkt gesetzt werden kann. Jedoch gehen diese Angelegenheiten in den westlichen Gesellschaften auf jeweils neue Herausforderungen, weitere Reflexionen zum Thema oder auch damit verbundene Korrekturbemühungen zurück, und nicht etwa auf die Ablehnung des ganzen Projektes der Moderne an sich.

Genau an dieser Stelle liegt der große Unterschied zur orthodoxen Welt, die hauptsächlich anderen Orientierungen den Vorzug gibt. Nicht zu vergessen ist allerdings, dass die Orthodoxen Kirchen noch erhebliche Probleme mit vielen Aspekten der Moderne haben, wie etwa mit dem Erbe der Aufklärung, das bis heute meistens negativ beurteilt wird.[39] Eine Diskussion über die Religion in der Öffentlichkeit ist ohne dieses Erbe im westlichen Kontext jedoch nicht denkbar. Selbstverständlich haben jede Kirche und Religion das Recht, über ihre öffentliche Präsenz und Rolle all-

---

[36] *Ingeborg Gabriel/Alexandros K. Papaderos/Ulrich H. J. Körtner:* Perspektiven ökumenischer Sozialethik. Der Auftrag der Kirchen im größeren Europa, Mainz 2005; *Ingeborg Gabriel* (Hg.): Politik und Theologie in Europa. Perspektiven ökumenischer Sozialethik, Ostfildern 2008.

[37] *Thomas Petersen:* Christentum und Politik, in: Frankfurter Allgemeine Zeitung, 26. September 2012, 8.

[38] *Lena Schipper/Corinna Budras:* Hauptsache Christ, in: Frankfurter Allgemeine Zeitung, 22./23. Dezember 2012, C1 (Beruf und Chance).

[39] *Vasilios N. Makrides:* Orthodoxes Christentum und westeuropäische Aufklärung: Ein unvollendetes Projekt?, Ökumenische Rundschau 57 (2008), 303–318.

gemein zu reflektieren und entsprechende Strategien zu entwickeln. Wenn man aber gleichzeitig den Bezug zu den tonangebenden westlichen Theorien über die Religion in der öffentlichen Sphäre sucht, dann sollte man diese Theorieansätze nicht isoliert oder fragmentarisch betrachten, sondern im breiteren Kontext der westlichen Moderne situieren und deuten. Es handelt sich dabei um Erfahrungen und Entwicklungen, die die westliche Welt gemacht hat, und die nicht problemlos auf andere kulturelle Kontexte übertragbar sind, zu denen auch diejenigen der orthodoxen Welt zählen. Trotz gewisser Annäherungen (im Bereich der Politik, der Verwaltung, der Wirtschaft, des Erziehungswesens usw.) bestehen noch grundlegende Unterschiede zu den Erfahrungen, die der Westen historisch gemacht hat. Genau wie im Westen ist auch im Osten die Entstehung des modernen Staates auf Säkularisierungsprozesse zurückzuführen,[40] jedoch bleibt der Grad der Säkularität des Staates in Ost und West jeweils ein anderer.[41]

Natürlich ist das Thema der Religion in der Öffentlichkeit kein Tabu, weder für die Orthodoxen noch für andere nicht-westliche Akteure. Sie können sich wohl damit beschäftigen und ihren eigenen Weg einschlagen, was einige, international bekannte orthodoxe Oberhäupter bereits unternommen haben.[42] Wichtig ist jedoch, auf welche Weise man mit dem Thema umgeht und welche Voraussetzungen und Ziele man dabei hat. Die ausgebliebene produktive Interaktion der orthodoxen Welt mit der Moderne insgesamt darf nicht im Zuge der kirchlichen Diplomatie oder einer kompromissbereiten, versöhnlichen Annäherung von Ost und West bagatellisiert werden. Eine realistische, pragmatische und selbstkritische Bestandsaufnahme der heutigen Situation der Orthodoxen Kirchen ist daher dringendst vonnöten. Nur unter diesen Bedingungen können diese einerseits sich mit der westlichen Tradition zum Thema auseinandersetzen und andererseits ihre eigenen Handlungsvarianten besser artikulieren, um ihre historisch existierende öffentliche Rolle an die heutigen Anforderungen erfolgreicher anzupassen.

---

[40] *Ernst Wolfgang Böckenförde:* Die Entstehung des Staates als Vorgang der Säkularisation, in: *ders.:* Recht, Staat, Freiheit. Studien zur Rechtsphilosophie, Staatstheorie und Verfassungsgeschichte, Frankfurt a. M. 1991, 92–114.

[41] *Vasilios N. Makrides:* Sind politische Voraussetzungen und Rahmenbedingungen für die Orthodoxen Kirchen absolut notwendig?, Religion – Staat – Gesellschaft. Zeitschrift für Glaubensformen und Weltanschauungen 13/1 (2012), 53–79.

[42] *Archbishop Anastasios (Yannoulatos):* Facing the World: Orthodox Christian Essays on Global Concerns, Crestwood, NY 2003; *Ecumenical Patriarch Bartholomew:* Encountering the Mystery: Understanding Orthodox Christianity Today, New York 2008; *Kyrill, Patriarch von Moskau und der ganzen Rus':* Freiheit und Verantwortung im Einklang: Zeugnisse für den Aufbruch zu einer neuen Weltgemeinschaft, Freiburg, Schweiz 2009.

Die Öffentlichkeit der christlichen Existenz jenseits von vorhandenen Strukturen

Die Perspektive der Freikirchen

Antonio González[1]

Der Titel dieses Symposiums „Religion im öffentlichen Raum"[2] ist reich an interessanten Anregungen und Denkanstößen. Einige könnten sich fragen, inwieweit der Begriff „Religion" überhaupt ihre theologischen Überzeugungen und ihre geistliche Wanderung wiedergibt. Andererseits ist der Gedanke eines „öffentlichen Raums", in dem sich die Religion mit einfügt, auch von hohem Interesse. Die Vorstellung des „Öffentlichen" (*publicum*) legt den Bezug zu Volk (*populus*) nahe und ist deshalb für die gesamte Gesellschaft interessant. Ursprünglich wurde das deutsche Wort Öffentlichkeit im juristischen Bereich angewendet, um der Forderung Ausdruck zu geben, dass bestimmte gesetzliche Vorgänge alle Personen betreffen, auch wenn sie selbst nicht an diesen Vorgängen beteiligt sind. Zur Zeit der Aufklärung wurde mit dem „Öffentlichen" oft das bezeichnet, was wir heute als „Zivilgesellschaft" bezeichnen würden, in Gegenüberstellung zum Staat. Nach der Aufklärung indessen wird Öffentlichkeit im Allgemeinen als Synonym für Staat benutzt: Es gibt öffentliche Dienste, öffentliche Güter, usw. Ist die „öffentliche" Eigenschaft der Religionen dann gleichwertig mit dem staatlichen Charakter? Ist eine Religion im öffentlichen Raum also nur eine in staatliche „Dienste" und „Güter" miteingefügte Religion?

---

[1]   Antonio González ist Professor für Theologie am Centro Teologico Kenosis in Madrid.
[2]   Es handelt sich um das von der Ökumenischen Rundschau veranstaltete Symposion „Religion im öffentlichen Raum", welches am 22. und 23. Februar in Augsburg, Deutschland, stattfand.

Aus biblischer Sicht weist Israel eine seltsame Eigenschaft auf. Einerseits ist Israel ganz eindeutig ein Volk, das „Volk Gottes". Die christliche Kirche, die in einer nicht einfachen Kontinuität zu Israel steht, versteht sich selbst auch als „Volk Gottes". Aber interessanterweise hat Israel die meiste Zeit seiner Existenz keine richtige Staatsform angenommen. Und immer, wenn Israel ein Staat gewesen ist, ergab sich seine Beschaffenheit als solche als theologisch problematisch. Die Texte der hebräischen Bibel teilen uns die wesentlichen Schwierigkeiten mit, die die Einrichtung einer Monarchie in Israel mit sich bringt: Ein Volk mit einem Staat ist kein von Gott beherrschtes Volk mehr.[3] Tatsächlich bewerten die deuteronomistischen Historiker und die Propheten in Israel die staatliche Zeitspanne zwischen der Einrichtung der Monarchie mit Saul und der babylonischen Gefangenschaft als sehr negativ: Israel wollte einen König „wie die anderen Nationen" haben, und gerade die Könige sind die wichtigsten Verantwortlichen der sozialen Ungerechtigkeit und des Götzen-dienstes, die Israel ins Unheil geführt haben.[4]

Bedeutet dies, dass Israel keine „öffentliche" Funktion hat? Im Gegenteil: Gerade als ein Volk ohne Staat, als ein direkt von Gott regiertes Volk, als ein Volk, in dem sich die in anderen Nationen üblichen Ungerechtigkeiten nicht wiederholen sollen, als ein Volk, das alleine Gott verehrt, als ein von der heiligen „Anordnung" Gottes (*Torah*) regiertes Volk, hat Israel eine sehr wichtige und wesentliche öffentliche Funktion. Jedoch geschieht diese „Öffentlichkeit" Israels nicht „innerhalb" eines nationalen Staates, oder „in Bezug auf" eine bestimmte staatliche Form, wie es beim spanischen oder deutschen Staat der Fall sein kann. Die „Öffentlichkeit" Israels ist eine Öffentlichkeit *für alle Völker*, denen sie Zeugnis von dem gibt, was geschieht, wenn Gott direkt ein Volk regiert. Diese öffentliche Funktion Israels ist so wichtig, dass die biblischen Propheten die Zeit voraussehen können, in der alle Völker mit dem Wunsch, vom Gesetz Gottes regiert zu werden, nach Zion pilgern werden.[5]

Die Stellungnahme der Freikirchen hinsichtlich der „Religion im öffentlichen Raum" kann nicht von dieser sehr besonderen Eigenschaft Israels getrennt werden. Sie haben die in der hebräischen Bibel enthaltenen Schriften und die Aussagen über Israel wahrgenommen und sind ihnen

---

3   Vgl. *Richter* 8,23; 1. Samuel 8,1–22; 12,6–26.
4   Vgl. *Norbert Lohfink:* Das Jüdische am Christentum. Die verlorene Dimension, Freiburg i. Br., ²1987.
5   Vgl. Micha 4,1–5; Jesaja 2,1–5; Zephanja 3,9,13; usw.

auch heute verbunden. Die aktuelle Forschung über den Ursprung des „Christentums" und des „Judentums" zeigt immer mehr, dass diese beiden Zweige desselben Olivenbaums (der Natürliche und der Aufgepfropfte, gemäß Paulus' Metapher),[6] definitiv länger zur Trennung gebraucht haben, als für gewöhnlich angenommen wurde. Und es war gerade der Trennungsvorgang, der zu dieser Vorstellung des Christentums und des Judentums als „Religionen" und nicht mehr als Volk geführt hat.[7] Irgendwie liegen die Wunden dieser Trennung noch bis heute offen. Die Ursache dazu ist die Tatsache, dass in großem Maße diese Wunden noch immer beide Gruppen prägen. Und diese Wunden beziehen sich gerade auf das Verständnis des „öffentlichen" Charakters Israels, sowohl im Sinne der Beschaffenheit Israels als ein „Volk" (mit oder ohne Staat), sowie im Sinne seiner „Öffentlichkeit" im Hinblick auf andere Nationen.

2. Die Probleme einer Beziehung

Natürlich geschieht die Interpretation der Beziehungen zwischen Kirche und Israel aus einer christlichen Perspektive, und insbesondere aus der Perspektive der Freikirchen.[8] Trotzdem ist diese Perspektive zwangsläufig offen für einen Dialog, denn sie deutet genau auf dieses „Andere" hin, das eine wesentliche Referenz ist und auf die das Christentum nie hat verzichten wollen, in dem Maße, wie es die hebräische Bibel als Teil seiner Identität immer beibehalten hat.

Das klassische Verständnis vieler Christen im Blick auf die Beziehung zwischen Kirche und Israel ist das eines Ersatzes oder einer Ablösung gewesen. Aus der Sicht der „Substitutionslehre" hat die Kirche das Volk Israel von dem Moment an ersetzt, an dem ein großer Teil dieses Volkes den eigenen Messias nicht akzeptiert hat.[9] Diese Position wird heute kaum verteidigt. Einerseits verstehen viele, dass die „Substitutionslehre" als ideologischer Grundstein für die Verfolgung der jüdischen Gemeinden in Europa gedient hat. Andererseits ist die „Ersetzungslehre" nur schwer aus einer

---

[6]   Vgl. Römer 11,17–19; 23–24.

[7]   Vgl. *Daniel Boyarin:* Border Lines. The Partition of Judaeo-Christianity, Philadelphia 2004.

[8]   Wir können sagen, dass es sich um eine ausdrücklich „anabaptistische" Perspektive handelt, zumindest in dem Sinne, dass viele freie Kirchen, besonders in nordamerikanischen Kontext, sich selbst als Volkskirchen verstehen, und zwar als Zersplitterte.

[9]   Vgl. *Jeremy Cohen* (ed.): Essential Papers on Judaism and Christianity in Conflict: From Late Antiquity to the Reformation, New York 1991.

biblischen Sicht aufrecht zu erhalten. Das Neue Testament spricht ausdrücklich von einem nie gebrochenen Bündnis zwischen Gott und Israel, wobei genau auf den Teil Israels hingewiesen wird, der Jesus nicht als Messias akzeptiert hat.[10]

Hinsichtlich dieser traditionellen Vorstellung reden die christlichen Theologen oft von der Existenz zweier „Völker Gottes", Israel und die Kirche, oder von der Existenz eines einzigen aus zwei verschiedenen Einheiten bestehenden Volkes Gottes, Vertreter zweier unterschiedlicher, aber konvergierender Heilswege. Das Problem dieser Perspektive besteht in dem Gedanken, dass die christliche Kirche als eine Einheit verstanden werden könnte, die sich von Israel unterscheiden und differenzieren kann. Genau dort, wo Paulus von einem nie gebrochenen Bündnis spricht, spricht er, erstaunlicherweise, auch von den Christen als von jenen Israeliten, die ihre Knie nicht vor Baal gebeugt haben.[11] Anders gesagt: Genau dort, wo die Kirche nicht das Volk Israel ersetzen will, wird die Kirche als eine Einheit, die nicht von Israel zu trennen ist, gesehen.

Um dies zu verstehen, sollten wir uns vielleicht den Ursprüngen der christlichen Bewegung zuwenden, so wie es in einer den Freikirchen eigenen Hermeneutik üblich ist.

3. Der ursprüngliche Wettbewerb

Der Kontext der Praxis Jesu von Nazareth und der ersten christlichen Gemeinschaften ist nicht der eines Ersatzes Israels, auch nicht der einer parallelen Koexistenz zweier verschiedener Einheiten. Die ursprüngliche Situation ist vielmehr die eines „Wettbewerbs" hinsichtlich der wahren Gestaltung Israels. Im ersten Jahrhundert beteiligten sich mehrere Gruppen an diesem *Wettbewerb:* Pharisäer, Sadduzäer, Herodianer, Essener, usw. Es geht nicht einfach um eine Diskussion, sondern um einen Wettbewerb, in dem nicht nur Argumente und unterschiedliche Auffassungen formuliert werden, sondern wo jede Gruppe sich auch darum bemüht, ihre Vorstellungen über das, was sie als die authentische Gestaltung Israels als Volk versteht, in die Praxis umzusetzen.

In einer Wettbewerbssituation können andere Gruppen als ein Teil desselben Volkes akzeptiert werden, während man sich gleichzeitig radikal von ihnen hinsichtlich der konkreten Gestaltung, die dieses Volk haben

---

[10] Vgl. *Norbert Lohfink:* Der niemals gekündigte Bund. Exegetische Gedanken zum christlich-jüdischen Gespräch, Freiburg 1989.
[11] Römer 11,4 bezogen auf 1. Könige 19,18.

soll, unterscheidet. Die anderen Gruppen werden dann als „falsche", „gefallene", „verführte", „verirrte" oder „sündige" Gruppen verstanden, und trotzdem lässt man nicht davon ab, sie als Teile desselben Volkes zu betrachten, und gerade deswegen steht man im Wettbewerb mit ihnen.

Das Christentum und das rabbinische Judentum sind aus dieser Wettbewerbssituation im Innern Israels um die konkrete Gestaltung herum entstanden, die dieses Volk im Kontext der römischen Herrschaft annehmen sollte. Jesus hat nie versucht, eine neue Einheit einzuführen, die Israel ersetzen oder parallel zu Israel existieren sollte. Trotzdem hatte Jesus sehr wohl seine eigene Vorstellung von dem, was Israel sein sollte, manchmal eine deutlich andere als die anderer Juden. Wenn wir an die lebendigen Traditionen anschließen, so wie sie in der hebräischen Bibel zu finden sind, dann hat Jesus die Erkenntnis weitergegeben, dass die Herrschaft Gottes über Israel eine Wiederherstellung Israels als ein Volk ohne Staat bedeutet, anders als das Römische Reich und auch anders als die anderen Nationen.

Sehr präsent sind die Hinweise auf ein vorstaatliches Israel in den verschiedenen symbolischen Gesten Jesu, wie die Unterwerfung bei der Taufe durch Johannes oder die Auswahl der zwölf „Gesandten".[12] Die Geschichte der Versuchungen Jesu entlarvt die strukturelle Ähnlichkeit zwischen den messianischen Versuchungen der jüdischen revolutionären Gruppen und der Politik des römischen Imperiums, welches Reiche unter seinen treuen Vasallen verteilt.[13] Die Gewaltlosigkeit Jesu, verankert in der Tradition Israels und in der Haltung vieler Juden seiner Zeit, widerspricht dem Wesen eines jeden Staates als Monopol der Zwangsgewalt in seinem Einflussbereich. Es ging nicht nur um die Entscheidung, welches das wahre Gesicht Israels sein sollte; bei dieser Entscheidung wurde auch entschieden, welche Alternativen Israel zur römischen Herrschaft würde anbieten können. Aus der Sicht Jesu musste Israel anders als die Nationen sein und auf gewalttätigen Ausgleich, auf staatliche Gestaltung und auf die Herrschaft einzelner Menschen über andere verzichten.[14] Der vielsagende Titel „Menschensohn" spielt genau den grundlegenden Unterschied zwischen den in der ganzen Menschheitsgeschichte vorkommenden „Reich des Tieres" an,[15] und der Leitung eines, der wahrhaft *menschlich* ist. Dies wäre dann eine Regierung aller Mitglieder des Volkes der Heiligen des Allerhöchsten.

---

[12] Der Einzug der Gesandten in das Gelobte Land, vgl. Josua 2–3.
[13] Vgl. Lukas 4,6.
[14] Vgl. Lukas 22,24–30 par.
[15] Vgl. *Daniel 7.*

Heute herrscht auch unter den Forschern immer mehr Klarheit darüber, dass Paulus nie eine neue, von Israel getrennte „Religion" schaffen wollte.[16] In dem Wettbewerb um das wahre Gesicht Israels war für Paulus die Anerkennung anderer jüdischer Gruppen als Teil Israels ganz offensichtlich. Und gleichzeitig war eine grundsätzliche Meinungsverschiedenheit über die Gestalt Israels zur Endzeit für ihn durchaus möglich, dann nämlich, wenn einst der Messias kommen wird. So kann die eigentümliche Stellungnahme von Paulus verstanden werden. Einerseits versteht Paulus, dass die Juden, die den Messias nicht akzeptiert haben, ihre Identität an einem nicht freien Jerusalem unter Roms Joch festmachen. Er behauptet sogar, dass dieser Teil Israels seine Knie vor Baal beugt. Es handelt sich offensichtlich nicht um eine Anspielung auf einen religiösen, sondern auf einen politischen Götzendienst, denn im Grunde hängen sie einer sozialen Organisation für Israel nach, die heidnisch ist. Ihnen gegenüber meint Paulus, dass die entstehenden christlichen Gemeinden ein freies Jerusalem darstellen, das seine Knie nicht vor heidnischen Systemen beugt und das von einem Messias regiert wird, der zur Rechten Gottes sitzt.[17]

4. Der große Verrat

Der Verrat, den ich meine, besteht nicht darin, dass die Christen im ersten Jahrhundert nicht zu den Waffen gegen Rom gegriffen haben, um für die Unabhängigkeit des Landes Israels zu kämpfen. Der Verrat besteht auch nicht darin, dass das rabbinische Judentum bei der Organisierung der durch die Römer besiegten Juden geschützt wurde, und dass die Christen sich bei dieser Organisierung nicht beteiligt haben und auf diese Weise an den Rand des verbliebenen Israels gedrängt wurden. Der Verrat ist auch nicht in den rabbinischen Initiativen zu finden, die Christen aus den Synagogen auszuschließen.Tatsächlich konnten sich nach den anti-römischen Kriegen der ersten zwei Jahrhunderte n. Chr. nur zwei Gestalten Israels entwickeln, die zum täglichen Überleben weder den Tempel noch den Staat brauchten: das synagogal um die Torah organisierte rabbinische Judentum und das kirchlich um den Messias organisierte Christentum. Diese beiden Gruppen konnten sich über Jahrhunderte hinweg erhalten, wenngleich mit erheblichen Differenzen, die aber trotzdem keinen vollständigen

---

[16]   Vgl. *James D. G. Dunn:* The New Perspective on Paul, Grand Rapids 2005. Noch radikaler, *Pamela Eisenbaum:* Paul Was Not a Christian: The Original Message of a Misunderstood Apostle, San Francisco 2009.
[17]   Vgl. Galater 4,21–31; Römer 11,4.

Bruch bedeuteten. In Gegensatz zu dem, was zumeist angenommen wird, bedeutete die „hohe" christliche Christologie keinen endgültigen Bruch mit der anderen Bewegung. Die Trennung fand ganz allmählich statt und aus sehr vielschichtigen Gründen.

Allerdings bewirkte die Anerkennung der Messianität Jesu für seine Nachfolger eine schwierige Position gegenüber der römischen Obrigkeit, die den jüdischen Kultus als religio legitima ablehnten, die aber die revolutionären Auswirkungen der Berufung eines Messias kannten. Ein heidnischer, zum Christentum übergetretener Philosoph, Justinus, spiegelt um das 2. Jahrhundert diese „messianischen" Diskussionen in einem fiktiven Dialog mit dem Juden Tryphon wider. Dieser behauptet, dass sich die Welt verändert hätte, wenn Jesus der Messias wäre. Dann gäbe es keine Gewalt, Kriege, Hunger und Schmerzen mehr. Aber die Welt, stellt Tryphon fest, ist unverändert geblieben. Der christliche Gesprächspartner behauptet, dass die Zeichen der messianischen Zeit bereits anwesend sind: Das messianische Volk hat Schwerter zu Sicheln gemacht und bereitet sich nicht mehr für den Krieg vor. Unter den Jesus-Gläubigen gibt es weder Armut noch Hunger mehr. Der Messias ist also gekommen, und er ist Jesus.[18]

Diese Apologetik Justinus ist also nicht nur ein theoretischer Vorgang, worauf der auf Justinus angewandte Begriff „Häresie" hinzudeuten scheint.[20] Die Grenzen hinsichtlich der Identität des Messias sind auch ganz praktische Grenzen, z. B. in der Gütergemeinschaft, so wie es die Christen während der ersten Jahrhunderte praktiziert haben. Trotzdem finden wir auch noch im 4. Jahrhundert Christen, die ihren Tisch mit den Juden teilen, oder die Rabbiner rufen, damit sie ihnen ihre Felder segnen.[20] Der entscheidende Bruch wird möglicherweise nicht vor dem Zeitpunkt geschehen sein, an dem das Christentum zur „Religion" wird, und diese Religion vom Kaiserreich offiziell eingeführt wird. Die Römer verstanden die religio als einen „Kultus für die Götter" (*cultus deorum*). Das Christentum, das keinen Kultus hatte, wurde als Aberglaube (*superstitio*) angesehen. Um ihren gesetzlichen Status zu verteidigen, schlugen die Christen eine andere Bedeutung für *religio* vor, im Sinne einer „Religiösierung" Gottes. Anfänglich war diese „Religiösierung" die eines Volkes zu seinem Gott. Noch im 4. Jahrhundert spricht selbst Eusebius von Caesarea von den Christen als einem „Stamm". Aber die Verwandlung des Christentums in

---

[18] Vgl. *Justinus:* Dialog mit Tryphon, zweisprachige Ausgabe, in: *D. Ruiz Bueno:* Padres apologistas griegos, Madrid 1954, 300–548.

[19] Vgl. *Alain Le Boulluec:* La notion d'heresie dans la littérature grecque, IIe–IIIe siècles, Paris 1985.

[20] Vgl. *Alfred William Winterslow Dale:* The Synod of Elvira and Christian Life in the Fourth Century, London 1882.

die offizielle Religion des Kaiserreiches macht, dass dieser christliche „Stamm" nach und nach verschwindet. Es gab kein christliches Volk mehr, denn das ganze Kaiserreich war christlich. Und so wurde das Christentum „Religion" *in einem neuen Sinn,* der bis in unsere Zeit reicht: Die Religion ist jetzt ein „Glaubenssystem".[21]

Das, was ich hier als „Verrat" bezeichne, ist nicht auf die christlichen Glaubensinhalte bezogen, auch nicht auf die „hohe" Christologie der Christen, die bereits lange vor dem Konzil von Nizäa schon recht gut entwickelt worden war. Das Entscheidende liegt gerade in dieser Umwandlung des christlichen (messianischen) „Stammes" in eine kaiserlich übernommene und verkündete „Religion". Dieser Verrat hat viele Dimensionen. Erstens verlassen die Christen ihre seltsame messianische und gleichzeitig nichtstaatliche Identität, genau die Identität, die sie gegenüber anderen jüdischen Gruppen des ersten Jahrhunderts charakterisierte. Zweitens gehen die Christen einen „neuen Bund" ein, nicht mit Gott und seinem Messias, sondern mit dem Kaiser in Rom, der nicht zufällig dem Konzil von Nizäa vorsitzt. Drittens wird das alte „freie Jerusalem" genau mit dem Kaiserreich verknüpft, welches ausgerechnet der Zerstörer des „irdischen Jerusalems" gewesen ist. Viertens übernehmen die christlichen Gemeinschaften eine staatliche und für Israel völlig fremde Gestalt, denn diese Gestalt ist nicht mehr die der alten Königreiche Israels oder Judas, sondern die des Kaiserreiches in Rom. Und an fünfter Stelle bedeutet der Bund der Christen mit dem Kaiserreich in Rom eine neue Haltung gegenüber den jüdischen Gemeinschaften: Von dem *Wettbewerb* um das wahre Gesicht Israels geht man zur *Verfolgung* über.

Sehr bedeutungsvoll ist die Tatsache, dass in dem ersten an die christlichen Kirchen gerichteten Brief Konstantins, nach dem Konzil von Nizäa, der Kaiser die christologischen Schlussfolgerungen des Konzils nicht erwähnt, sondern nur die Entscheidungen über das Osterdatum, und dabei die Christen auffordert, nicht weiter den jüdischen Kalender zu benutzen. Das jüdische Volk soll nicht mehr beachtet werden, sagt Konstantin, und die Christen „sollen mit diesem sehr verhassten Gesindel nichts mehr gemein haben".[22] Die wirklich wichtige Frage ist nicht die, wann die Unterscheidung zwischen den christlichen Gemeinschaften und dem rabbinischen Judentum vollzogen wurde. Es hängt von den angewendeten Krite-

---

[21] *Boyarin* zeigt teilweise darauf hin, in "Rethinking Jewish Christianity: An Argument for Dismantling a Dubious Category (to which is Appended a Correction of my Border Lines)", Jewish Quarterly Review 1/99 (2009), 7–36.

[22] μηδὲν τοίνυν ἔστω ὑμῖν κοινὸν μετὰ τοῦ ἐχθίστου τῶν Ἰουδαίων ὄχλου, Eusebius von Caesarea, *Vita Constantini* III, 18.

rien ab, wann man die Trennung dieser beiden Gruppen einordnet. Das wirklich Entscheidende ist die Tatsache, dass sich mit der Bindung an das Kaiserreich zwei unvermeidliche Vorgänge ergeben. Einerseits wird zur Unterscheidung von anderen nicht mehr auf die letztendlich „jüdischen" Maßnahmen zurückgegriffen, wie der Ablehnung von gemeinschaftlichen Mahlzeiten, gemeinsamen Gebeten oder „Mischehen". Die Unterscheidungsmerkmale sind jetzt *staatliche* Maßnahmen. Andererseits kann das Christentum, einmal dem Kaisertum verbunden und von ihm gestaltet, nicht mehr um das wahre Gesicht Israels konkurrieren und von rabbinischer Seite verstanden werden. Die sogenannte „Substitutionslehre", die versucht Israel „zu ersetzen", wird gleichzeitig „Israel" unverständlich, denn sie hört auf, ein *öffentliches Volk* gegenüber den restlichen Nationen zu sein. Jetzt ist die ganze *Oikumene* „christlich", denn das ganze Kaiserreich ist christlich, aber es gibt keinen christlichen „Stamm" mehr.

5. Das große Paradoxon

Aus dem großen Verrat entsteht ein Paradoxon, das sich bis in das 20. Jahrhundert erhalten hat. Das Paradoxon besteht darin, dass die vom rabbinischen Judentum inspirierten Gemeinschaften, die in Europa eine manchmal prekäre Existenz führten, eine Gestalt übernommen haben, die dem, was Jesus und Paulus (u. a.) als das wahre Gesicht Israels der letzten Zeit entworfen haben, sehr ähnlich ist.[23] Die Kinder Israels in Europa haben sich als ein Volk ohne Staat bewahrt, und in diesem Sinne waren sie wahrlich ein anderes Volk als alle Nationen der Erde. Die Kinder Israels in Europa waren ein Volk, das sich nicht für den Krieg vorbereitet hat, sondern imstande war, seine Identität zu erhalten, ohne zu Waffen greifen zu müssen. Die Kinder Israels in Europa waren auch imstande verschiedene Formen interner wirtschaftlicher Solidarität zu organisieren, und dabei ein höheres Bildungsniveau als das des Umfeldes zu erreichen. So konnten sie sich oft als eine gleichzeitig bewunderte und beneidete „alternative Gesellschaft" zeigen. Die Kinder Israels in Europa konnten sich *öffentlich* als ein *Volk* darstellen, welches in seiner Verschiedenheit Zeugnis eines Gottes geben konnte, der anders ist als alle Götter des Heidentums und als alle Götzen des heidnisch gewordenen Christentums.

Mit ihrer Unterscheidung zu den Nationen konnten die Kinder Israels zeigen, dass der monotheistische Glaube „einen Unterschied" in der Welt

---

[23] Dieser Beitrag erscheint mir sehr wichtig und ich habe ihn aufmerksam gelesen: *John Howard Yoder:* The Jewish-Christian Schism Revisited, London 2003.

bedeutet, denn es ist ein Glaube, der die Mächte dieser Welt freisetzt, und ein Glaube, der also *notwendigerweise* ein *öffentlich* im Dialog platziertes und ein zu den anderen Völkern unterschiedlich stehendes Volk bildet. Darum ist jene Anekdote vollkommen verständlich, nach der Friedrich der Große einen Philosophen bittet, ihm einen Beweis der Existenz Gottes zu geben. Im goldenen Zeitalter des Rationalismus antwortet der Philosoph nicht mit einem kosmologischen oder ontologischen Argument, sondern mit einem einfachen Satz: „Die Juden, Majestät, die Juden."[24] Das Zeugnis Israels besteht genau aus dem, was das Volk Gottes ist, und nicht nur aus dem, was das Volk Gottes sagt. Vor der eher leichten „Eirenik" jener, die angesichts der Substitutionslehre behaupten, es gäbe zwei Völker Gottes oder ein in zwei verschiedene Einheiten aufgeteiltes Volk Gottes, müsste man sagen, dass während eines großen Teils der Geschichte Europas oft nur ein Volk, nur ein „Stamm" für viele als das Volk Gottes zu erkennen war, das das Zeugnis von der Andersartigkeit des lebenden Gottes gab.

Diese durch die Freiheit seines Volkes repräsentierte Andersartigkeit Gottes hörte nie auf, durch ein Volk repräsentiert zu werden, das seinerseits nie aufhören konnte, „das Andere" zu sein. Weder das Mittelalter noch die Aufklärung, weder die Zeit der Nationalstaaten noch die Zeit des Sozialismus konnte mit dieser Andersartigkeit Schluss machen. Wir stehen vor einem enormen Paradoxon, oder so man will, vor einer invertierten „Substitutionslehre", denn es waren nicht die schon erloschenen, christlichen Gemeinschaften als solche, sondern das jüdische Volk, das in großem Maße das nichtstaatliche und friedliche Potential Jesu für Israel realisiert hat. Und das ist das Auffälligste daran, denn die Kinder Israels verwirklichten dieses Potential, ohne über die „messianische" Auslegung der Torah (das „Neue Testament") zu verfügen, und ohne jemals auf das Ideal eines Staates in dem Land Israel definitiv zu verzichten, obwohl immer wieder darauf hingewiesen wurde, dass es nur der Messias sein kann, der wahre Messias, der allein die Autorität hat, diesen Staat zu gründen. Aus dieser Perspektive heraus konnten einige jüdische Intellektuelle in den Anfängen des Zionismus die transzendentale Bedeutung denken, dass Israel sich als ein Volk ohne Staat würde erhalten können.[25]

Angesichts dieser öffentlichen Existenz des jüdischen Volkes als ein anderes Volk, ist es kaum nötig, an die bedauerliche Rolle der christlichen Kirchen in Europa zu erinnern. Es geht nicht nur darum, all die

---

[24] Dieser Satz wurde Herder und anderen Persönlichkeiten dieser Zeit zugeschrieben; auch *Pascal,* im Kontext des Königshofes in Frankreich.

[25] Vgl. *Franz Rosenzweig: Der Stern der Erlösung* (1921), Freiburg i. Br. 2002, 364–372.

antisemitischen Verfolgungen der vergangenen Jahrhunderte zu bedenken. Es ist auch notwendig, an die andere Dimension der christlichen „Öffentlichkeit" zu erinnern. Durch seine relative Freiheit gegenüber den Staaten konnte sich das jüdische Volk *vor allen anderen Nationen* als ein anderes Volk erhalten. In diesem Sinne war seine Öffentlichkeit sozusagen *universal*. Gerade deswegen waren die Juden, trotz ihrer Unterscheidung zu anderen Völkern, oftmals die Besten, um die universellen Interessen aller Menschen auszudrücken, gegen die besonderen Interessen von Individuen, Gruppen und vor allem Nationen. Die christlichen Kirchen wiederum, immer mehr als protestantische Volkskirchen gestaltet, oder als katholische Kirchen „mit Volksnähe", hatten eine sehr begrenzte Öffentlichkeit, denn diese Öffentlichkeit erstreckte sich immer zuerst auf die Beziehungen der Volkskirche zu einem konkreten Staat, der Staat, der sie erhielt und finanzierte. Noch heute, wenn man von der „Religion im öffentlichen Raum" spricht, erscheint für viele Christen nicht zuerst die Gesamtheit der Völker, sondern ein konkreter nationaler Staat, der Staat ihrer Kirche.

6. Nach dem Paradoxon

Mit dem 20. Jahrhundert hat das jahrhundertalte Paradoxon begonnen, sein Ende zu erreichen. Der Holocaust war nicht nur einfach das Resultat des „Neuheidentums", auch nicht einfach ein Produkt des „Christentums". Beide haben sich vermengen müssen, damit der Bruch mit dem von Konstantin empfohlenen „jüdischen Gesindel" in einen systematischen Vernichtungsversuch umschlagen konnte. Nach dem Holocaust hat Israel sich wieder als Staat gebildet und hat damit auf wesentliche Weise jüdisches Leben und Denken überall auf der Welt bestimmt. Die öffentliche Existenz Israels ist nicht mehr die Existenz eines Volkes ohne Staat, sondern die Existenz eines Staates. Die Bedeutung des Wortes „Israel" bezieht sich nun für einen großen Teil der Menschheit auf eine konkrete Nation im Nahen Osten und nicht mehr auf das universelle Volk der Kinder Jakobs. Vor der Ankunft (oder Wiederkunft) des Messias hat ein großer Teil des Volkes Israel sich dafür entschieden, sich als ein Nationen-Staat zu bilden, ähnlich den „anderen Nationen", indem sie so die durch Saul und David begründete Staatsgründung wiederholten. Können die Kinder Israels weiterhin das Zeichen der Existenz Gottes sein? Ist es in dieser neuen Situation noch möglich zu sagen „Die Juden, Majestät, die Juden"?

Ihrerseits sind in den aus dem Konstantinismus entstandenen „christlichen" Staaten mehr oder weniger intensive Säkularisierungsprozesse entstanden, während derer die „Kirchen" – oft widerwillig – anfangen, sich mit der Notwendigkeit auseinanderzusetzen, sich selbst als wirkliche Kirchen zu verstehen, und nicht nur als Teile eines christlichen Staates. Das Christentum als „Religion" (im konstantinischen Sinne eines „Glaubenssystems") beginnt einem Christentum als „Volk" (oder als „Stamm") den Vorrang zu geben, obwohl dieser Prozess oft gegen den ausdrücklichen Willen der Christen gemacht wird, die ungern ihre Privilegien aufgeben, oder Sehnsucht nach einer schwerlich wiederkehrenden Vergangenheit haben. Die Christen sehen sich nach sechzehn Jahrhunderten vor die Möglichkeit gestellt, sich wieder in ein Volk ohne Staat zu verwandeln, und dies löst vielleicht sehr große Angst aus. Oft sind der politische Aktivismus, das Spiel der Einflüsse, der Kampf um die „Rechte" der Kirchen oder die Verbindung des Christentums mit den Geschicken Europas oder den Vereinigten Staaten eine Variante, der Angst vor Veränderung aus dem Weg zu gehen. Und trotzdem ist dieser Prozess eine wunderbare Gelegenheit für das Christentum.

Noch in der ersten Hälfte des 20. Jahrhunderts hielten jüdische Gelehrte wie Martin Buber den Christen denselben Einwand vor, wie Tryphon im Dialog mit Justinus: Wenn der Messias schon gekommen wäre, hätte sich die Welt verändert. Aber die christlichen Theologen des 20. Jahrhunderts konnten nicht mehr wie Justinus antworten, indem sie auf die Existenz eines Volkes wiesen, in dem man begonnen hatte, die Verheißungen des messianischen Zeitalters zu verwirklichen, und mussten sich mit einer eher allgemeinen und abstrakten Neudeutung des Messianismus zufrieden geben, ohne Bezug auf die *Öffentlichkeit* eines Volkes.[26] Ein konkreter Messianismus fordert aber das Bestehen eines messianischen Volkes, auch wenn dieses Volk mit Schwierigkeiten, Begrenzungen und Unklarheiten beladen ist. Um zu sagen „die Juden, Majestät" war es nicht nötig, dass die Juden ein perfektes Volk sind, über das man irgendeine Art von „Herrlichkeitstheologie" aussprechen kann, die die Grenzen des menschlichen Pilgerns in dieser Welt ignoriert. Damit das Evangelium des Johannes sagen kann „kommet und sehet",[27] war es nicht notwendig, dass die Bewegung der Anhänger Jesu perfekt ist. Es reicht schon, wenn die Anhänger Jesu ein Volk bilden, das durch seine konstitutive Bezugnahme auf die Freiheit Gottes anders als alle Nationen ist.

---

[26] Vgl. *Jürgen Moltmann:* Jesus zwischen Juden und Christen, in: Evangelische Theologie 1 (1995), 49–63. Moltmann meint, dass der messianische Einwand ursprünglich von Martin Buber ist, den Schalom Ben-Chorim dann übernommen haben soll. Trotzdem ist es derselbe Einwand, den wir schon in Tryphon von Justinus finden.

[27] Vgl. Johannes 1,39–40.

Wenn die Christen befürchten, dass der Verlust der politischen Macht in den westlichen Ländern der Verlust der gesellschaftlichen Relevanz bedeutet, sagen sie damit auch, gegen jeden Beweis, dass die Existenz der Juden in Europa für den Westen irrelevant gewesen ist. Darüber hinaus besteht das wirklich Relevante unserer Welt nicht in den alten, mit den Staaten verbundenen Institutionen. Das wirklich Relevante befindet sich eher in jenen Bewegungen die imstande sind, aus ihren Wurzeln heraus die menschliche Identität neu aufzuarbeiten und somit den Sinn des Lebens anzubieten, den die Wirtschaft nicht bieten kann.[28] Ebenso scheint jeder, der behauptet, dass die Vorstellung einer Kirche „jenseits des vorhandenen Systems" unrealisierbar sei, gleichzeitig sagen zu müssen, dass das Leben der Juden in Europa nicht möglich war. Und hier ist es, wo die „Herrlichkeitstheologie" eher eine „Theologie des Kreuzes" ist, denn das Judentum hat wahrlich in Europa existiert, aber es existierte unter Verdächtigungen, Marginalisierung und Verfolgung. Und ebenso wie auch nicht gesagt werden kann, dass es unmöglich ist, Christ jenseits des Systems zu sein, muss man auch davon ausgehen, dass eine Existenz jenseits des Systems die Möglichkeit des Leidens und der Verfolgung in Betracht ziehen muss.

Einige Christen haben behauptet, das Christentum sei in Auschwitz gestorben. Und einige Juden haben eher vorsichtig gesagt, dass „ihr" Judentum, das traditionelle Judentum, in den Kriegen gegen das palästinensische Volk im Sterben liegen könnte.[29] Was das Christentum angeht, könnte man sagen, dass in Auschwitz der Höhepunkt von dem erreicht wurde, was im 4. Jahrhundert n. Chr. mit Konstantin begonnen hat. Wenn dies das Christentum war, dann scheint das Christentum in Europa tödlich verletzt zu sein. Trotzdem könnte es sein, dass *dies* nicht das Christentum ist, und dass das ursprüngliche Christentum jetzt die Gelegenheit hat, sein wahres Gesicht zu zeigen, indem es die kritische Erbschaft der hebräischen Bibel und des hebräischen Volkes, Jesu, Paulus, der ersten christlichen Gemeinschaften und aller Reformationsbewegungen über die letzten sechzehn Jahrhunderte hinweg übernimmt. Denn die wahre öffentliche Bedeutung des Christentums besteht weder aus öffentlichen Erklärungen noch aus dem Spiel der Einflussnahme. Die größte und höchste öffentliche Relevanz der Kirche besteht darin, ein Volk Gottes, so wie es berufen ist, ein *universal öffentliches Volk* zu sein, das in seiner Öffentlichkeit zeigt, was es bedeuten könnte, dass Gott durch seinen Messias herrscht.

Übersetzung aus dem Spanischen: Ruth Schwittay

---

[28] Vgl. *Manuel Castells*: La Era de la Información, vol. 2: El poder de la identidad, México, D. F., 2001.

[29] Vgl. *Daniel Boyarin:* Border Lines, op. cit., S. XIV.

Interreligiöser Dialog – Toleranz oder fruchtbare Kontroverse?

Micha Brumlik[1]

I. Religiöse Wahrheit im Verruf?

Zu Weihnachten 2006 präsentierte das in Hamburg erscheinende Wochenmagazin DER SPIEGEL eine Titelgeschichte, die sich in stark vergröbernder Weise der Thesen des Heidelberger Ägyptologen Jan Assmann annahm. Dabei war der Autor der Geschichte in besonderer Weise darum bemüht, die Religion des Alten Testaments als blutrünstig, ursprünglich ägyptisch und daher von „den Juden" – so Matthias Schulz – „abgekupfert" darzustellen. Die Juden hätten, so das Fazit dieser Story, in plagiatorischer Weise eine Theologie übernommen, die ursprünglich von dem die Sonne, alleine die Sonne verehrenden Pharao Amenophis IV, genannt „Echnaton" – er lebte im 12. Jahrhundert vor der christlichen Zeitrechnung – erfunden worden sei.

Die populärwissenschaftliche Verhunzung von Assmanns Forschungen kann freilich nicht verdecken, dass Assmann zumindest systematisch die Grundlegung einer Kritik des jüdisch-christlichen sowie des islamischen Monotheismus vorgelegt hat, wie sie es seit Zeiten der Aufklärung in dieser Radikalität nicht mehr gegeben hat. In immer wieder neuen Anläufen ist Assmann um den Nachweis bemüht, dass die auf der Bibel bzw. der biblischen Tradition beruhenden Religionen sich von allen anderen historisch bekannten Religionen dadurch unterscheiden, dass sie umfassendes, verehrendes Weltverständnis mit einer nur noch binär zu verstehenden Wahrheitsfrage verbinden. Assmann verwendet in diesem Zusammenhang den

---

[1] Micha Brumlik ist Professor für Soziologie und Religionswissenschaften an der Johann Wolfgang von Goethe-Universität Frankfurt am Main.

Begriff der „mosaischen Unterscheidung"[2], und rechnet diese Entwicklung damit historisch-systematisch dem Judentum zu, entgeht dem Vorwurf des Antijudaismus aber dadurch, dass er die faktische Genese dieser Art des Denkens dem schon oben genannten Pharao „Echnaton" zurechnet, von dem nicht nur Sigmund Freud der Auffassung war, dass er der Ursprung dessen war, was Freud später als „Jüdische Geistigkeit" bezeichnet hat[3] (Freud 1968).

Ein zentraler religionshistorischer Beleg für die These von der mosaischen Unterscheidung ist der unbezweifelbare Umstand, dass die auf der Hebräischen Bibel, dem „Alten Testament" fußenden Religionen nur noch einen, einen einzigen Gott kennen und bekennen, neben dem sich alle anderen Götter als nichtig erweisen sowie die mangelnde Bereitschaft dieser Religionen, transreligiöse Übersetzungsleistungen zu erbringen, d. h. etwa festzustellen, dass der Gott der Bibel im Kern identisch mit dem von den Griechen verehrten „Zeus" gewesen sei. Dass die Geschichte der religiösen Entwicklung unter der Hand anders verfahren ist, lässt sich an dem keineswegs zufälligen Umstand ermessen, dass das uns bekannte Weihnachtsfest von Kaiser Konstantin durchaus gewusst und gewollt auf den festlich begangenen Geburtstag des vor allem von Soldaten verehrten Mithras gelegt wurde. Entgegen den alltagspraktischen Übersetzungs- und Anpassungsangeboten, die vor allem die katholische Kirche mit ihrem Marien- und Heiligenkult vollzog, hielt jedoch das offizielle Lehramt der Kirche an der einen, der alleine selig machenden Wahrheit fest – eine Wahrheit, die sie selbst während hunderter von Jahren immer wieder auch gewaltsam und brutal durchsetzte.

II. Konzeptionen der Toleranz

Als sich spätestens mit der Reformation der katholischen Kirche Bewegungen entgegensetzten, die den Anspruch erhoben, der falschen christlichen Wahrheit des katholischen Dogmas eine nun wirklich wahre, alleine dem Evangelium verpflichtete Wahrheit entgegenzusetzen, war das Ergebnis in Europa ein Jahrhundert immer auch konfessionell begründeter, grausamer Bürgerkriege. Als deren eines Resultat erfand das neuzeitliche politische Denken sowohl die „Toleranz" als auch den laizistischen Staat. Rainer

---

[2] *Jan Assmann:* Die Mosaische Unterscheidung, München 2003.
[3] *Sigmund Freud:* Der Mann Moses und die monotheistische Religion. In: *Ders.:* Gesammelte Werke XVI, Frankfurt a. M. 1968, 101–246.

Forst hat in seiner bahnbrechenden Arbeit „Toleranz im Konflikt"[4] historisch und systematisch vier unterschiedliche Formen des Toleranzbegriffs identifiziert:

1. Die sog. „Erlaubniskonzeption", die es Minderheiten einräumt, solange gemäß ihren Vorstellungen zu leben, solange sie die Vorherrschaft, die Autorität der Mehrheit nicht infrage stellen, ihr folgt

2. die sog. „Koexistenzkonzeption", die sich von der „Erlaubniskonzeption" dadurch unterscheidet, dass es nun nicht mehr um die Beziehungen zwischen Minderheiten und Mehrheiten, sondern um die pragmatisch kluge, konfliktvermeidende Regelung der Beziehung gleich starker Gruppen geht;

3. die von ihm so bezeichnete „Respektkonzeption" beruht auf einer „moralisch begründeten Form der wechselseitigen Achtung der sich tolerierenden Individuen bzw. Gruppen. Die Toleranzparteien respektieren einander als autonome Personen bzw. als gleichberechtigte Mitglieder einer rechtsstaatlich verfassten politischen Gemeinschaft";[5]

4. führt Forst zumal im Hinblick auf multikulturelle Gesellschaften das an, was er als „Wertschätzungs-Konzeption" bezeichnet. Nach diesem Begriff der Toleranz geht es nicht nur darum, die Mitglieder anderer kultureller oder religiöser Gemeinschaften als Staatsbürger in ihren subjektiven Rechten zu respektieren, sondern mehr noch darum, „ihre Überzeugungen und Praktiken als ethisch wertvoll zu schätzen".[6]

Sucht man nach aktuellen Beispielen so zeigt sich schnell, dass auch noch heute die meisten islamischen Staaten mit der koranischen Konzeption der „Dhimmitude" dem ersten Toleranzkonzept folgen; mit der Einschränkung freilich, dass nur die „Völker des Buches", also Juden und Christen ihrem Glauben nachgehen dürfen, sog. Renegaten, Konvertiten oder sog. „Götzendiener" mehr oder minder hart verfolgt werden.[7] Als aktuelles Beispiel für die Koexistenzkonzeption könnte man nach Jahren des Bürgerkrieges die Beziehungen zwischen Protestanten und Katholiken in Nordirland nennen, während z. B. die USA in ihrem intensiven religiösen, kongregationalistischen Pluralismus dem dritten Typ folgen. Das gilt gleichermaßen – was die Privatsphäre betrifft – für das laizistische Frankreich, das jedoch anders als Deutschland kaum eine öffentlich-politische Anerken-

4 *Rainer Forst:* Toleranz im Konflikt. Geschichte, Gehalt und Gegenwart eines umstrittenen Begriffs, Frankfurt a. M. 2003, 42 f.
5 *Forst,* Toleranz im Konflikt, 45.
6 *Forst,* Toleranz im Konflikt, 48.
7 *Albrecht Hauser:* Wirklich kein Zwang im Glauben? Religionsfreiheit und Menschenrechte aus islamischer Sicht – eine theologische Betrachtungsweise, Bonn 2006.

nung von Religionen kennt. Deutschland und sein Staatskirchenrecht stellt dabei – wie auch die jüngsten Prozesse um das Kopftuch wieder zeigen, einen instruktiven Sonderfall dar. Auf jeden Fall scheinen liberal verfasste (westliche) Staaten in ihrer politischen Verfassung kaum weitergehen zu können als bis zum dritten Typus. Auch hier macht Deutschland eine Ausnahme.

Freilich ist mit diesen staatspolitischen, rechtlichen Vorgaben noch nichts oder doch nur wenig über Sinn oder Unsinn, oder sogar Formen und Wünschbarkeiten eines interreligiösen Dialogs gesagt. Hier schwankt die öffentliche Meinung zwischen Positionen, die gemeinhin mit dem Namen „Hans Küng" verbunden sind, und die in einem ein Weltethos begründenden Religionsdialog auch den Schlüssel zum Weltfrieden[8] sieht und der repressiv liberalen Einstellung des Publizisten Henryk Broder, der kürzlich auf die Frage „Was ist dann für Sie der kulturelle Dialog?" zu Protokoll gab: „Im Café sitzen. Es gibt keinen kulturellen Dialog, den Sie organisieren können. Der ergibt sich ... Ich kann mich um keinen Dialog bemühen. Ich gehe doch nicht extra irgendwo hin, um einen Dialog mit Moslems anzufangen. Ich gehe gerne zu Hasir, weil es dort ordentliches türkisches Essen gibt ...“[9]. Auf die Rückfrage der Interviewer, ob es nicht gerade angesichts der Bedrohung durch radikalen Islamismus darauf ankäme, durch Dialog Gegensätze zu entschärfen, antwortete Broder, dass eine Eindämmung der Gefahr nur dadurch möglich sei, dass das BKA mehr Personen mit Kenntnissen des Arabischen einstelle und: „Weil es gibt Leute, mit denen will ich keinen Dialog haben. Ich setze mich mit Metin Kaplan nicht an einen Tisch, um mit dem zu diskutieren. Dann wiederum gibt es andere Leute, mit denen brauche ich keinen Dialog zu haben, weil die mag ich sowieso. Mit Necla Kelek und Bassam Tibi gehe ich sowieso essen, wenn ich sie treffe. Aber ich mache das nicht, um einen deutsch-muslimischen oder einen jüdisch-muslimischen Dialog zu führen.“[10] Was in Broders Worten wie eine Ansammlung persönlicher Geschmacksurteile wirkt, ist im Kern ein massives und schroffes Plädoyer für die von Forst sogenannte „Respektkonzeption" – verbunden mit der Maßgabe, dass jede religiöse Überzeugung, die nicht ebenfalls bereit ist, diese Konzeption bedingungs- und vorbehaltlos anzuerkennen, ihrerseits mit allen rechtmäßigen Mitteln an ihrer Entfaltung zu hindern ist.

---

[8]   *Hans Küng:* Projekt Weltethos, München 2006.
[9]   *Henryk Broder:* Interview in der Berliner Zeitung v. 13./14. Januar 2007.
[10] Ebd.

Anders als Henryk Broder bin ich allerdings der grundsätzlichen Überzeugung, dass ein interreligiöser Dialog sinnvoll ist, meine allerdings, dass man es sich zu leicht macht, wenn man – wie nicht wenige Vertreter/innen islamischer oder islamistischer Organisationen – sich immer wieder werbend auf Sure 2,256 des Korans bezieht, wonach kein Zwang im Glauben herrschen soll. Angesichts der innerislamischen Auslegungsgeschichte und angesichts der Praxis in heute islamisch regierten oder auch geprägten Ländern ist klar, dass der Bezug auf Sure 2,256 das nicht belegt – beinhaltet sie doch endlich nicht mehr als eine stark eingeschränkte Variante von Forsts erster, sehr schwacher Toleranzkonzeption, die gemäß der Scharia ausdrücklich nicht für Konvertiten, Apostaten, Renegaten oder sogenannte Polytheisten gilt.[11] In liberal verfassten Gesellschaften, in denen sich alle Mitglieder vorbehaltlos auf die Konzeption wechselseitigen Respekts festgelegt haben, kann sich eine sinnvolle Form des Dialogs über das – gewiss bedeutsame und unverzichtbare – wechselseitige Kennenlernen hinaus – nur im Rahmen der Konzeption wechselseitiger Wertschätzung abspielen.

Im Folgenden interessiere ich mich für die Bedingung der Möglichkeit einer solchen Konzeption wechselseitiger Wertschätzung sowie für ihre Grenzen, wobei ich gleich zu Anfang eine zentrale Unterscheidung einführen möchte: Indem ich zwischen in einer Religion enthaltenen ethischen Wahrheit hier und einer spezifischen Heilswahrheit dort unterscheide, behaupte ich, dass sich die von Assmann so benannte „mosaische Unterscheidung" heute nur noch im Bereich der Heilswahrheiten finden lässt, und dass sich dort, im Bereich der Heilswahrheit die spezifische Frage nach dem Wesen einer religiösen Wahrheit finden lässt. Das heißt aber zugleich, dass auch und gerade ein im Sinne der Konzeption des Respekts geführter Dialog hier an seine Grenzen stößt oder anders: dass spätestens hier ein möglicher ethischer und hoffentlich auch staatsbürgerlicher Konsens in Dissens umschlagen wird.

Zuvor ist jedoch ein kurzer Exkurs zum Begriff der Wahrheit unumgänglich – ein, wenn nicht das philosophische Zentralproblem, auf das hier natürlich nicht in aller Ausführlichkeit eingegangen werden kann. Üblicherweise gilt eine Meinung, eine Behauptung als „wahr", wenn der von ihr unterstellte Sachverhalt zutrifft und wenn die behauptende Person über gute Gründe, Argumente verfügt, die aufgestellte Behauptung zu untermau

---

[11]   Vgl. *Hauser,* Wirklich kein Zwang im Glauben, 2006.

ern. Die wissenschaftstheoretischen Debatten[12] der letzten Jahrzehnte haben sich so in unterschiedlicher Weise mit dem Begriff der Tatsachenwahrheit auseinandergesetzt und im Zuge der Diskussion um das sogenannte semantische Wahrheitskriterium behauptet, dass z. B. der Satz „Die Rose ist rot" dann und genau dann wahr ist, wenn die Rose rot ist. Diese nur auf den ersten Blick tautologische Bestimmung stellt eine Präzisierung des sogenannten – vor allem im Mittelalter aufgestellten – Adäquationsbegriffs der Wahrheit dar, gemäß dessen es eine Art innerer Übereinstimmung zwischen Behauptungen und Zuständen in der Welt gibt. Freilich ist die Frage nach der Definition von Wahrheit im Sinne sachlich zutreffender Behauptungen von der Frage nach der Ermittlung dieses Zutreffens unterschieden: Komplexe physikalische Behauptungen über Prozesse im Mikrobereich erfordern andere Beobachtungsmethoden als Behauptungen im Mesobereich, z. B. „Die Tür ist offen". Probleme ganz eigener Art wirft dann die Frage auf, ob und in welchem Sinn man jenseits der Sphäre möglicher Tatsachenbehauptungen von Wahrheit sprechen kann: Lassen sich moralische Prinzipien, Ausdruckswerte von Kunstwerken oder religiöse Erfahrungen im gleichen Sinn als „wahr" bezeichnen und durch intersubjektiv anerkannte Verfahren in ihren Geltungsansprüchen begründen?[13]

Das scheint jedenfalls nicht selbstverständlich zu sein. Dazu ein aktuelles Beispiel aus dem Jahr 2003, als die Kammer für Theologie der EKD unter dem nicht unproblematischen Titel *„Christlicher Glaube und nichtchristliche Religionen"* – *Theologische Leitlinien* verabschiedete, die es gläubigen evangelischen Christen besser ermöglichen sollten, mit Angehörigen anderer Religionen in Kontakt zu treten. Dort heißt es im Abschnitt 3.2. „Die Religionen und die Wahrheit":

„Wahrheit ist im Verständnis des christlichen Glaubens nicht zuerst eine in Sätzen formulierte Richtigkeit. Wahrheit ist ein Ereignis, in dem das geschieht, worauf man sich schlechterdings verlassen kann. Nach christlichem Verständnis ereignet sich die Wahrheit in der Offenbarung des lebendigen, von der Sünde erret-

---

[12] *Gunnar Skirbekk* (Hg.): Wahrheitstheorien. Eine Auswahl aus den Diskussionen über Wahrheit im 20. Jahrhundert, Frankfurt am Main 1977.

[13] Vgl. *Hans-Georg Gadamer:* Wahrheit und Methode, Tübingen 1972; *Matthias Jung:* Qualitatives Erleben und artikulierter Sinn. Eine pragmatische Hermeneutik religiöser Erfahrung. In: Deutsche Zeitschrift für Philosophie, Heft 2, 239–256; *Jürgen Habermas:* Die Grenze zwischen Glauben und Wissen. Zur Wirkungsgeschichte und aktuellen Bedeutung von Kants Religionsphilosophie. In: *Ders.:* Zwischen Naturalismus und Religion, Frankfurt a. M., 216–257; *Jürgen Habermas:* Religion in der Öffentlichkeit. In: *Ders.:* Zwischen Naturalismus und Religion, Frankfurt a. M., 119–154.

tenden Gottes in Jesus Christus, der durch das Wirken des Heiligen Geistes den freimachenden Glauben schafft: Die Wahrheit rettet und heilt. Diese Wahrheit bezeugt die christliche Kirche, auch wenn sie sich auf andere Religionen bezieht. Für sie treten Christen ein, wenn sie Menschen anderer Religionen begegnen. Würden die Kirche und die Christen darauf verzichten, dann hätten sie im Grunde aufgehört, Kirche oder Christen zu sein. Denn das Zeugnis von dieser Wahrheit gehört unabdingbar zum christlichen Glauben selbst. Nur durch das Zeugnis des Glaubens kann die Christusgeschichte in der Welt bekannt gemacht werden. Nur durch das Zeugnis des Glaubens vergegenwärtigt sich die rettende Wahrheit so, dass Glaube aufs Neue entsteht.[14]

Das ausführliche Zitat aus dieser Denkschrift wird dadurch gerechtfertigt, dass sich in ihm beispielhaft die unwahrscheinliche Verbindung zwischen einer auf Toleranz im Sinne wechselseitigen Respekts auf der Basis von Grund- und Menschenrechten hier mit einer Absolutheit, in dieser Sache ganz intoleranten Glaubensbekenntnis verbindet. Letzten Endes beglaubigt die Kammer für Theologie der EKD auch noch im Jahr 2003 die unverbrüchliche Geltung des aus dem Evangelium des Matthäus abgeleiteten sogenannten Missionsbefehls, der implizit die absolute Wahrheit des christlichen Glaubens voraussetzt. Freilich stellt sich dieser Aufruf zum Bezeugen einer Wahrheit am Ende als weniger dramatisch dar, als es auf den ersten Blick scheinen könnte:

„Es liegt nicht in der Hand der Christenheit, den Gegensatz der Religionen mit dem so verstandenen Bezeugen der Wahrheit aus der Welt zu schaffen. Nach evangelischem Verständnis wird vielmehr, wenn es zum interreligiösen Dialog kommt, um die Wahrheit, um die Vertretbarkeit der eigenen Glaubenseinsicht und der anderen religiösen Meinung in Freiheit zu streiten sein.[15]

Das Bekenntnis der Kammer für Theologie der EKD ist im Kern strukturidentisch mit Teilen des islamischen Glaubens, gemäß Sure 9,33 des Korans, in der es heißt: „Er, Gott ist es, der seinen Gesandten mit der Rechtsleitung und der Religion der Wahrheit gesandt hat, um ihr die Oberhand zu

---

[14] Christlicher Glaube und nichtchristliche Religionen – Theologische Leitlinien. Ein Beitrag der Kammer für Theologie der Evangelischen Kirche in Deutschland, EKD Texte 77, Hannover 2003, 14.

[15] Ebd., 16.

verleihen über alle Religion, auch wenn es den Polytheisten zuwider ist." Nimmt man – wenn ich das recht sehe – die koranischen Schriften im Ganzen, so lässt sich daraus jedenfalls kein absoluter Missionsbefehl ableiten, denn „Wenn dein Herr wollte" – so Sure 10,99 – „würden die, die auf der Erde sind, alle zusammen gläubig werden. Bist du es etwa, der die Menschen zwingen kann, gläubig zu werden".

IV. Religion, Vernunft und Gewalt

An diesen und anderen Passagen wird deutlich, dass die von Papst Benedikt XVI. in der Regensburger Vorlesung wiedergegebene Äußerung des spätbyzantinischen Kaisers Manuel II., der den islamischen Glauben an den kriegerischen Aktivitäten von Arabern und Muslimen maß, einerseits – ebenso wie die Karikaturen des Karikaturenstreits – in weltgesellschaftlicher Hinsicht einen krassen Verstoß gegen eine auf Respekt beruhende Toleranzkonzeption darstellt, sie jedoch andererseits einer auf allgemeinen Menschenrechten und Demokratie beruhenden Weltkultur die einzige Form von Mission vorgab, die sie noch vertragen kann: die Mission durch authentische Praxis und vernünftiges Argumentieren. Hier noch einmal das skandalöse, das skandalisierte Zitat:

> *„Zeig mir doch, was Mohammed Neues gebracht hat, und da wirst du nur Schlechtes und Inhumanes finden wie dies, dass er vorgeschrieben hat, den Glauben, den er vertrat, durch das Schwert zu verbreiten." Im Anschluss an diese offenbar von nur geringen Kenntnissen der koranischen Schriften getragene Verurteilung kommt der vom Papst zitierte Manuel II. zum Wesentlichen: „Gott hat kein Gefallen am Blut, und nicht vernunftgemäß zu handeln, ist dem Wesen Gottes zuwider. Der Glaube ist Frucht der Seele, nicht des Körpers. Wer also jemanden zum Glauben führen will, braucht die Fähigkeit zur guten Rede und ein rechtes Denken, nicht aber Gewalt und Drohung ... Um eine vernünftige Seele zu überzeugen, braucht man nicht seinen Arm, nicht Schlagwerkzeuge noch sonst eines der Mittel, durch die man jemanden mit dem Tod bedrohen kann."*[16]

---

[16] *Benedikt XVI.:* Glaube und Vernunft. Die Regensburger Vorlesung. Kommentiert von Gesine Schwan, Adel Theodor und Karl Lehmann, Freiburg 2006, 16.

Es war lediglich die auf den ersten Blick antiislamische Stoßrichtung dieser Aussage, die verdeckt hat, dass damit auch eine massive Selbstkritik der monotheistischen Religionen, zumal des Christentums verbunden war, das während langer Jahrhunderte gewaltsame oder auch nur mit unfairen Mitteln werbende Mission betrieben hat, einschließlich jener von Luther sogenannten „Scharfen Barmherzigkeit", die den erzwungenen Glaubenswechsel gerade um des Seelenheils der zu Bekehrenden willen herbeiführen wollte. Darüber hinaus wurde übersehen, dass das damit vollzogene Bekenntnis zu einer vernünftigen Gottheit keineswegs nur einer islamischen Theologie des radikalen göttlichen Voluntarismus, sondern mindestens ebenso dem in der Reformation entstandenen protestantischen Gottesbild widerspricht. Andererseits öffnet die Regensburger Rede durchaus die Möglichkeit zu einer – wenn auch an vernünftige, argumentative Verfahren gebundenen – Mission.

Nachdem sich also die Kirchen – keineswegs nur in Deutschland – erst nach rund fünfhundert Jahren in den 1980er Jahren auch systematisch mit den Menschenrechten, der Demokratie und damit einer Toleranz vom Typ „3" abgefunden haben, erscheint es heute so, als seien Christentum und die politische Zivilisation des Westens so gut wie deckungsgleich. Die empirische Stimmigkeit dieser Annahme soll an dieser Stelle nicht weiter überprüft werden, vielmehr soll umgekehrt noch einmal die Frage aufgenommen werden, ob liberale und demokratische Gesellschaften das Recht haben, gegenüber ihren Bürgern den Verzicht auf Zwang oder Verführung im Glauben ihrerseits mit Sanktionen durchzusetzen. Das ist – so Jürgen Habermas – unter genau bestimmten Bedingungen durchaus möglich, nämlich dann, wenn die säkularen Bürger ihre Nichtübereinstimmung auch mit ihrer Meinung nach überbordenden religiösen Ansprüchen als einen „vernünftigerweise zu erwartenden Dissens" verstehen. „Ohne diese kognitive Voraussetzung" – so Habermas – „ist die normative Erwartung eines öffentlichen Vernunftgebrauchs nicht zumutbar, jedenfalls nicht in dem Sinne, dass sich säkulare Bürger auf eine politische Diskussion des Inhalts religiöser Beiträge in der Absicht einlassen, gegebenenfalls moralisch überzeugende Intuitionen und Gründe in eine allgemein zugängliche Sprache zu übersetzen". „Diese Voraussetzung bedeutet" – so Habermas' Schlussfolgerung – „dass das demokratische Staatsbürgerethos (...) nur dann gleichmäßig allen Bürgern zugemutet werden kann, wenn die religiösen und die säkularen Bürger komplementäre Lernprozesse durchlaufen."[17]

---

[17] *Habermas,* a. a. O., 146.

Das bedeutet dann im Hinblick auf die säkularen Bürger, einzusehen und auch einzuräumen, dass die überlieferten religiösen Semantiken Gehalte aufweisen, deren „kognitiver Gehalt nicht abgegolten ist"[18].

V. Religiöse Rationalität?

Die Frage indes, die auch Habermas unbeantwortet lässt, besteht darin, ob und wie diese Lernprozesse verlaufen sollen und vor allem, mit welchen kognitiven Wahrheits- und Geltungsansprüchen sie geführt und konfrontiert werden sollen. Habermas' eigene Konzeption eines – wie er es nennt – „nachmetaphysischen Denkens" bleibt hier eigentümlich unentschlossen. Dieses Denken

> „besteht auf der Differenz zwischen Glaubensgewissheiten und öffentlich kritisierbaren Geltungsansprüchen, enthält sich aber der rationalistischen Anmaßung, selber zu entscheiden, was in den religiösen Lehren vernünftig und was unvernünftig ist. Die Gehalte, die sich die Vernunft durch Übersetzung aneignet, müssen dem Glauben nicht verloren gehen. Aber eine Apologie des Glaubens mit philosophischen Mitteln ist nicht Sache der agnostisch bleibenden Philosophie. Bestenfalls umkreist sie den opaken Kern der religiösen Erfahrung, wenn sie auf die Eigenart der religiösen Rede und den Eigensinn des Glaubens reflektiert. Dieser Kern bleibt dem diskursiven Denken so abgründig fremd, wie der von der philosophischen Reflexion auch nur eingekreiste, aber undurchdringliche Kern der ästhetischen Anschauung."[19]

Mit dieser Feststellung, die sich gewissermaßen an der umgangssprachlichen Wendung von der „religiösen Unmusikalität" orientiert, wird eben dies bestritten, was z. B. die katholische Kirche, genauer der gegenwärtige Papst behauptet: dass nämlich für den Glauben gute, überzeugende Gründe angegeben werden können. Ich belasse die Frage, ob – und wenn ja – wie es ein gemeinsames Diskursuniversum zwischen Atheisten und Agnostikern hier sowie Gläubigen dort, das sich auf mehr bezieht als „nur" auf eine minimale politische Ethik, zunächst auf sich beruhen, und stelle lediglich fest, dass sich diese von Habermas behauptete Opazität vor allem aus

[18] *Habermas*, a. a. O., 149.
[19] *Habermas*, a. a. O., 150.

seiner Überzeugung erklärt, dass religiöse Einstellungen letztlich Ausdrucksformen von Prinzipien eines „guten Lebens" sind, die sich letztlich nicht rational überprüfen lassen. Ob diese Annahme richtig ist, sei hier ebenfalls dahingestellt.

Minder dramatisch scheint – jedenfalls auf den ersten Blick – die Diskurslage zwischen Anhängern der drei uns bekannten monotheistischen Religionen zu sein. Dazu zwei Stimmen aus dem christlichen Bereich. Noch einmal die „Leitlinien der EKD", in denen die Autoren/innen christliches Schöpfungsverständnis in einem besonderen Verhältnis zur Menschenwürde sehen:

> *„Dabei werden Christen Angehörige anderer Religionen fragen, ob und wie sie von ihren Voraussetzungen her die Menschenwürde und die Menschenrechte bejahen oder zumindest anzuerkennen vermögen. Im Verhältnis zum Judentum, in dessen biblischen Grundlagen auch der christliche Schöpfungsglaube gründet, dürfen Christen sich in dieser Hinsicht sogar einer großen Übereinstimmung gewiss sein. Auch im Verhältnis zum Islam, der wesentliche Elemente des jüdisch-christlichen Schöpfungsglaubens enthält, kann der Glaube an Gott als Schöpfer aller Menschen zu tendenziell zusammenstimmenden Stellungnahmen führen, wie die muslimische Kritik am terrorbereiten islamistischen Fundamentalismus gerade gezeigt hat."*[20]

Die Leitlinien der EKD argumentieren hier aus der Sache heraus, verschweigen indes den bedeutsamen Tatbestand, dass Judentum und Christentum über Überzeugungen hinaus auch ein gemeinsames Buch, wenn auch in unterschiedlicher Interpretation teilen, nämlich das sog. „Alte Testament". Es liegt auf der Hand, dass unter diesen Bedingungen wahrheitsinteressierte interreligiöse Diskurse auf den ersten Blick einfacher zu führen sind – wobei dann alles von den jeweiligen Auslegungsprinzipien – Allegorik vs. Literarik – abhängt. Die katholische Kirche sieht das Verhältnis zwischen Judentum, Christentum und Islam seit dem II. Vatikanum schärfer, wie sich etwa in einer Rede Kardinal Lehmanns zur Regensburger Vorlesung entnehmen lässt:

> *„Die Kirche ist durch ein untrennbares Band mit dem Judentum verbunden. Sie wurzelt konstitutiv im Judentum. Die Herkunft Jesu*

---

[20] A. a. O. Christlicher Glaube und nichtchristliche Religionen – Theologische Leitlinien, Hannover 2003, 13.

aus dem Judentum ist nicht zufällig, sondern bestimmt seine – und damit auf bestimmte Weise auch der Christen – Identität. Die katholische Kirche ist heute überzeugt, dass der Bund Gottes mit dem Volk Israel durch den in Christus begründeten „neuen Bund" nicht aufgehoben ist … Ein solches Verwandtschaftsverhältnis besteht zwischen Christentum und Islam nicht … Zwar gibt es eine Nähe zwischen beiden Religionen …, die schon daraus resultiert, dass Mohammed seine Lehre in der Auseinandersetzung mit der Kirche formulierte und dabei den Anspruch erhob, die Verkündigung Jesu von Verfälschungen der Christen zu reinigen. Die Beziehung zum Islam kann aber für die Kirche niemals eine konstitutive, theologisch im eigentlichen Sinne grundlegende Bedeutung erlangen."[21]

Kardinal Lehmann hat recht: Während sich das interreligiöse Gespräch zwischen Christen und Juden seit der späten Antike um die angemessene Auslegung desselben Buches dreht, geht es beim Gespräch zwischen Juden, Christen und Muslimen nicht um die Auslegung einer gemeinsamen Textgrundlage, sondern um den Anspruch, die richtige Offenbarung zu besitzen. Als historisch zuletzt entstandene Religion hat der Islam von Anfang an behauptet, dass die Textgrundlagen von Judentum und Christentum, also der „Völker des Buches", Ausfluss eines historischen Prozesses sind, der die offenbarte religiöse Wahrheit Gottes Gnade und Offenbarung zum Trotz systematisch verzerrt hat. „Aber wehe denen", heißt es in Sure 2,79, „die das Buch mit ihren Händen schreiben und dann sagen: Das ist von Gott her, um es für einen geringen Preis zu verkaufen." Den Christen aber wird gesagt: „Sprich: O ihr Leute des Buches, übertreibt nicht Eure Religion über die Wahrheit hinaus und folgt nicht den Neigungen von Leuten, die früher irre gegangen sind und viele irre geführt haben und vom rechten Weg abgeirrt sind", so Sure 5,77.

VI. Formen des interreligiösen Dialogs

Bezüglich des interreligiösen Dialogs zwischen den monotheistischen Religionen eröffnen sich demnach mindestens drei Optionen:

---

[21]   *Karl Lehmann:* Chancen und Grenzen des Dialogs zwischen den „abrahamitischen Religionen". In: *Benedikt XVI.:* Glaube und Vernunft. Die Regensburger Vorlesung. Kommentiert von Gesine Schwan, Adel Theodor und Karl Lehmann, Freiburg, 2006, 107 f.

1. Ein anspruchsloser Dialog, der weiter keinem Zweck als dem wechselseitigen Kennenlernen dient und ansonsten einer anspruchslosen Toleranz gilt, die sich auf nicht mehr verpflichtet, als auf Formen gewaltsamer Bekehrung zu verzichten.

2. Ein auf Respekt basierender und an der gemeinsamen Suche nach universalen moralischen und politischen Prinzipien interessierter Dialog, in dem es darauf ankommt, den moralischen und menschenrechtlichen Gehalt der historisch überkommenen monotheistischen Religionen zu entfalten. Dabei muß es dann aber auch möglich sein, die eventuell universalen Menschenrechten entgegenstehende Traditionen zu benennen und zu kritisieren.

3. Ein Dialog, dem es schließlich – durchaus auch im Hinblick auf die jeweils beanspruchte Wahrheit – darum geht, mit systematischen Gründen die Wahrheit der eigenen Überzeugung kontroverstheologisch zu erörtern.

Bei einer Bewertung dieser Dialogformen komme ich zu dem Schluss, dass die erste Form des Dialogs – Kennenlernen und das anspruchslose Beglaubigen von Toleranz und Gewaltverzicht – nicht nur überflüssig, sondern geradezu schädlich ist, suggeriert diese Form doch, dass eine auf Recht und Demokratie basierende Lebensform nur von außen ertragen, nicht aber von innen bejaht werden müsse; die zweite Form des Dialogs dürfte die der gegenwärtigen Situation angemessene sein, steht aber vor der Schwierigkeit, den Dialog vor dem Hintergrund nicht automatisch aus der theologischen Sache heraus resultierender Vorgaben führen zu müssen: so richtig es sein mag, dass der Begriff der „Menschenwürde" historisch irgendwie auf die in der Bibel bekundete Gottesebenbildlichkeit des Menschen zurückgeht, so sehr ist doch umgekehrt darauf zu beharren, dass es frühestens die Renaissance, spätestens die Aufklärung war, die einen wirklich gehaltvollen Begriff von „Menschenwürde" und Demokratie entfaltet hat. Eine gänzlich andere Schwierigkeit wirft die anspruchsvollste Form des Dialogs auf, nämlich die mit rationalen Argumenten zu führende kontroverstheologische Debatte um die Wahrheit des jeweils behaupteten Offenbarungskerns.

Ich schließe mit einem Beispiel: 1999 kam es auf dem Deutschen Evangelischen Kirchentag in Stuttgart zum Eklat. Die angesehene und traditionsreiche „Arbeitsgemeinschaft Juden und Christen" strich die Hälfte ihres Programms und drohte, ihre Mitarbeit ganz einzustellen, als sie von dem damaligen baden-württembergischen Landesrabbiner Joel Berger darüber informiert wurde, dass die württembergische Landeskirche eine Gruppe namens „Dienst an Israel" finanziell unterstützte, die es sich zum Ziel gemacht hat, vor allem ethnisch-jüdische, dem Judentum in seiner religiösen Form weitestgehend entfremdete Personen zum Christentum zu bekehren. Der Landesrabbiner ging damals so weit, diese Anstrengungen als eine Fortsetzung des Holocaust mit anderen Mitteln zu bezeichnen. Aber darum geht es nicht – worum es geht, ist, ob sich mit theologischen, mit rationalen Argumenten zeigen lässt, dass speziell diese Form der Mission nicht nur unfair, sondern der Sache nach überflüssig ist. Das zentrale Argument stammt von dem deutsch-jüdischen Philosophen Franz Rosenzweig, der 1913 unter Bezug auf das Johannesevangelium schrieb: „Es kommt niemand zum Vater – anders aber wenn einer nicht mehr zum Vater zu kommen braucht, weil er schon bei ihm ist. Und dies ist nun der Fall des Volkes Israel (nicht des einzelnen Juden)".[22] Dies bedeutet nichts anderes, als dass gebürtige ethnische Juden der christlichen Verkündigung nicht bedürfen. Dieser Auffassung vermochten sich auch noch 2003 die Verfasser/innen der theologischen Leitlinien nicht anzuschließen, heißt es doch dort, dass sichtbar werde, dass

„andere Religionen aufgrund anderer religiöser Erfahrungen Jesus nicht als Ereignis der Wahrheit anzuerkennen vermögen, in dem sich die Rettung der ganzen Welt vollzogen hat und vollzieht. Die bleibend schmerzende Urform dieses Gegensatzes ist die Ablehnung Jesu Christi als entscheidendes, Menschen errettendes Ereignis im Judentum.[23]

Ließe sich mit rationalen Argumenten darüber streiten, dass hier nicht Schmerz, sondern Freude angebracht wäre, nämlich darüber, dass sich der von Christen bekannte Gott einem Volk bereits zugewandt hat? Ist der bekundete Schmerz Ausdruck einer psychischen Verunsicherung, also eines Identitätsproblems oder Ausdruck einer begründeten theologischen Meinung? Diese Frage lässt sich hier nicht mehr beantworten – sie soll lediglich illustrieren, dass sich auf der Basis eines moralisch und politisch auf Respekt basierenden Toleranzverständnisses kontroverstheologische Debatten nicht nur führen lassen, sondern, dass sie womöglich der weiteren Selbstaufklärung der Religionen dienen können.

---

[22]   *Franz Rosenzweig:* Die Schrift. Aufsätze, Übertragungen und Briefe, Königstein 1976, 217.
[23]   A. a. O. Christlicher Glaube und nichtchristliche Religionen – Theologische Leitlinien, Hannover 2003, 14.

Religion im öffentlichen Raum – eine islamische Perspektive

Hamideh Mohagheghi[1]

Im letzten Jahrhundert war eine Zeitlang die Rede davon, dass die Religion im europäischen Raum keine Bedeutung mehr hätte und gar aufhörte zu existieren. Während das 20. Jahrhundert, nicht zuletzt durch „Religionskritik", in Verdacht stand, das Jahrhundert des Schwindens der Religion zu sein, ist an der Schwelle des 21. Jahrhunderts immer stärker die Rede von der „Wiederkehr der Religion". Der Begriff „Wiederkehr" erweckt den Eindruck, dass die Religion ganz verschwunden war und nun im Begriff ist, durch ihr Erwachen Menschen und Gesellschaften herauszufordern.

Der Säkularisierungsprozess hat zwar bewirkt, dass die Politik sich nicht mehr dem Diktat der Religion unterwirft, es ist aber eine Verkennung der Bedeutung der Religion, wenn man meint, dass die modernen Menschen und modernen Gesellschaften sich selbst genügen. Gesellschaft und Politik stehen nicht im luftleeren Raum, sie haben mit Menschen zu tun, und die Menschen sind Individuen mit persönlichen und gemeinschaftlichen Interessen und Überzeugungen. Diese sind entweder menschlicher Natur oder entstehen durch Lebensumstände: Jeder Mensch hat das Bedürfnis nach Sicherheit und Schutz und sucht nach Möglichkeiten, ohne ständige Angst leben zu können. Er hat das Bedürfnis nach einer gesicherten finanziellen Versorgung, die ihm ein menschenwürdiges Leben ermöglicht. Er hat gewöhnlich das Bedürfnis nach Gemeinschaft und Kommunikation mit anderen Menschen und Mitgeschöpfen. Er sucht nach Halt und Geborgenheit und erlangt Überzeugungen und Meinungen, die seine

---

[1] Hamideh Mohagheghi ist Mitbegründerin des islamischen Frauennetzwerkes Huda, ehemalige Vorsitzende der Muslimischen Akademie in Deutschland und Wissenschaftliche Mitarbeiterin am Zentrum für Komparative Theologie und Kulturwissenschaften für die islamische Theologie an der Universität Paderborn.

Handlungen begründen. Der Mensch lebt ständig in wechselseitigen Beziehungen mit sich selbst, mit anderen Menschen, mit anderen Lebewesen und mit allem, was existiert. Für diese Beziehungen sind Prinzipien und Regeln notwendig, die teils durch Erkenntnisse und Erfahrungen entstehen und teils Werte und Prinzipien sind, die allen Menschen bekannt und vertraut sind und u. a. auch transzendenten Quellen entstammen. Für viele Menschen ist der Glaube unverzichtbarer sinnstiftender Halt im Leben, er gibt ihnen Kraft, Zuversicht und Sicherheit, um im Leben voranzukommen. Diese Bedeutung des Glaubens ist nicht verloren gegangen, auch wenn die soziologische Betrachtung von einem Glaubensverlust spricht. Gewiss gibt es Wandel und Wandlung in der Glaubenspraxis – unterschiedlich in den Religionen – und ihre Anpassung an die Lebensrealität der Menschen; die Prinzipien und Werte der Religionen bestehen in der Regel weiterhin, auch wenn man nicht explizit von religiösen Werten spricht. Sie sind in den Kulturen eingebunden und prägen Menschen, ihre Haltungen und Handlungen.

Die Beziehung der Religion zu Gesellschaft bzw. Staaten war im Laufe der Geschichte vielschichtig und multiambivalent. In Europa wurde infolge der Aufklärung ein Prozess in Gang gesetzt, der die Macht der Kirche allmählich einschränkte und durch die Säkularisierung schließlich die Bindung des Staates an die Religion löste. Die Säkularisierung war ein Prozess der Verhältnisbestimmung zwischen Kirche und Staat und führte dazu, dass der Staat nicht mehr die Religion als Sinnstifter und Begründungsinstanz für seine Werte sah. Dieser Prozess war u. a. auch die Folge von Machtmissbrauch der Kirche und religiösem Fanatismus, die verheerende Glaubenskriege in Europa verursachten. Die dadurch entstandene Trennung zwischen Kirche und Staat ist eine klare Verhältnisbestimmung, durch die die Kirche keine staatlichen Funktionen mehr übernimmt und selbstbestimmende Überzeugungen und Aufgabenbereiche hat, die sie selbst definiert, organisiert und auch öffentlich verkündet. Der Staat wiederum bekennt sich zu keiner Religion, gewährt aber die Religions- und Weltanschauungsfreiheit seiner Bürger und Bürgerinnen.

Bedeutet diese Trennung tatsächlich Bedeutungslosigkeit der Religion? Bedeutet die Privatisierung des Glaubens, die in diesem Zusammenhang erwähnt wird, dass die Religion nur eine private Angelegenheit der einzelnen Menschen ist, die für den Halt im Leben sich nicht auf die Vernunft verlassen können und übernatürliche Kräfte brauchen, um glücklich zu werden? Wie weit ist das Konzept der Trennung zwischen Kirche und Staat auf andere Gesellschaften übertragbar, für die die Religion nicht zwingend durch eine Institution vertreten wird? Hat die Trennung zwischen Kirche und Staat bewirkt, dass die Religion ganz vom öffentlichen Raum verdrängt wurde und zu den gesellschaftlichen und politischen Diskussionen nichts mehr zu sagen hat?

In meinem Beitrag geht es darum, diese Fragen im Hinblick auf den Islam zu erörtern. Zuerst ist zu erwähnen, dass der Staat für seine Prinzipien und Werte auf Menschen angewiesen ist, die in diesem Staat leben. Diese Bedingtheit des Staates ist im viel zitierten Diktum des ehemaligen Bundesverfassungsrichters Böckenförde einleuchtend ersichtlich:

„Der freiheitliche, säkularisierte Staat lebt von Voraussetzungen, die er selbst nicht garantieren kann. Das ist das große Wagnis, das er, um der Freiheit willen, eingegangen ist. Als freiheitlicher Staat kann er einerseits nur bestehen, wenn sich die Freiheit, die er seinen Bürgern gewährt, von innen her, aus der moralischen Substanz des Einzelnen und der Homogenität der Gesellschaft, reguliert. Anderseits kann er diese inneren Regulierungskräfte nicht von sich aus, das heißt, mit den Mitteln des Rechtszwanges und autoritativen Gebots zu garantieren versuchen, ohne seine Freiheitlichkeit aufzugeben und – auf säkularisierter Ebene – in jenen Totalitätsanspruch zurückzufallen, aus dem er in den konfessionellen Bürgerkriegen herausgeführt hat."[2]

Die Freiheit des Staates, keiner Religion angehören zu müssen, ist der Garant für die Gewährung der Freiheiten der Menschen, unter ihnen auch der Religions- und Weltanschauungsfreiheit. Zu diesem Grundrecht gehört auch die Ausübung der Religion in der Gemeinschaft und im öffentlichen Raum. Damit kann man meinen, dass jegliche Diskussion über die Präsenz der Religiosität im öffentlichen Raum sich erübrigt, weil dies ein Menschen- und Grundrecht ist, das nicht ausgehöhlt werden kann. Die Trennung von Kirche und Staat ist nicht der Ausdruck einer Abneigung oder Anfeindung, vielmehr ermöglicht sie beiden durch Selbstständigkeit und Selbstdefinition, die eigenen Prinzipien zu bestimmen und aus diesen heraus zu handeln.

Das Neutralitätsprinzip des Staates befähigt ihn, die große Vielfalt der religiösen Deutungen und Verständnisse aufzunehmen und ihnen den nötigen Freiraum zu gewähren, ohne dass er selbst die Religionen und Weltanschauungen definiert und ihre Grundprinzipien bestimmt. Das heißt, dass der Staat nicht nur die Präsenz der Religion und Weltanschauung aushalten muss, er ist durch die Verfassung auch verpflichtet, mit allen Mitteln den Menschen zu ermöglichen, nach ihren Überzeugungen leben zu können, und zwar stets im Rahmen der rechtsstaatlichen Ordnung. Die Menschen sind Bürgerinnen und Bürger, die ihren Platz in der Gesellschaft haben und

---

[2] *Ernst-Wolfgang Böckenförde:* Staat, Gesellschaft, Freiheit, Frankfurt a. M. 1976, 60.

somit auch ihre Überzeugung – nach ihrer Selbstdefinition –, die im öffentlichen Raum sichtbar bleiben kann und darf. Jeder Mensch ist mehr oder weniger politisch, weil er irgendwie die Gesellschaft mitgestaltet, und dieser Mensch ist geprägt von seiner Überzeugung, Religion und Weltanschauung, die er in sich und mit sich trägt und nicht ablegen kann, wenn er den öffentlichen Raum betritt.

Die Präsenz des Islam in der säkularen Welt – Wahrnehmung, Probleme und Chancen

Die Rede von der Wiederkehr der Religion in Europa ist maßgeblich mit den negativen Erscheinungsformen der Religion verbunden, die die Öffentlichkeit und Politik herausfordern. Allen voran steht der Islam zur Debatte. Er steht in Verdacht, nicht kompatibel mit der modernen Welt zu sein, dafür sind oft folgende Argumente zu hören:

– Der Islam bestimmt alle Lebensbereiche akribisch und lässt den Menschen keine Freiheit, selbst zu entscheiden. Er schränkt die persönlichen Freiheiten, die durch Menschenrechte die Grundlage der Demokratie und Rechtstaatlichkeit bilden, ein.

– Er kann von seinem Wesen her einer Trennung von Staat und Kirche nicht zustimmen.

– Aufklärung ist dem Islam fremd, und diese ist nicht möglich, weil der Qur'an als Wort Gottes für alle Zeiten gültig und wörtlich zu verstehen ist.

– Die religiöse Praxis ist im öffentlichen Raum sichtbar und dies zeigt, dass die Muslime nicht fähig sind, sich der Moderne anzupassen, denn in der Moderne sind „Äußerlichkeiten", die religiös begründet werden, nicht mit Vernunft zu vereinbaren.

– Die Muslime können sich nicht von Zwängen befreien, die der Islam ihnen auferlegt.

Dies kann in einer Wahrnehmung subsumiert werden, die beschreibt, dass die Muslime verpflichtet sind, sich Gott zu unterwerfen und ohne Wenn und Aber sich den Geboten zu beugen, die ihr alltägliches Leben bis ins Detail bestimmen. Diese und weitere Wahrnehmungen, Verdächtigungen und Vorurteile stehen im Raum, wenn die Präsenz des Islam in der westlichen Welt beobachtet und diskutiert wird. Er wird vorwiegend als ein Problem gesehen, mit dem die westliche Welt fertig werden muss, wenn sie ihren Prinzipien nicht untreu werden will. Diese Wahrnehmung ist zum einen in den historischen Begebenheiten eingebettet und zum anderen ist sie die Folge der aktuellen weltpolitischen Lage, die meistens dahin gedeutet wird, dass der Islam ein Risikofaktor für die Sicherheit der Welt darstellt. Dass der Islam eine Weltreligion ist und Werte vermittelt, die auch heute gültig und anwendbar sind und sich teilweise nicht sehr von den jüdisch-christlichen Werten unterscheiden, wird meistens ausgeblendet.

Es ist nicht verwunderlich, dass in den letzten Jahren sogar die Politiker nicht müde werden, stets an die christlich-jüdischen Wurzeln Europas zu erinnern. Damit ist eine Abgrenzung gegenüber dem Islam zu verzeichnen, die sich auch in der Debatte um die Zugehörigkeit des Islam zu Europa widerspiegelt. Ohne den Anspruch zu erheben, dass der Islam kontinuierlich die europäische Geschichte beeinflusst hat, ist doch eine Erinnerung an einen Teil der Geschichte Europas notwendig, um darauf hinzuweisen, dass die heutige Wahrnehmung des Islam ein einschneidendes Revidieren benötigt. Dies kann ein Wegbereiter für die Anerkennung des Islam als ein positiver Teil der Gesellschaft sein, der in der gesellschaftlichen und politischen Mitgestaltung einen wertvollen Beitrag leisten kann.

Das europäische Mittelalter kannte und schätzte die Wissenschaften, die größtenteils mit den Muslimen nach Europa gekommen waren, in hohem Maße. Obwohl die Eroberungskriege der Muslime und Kreuzzüge der Christen für die Spannungen in den Beziehungen sorgten, hinderten sie die Wissenschaftler und Denker nicht an einer konstruktiven Zusammenarbeit. Die naturwissenschaftlichen Errungenschaften Europas wären ohne muslimische Wissenschaftler des Mittelalters nicht vorstellbar, ebenso wäre eine Aufklärung ohne Rezeption der antiken Philosophie, die ohne Mitwirkung der Muslime die mittelalterliche Denk- und Wissenschaftsfeindlichkeit nicht überlebt hätte, nicht denkbar. Die Erinnerung an diese Zeit kann uns helfen, das positive Potential der Religionen zu erkennen, wertzuschätzen und sie als Grundlage gemeinsamer Arbeit einzubringen. Sie kann ein Exempel dafür sein, dass es möglich ist, nach eigener Tradition und Eigenart zu leben und zugleich offen für andere Lebensformen zu sein, sie in ihrem Anderssein anzuerkennen und zu respektieren.

Was kann der Beitrag des Islam sein?

Ein sehr komprimierter Überblick über die islamischen Prinzipien soll an dieser Stelle verdeutlichen, ob und wie der Islam für unsere heutige Gesellschaft einen Beitrag leisten kann. Der Mensch ist im islamischen Verständnis Statthalter auf der Erde, er hat den Auftrag, zu seinen Lebzeiten die Schöpfung zu verwalten. Alles, was er auf dieser Welt besitzt, ist eine Leihgabe Gottes und vergänglich. Er ist nicht der Eigentümer, sondern Besitzer auf Zeit und hat die Pflicht, sorgfältig und bedacht mit diesem Besitz umzugehen. Die Schöpfung ist in „bester Form" erschaffen und der Mensch ist angehalten, diese zu schützen und unversehrt den nachfolgenden Generationen zu hinterlassen. Aus diesem Verständnis heraus ist er verpflichtet, achtsam, gewissenhaft und sorgfältig mit den Ressourcen umzugehen. Diese Verpflichtung gehört zu den fundamentalen Aufgaben des Menschen und kann für alle aktuellen gesellschaftlichen und politischen Entscheidungen als bindend betrachtet werden. Der Einsatz für Entfaltung, Wachstum und Fortschritt – immer mit dem Blick auf das Gemeinwohl und die Verantwortung vor Gott und der Schöpfung – gilt als Dienst an Gott.

Gott bezeichnet im Qur'an die Welt als „Haus des Friedens" (*darussalam*, Sure 10,25) und verspricht, denjenigen, die „Gutes tun", ein segensreiches und heilsames Leben auf dieser Welt und im ewigen Leben zu gewähren. Als „Gute" Handlung wird im Qur'an der Einsatz für Gerechtigkeit und Frieden genannt, und es wird an mehreren Stellen in unterschiedlichem Kontext erläutert, was damit gemeint ist: der Schutz des Lebens, Güte zu den Eltern, liebevoller Umgang und Fürsorge den Kindern gegenüber, Teilhabe an Leid und Schmerz der anderen, Einhaltung von Maß und Gleichgewicht in allen Bereichen sind einige der Maximen, die eine gute Tat bedeuten, die der Islam sehr hochschätzt (Sure 6,151–156; Sure 17,33–39). Diese Maximen des Islam sind Werte, die die Grundlagen einer Gesellschaft mitbestimmen können.

Die Wahrnehmung des Islam und damit verbundene Stolpersteine auf dem Weg zur aktiven Beteiligung der Muslime in der Gesellschaft

Viele Muslime sind – wie andere Menschen auch – politisch interessiert und sehen es als ihre Aufgabe an, in der Gesellschaft aktiv mitzuwirken. Die derzeitige Wahrnehmung des Islam lässt aber vielen Muslimen kaum Zeit und Raum, sich in den gesellschaftlichen und politischen Diskurs einzubringen. Das aktuelle Islambild, das ihn als Belastung und Problem sieht, verdrängt die Muslime nicht selten in die Rolle der Erklärer der Untaten anderer Menschen, die im Namen des Islam handeln oder deren Handlung dem Islam zugeschrieben wird.

Die Präsenz des Islam im öffentlichen Raum ist seit einigen Jahren mit Themen verbunden, die der Gesellschaft und Politik Probleme bereiten: das Kopftuch der muslimischen Frauen, Moscheebauten, Schächten, Einführung des islamischen Religionsunterrichts, Teilnahme der muslimischen Schülerinnen und Schüler am Sportunterricht und Klassenfahrten, Gebetsräume in den Schulen und Hochschulen, Beschneidungsdebatte und natürlich auch der religiöse Extremismus und die damit verbundenen Sicherheitsfragen. Die öffentlichen Debatten über diese Themen könnten als ein normaler Prozess betrachtet werden, wenn eine Gruppe von Menschen mit ihrer Lebensweise einen Prozess durchläuft, um in dieser Gesellschaft einheimisch zu werden, ginge damit nicht ständig die Angst vor einer „schleichenden Islamisierung Europas" einher.

Für viele Muslime ist der Glaube auch mit ritualisierten Handlungen verbunden. Es ist evident, dass diese Überzeugung nicht das öffentliche Leben zum Erliegen bringen darf, dafür gibt es theologische Wege und Möglichkeiten. Wie wichtig auch die täglichen Gebete sind und die Möglichkeit bestehen sollte, sie auch in einem öffentlichen Raum zu verrichten, muss die Theologie die Möglichkeiten eruieren, eine Variierung der Gebetszeiten anzubieten, wenn z. B. der Arbeitsablauf durch die normalen festen Gebetszeiten erheblich beeinträchtigt wird. Für die gesellschaftliche und politische Debatte darf die Frage nicht von Belang sein, ob das regelmäßige Beten in unserer Zeit notwendig und zeitgemäß ist – dies ist die Frage, die die Person bzw. die Religionsgemeinschaft zu klären hat – sondern welche Möglichkeiten können für Menschen geschaffen werden, die diese Überzeugung haben und auch danach leben möchten. Mit der Säkularisierung die Privatisierung des Glaubens begründen zu wollen, um die Erscheinungsformen der Religion aus der Öffentlichkeit zu verbannen, ist ein Versuch, der immer wieder von verschiedenen Seiten unternommen wird. Ebenso ist die Argumentation, die Räume des neutralen Staates, z. B. die staatlichen Schulen, müssten frei sein von religiösen „Symbolen" sowie Erscheinungsformen, die das Bekenntnis zu einer Religion ausdrücken, noch nicht ausdiskutiert. Diesbezüglich hat die Diskussion um das Kruzifix in den Schulklassen und noch härter das Kopftuch der muslimischen Lehrerinnen hohe Wellen geschlagen und zu gerichtlichen Entscheidungen geführt, die unterschiedlich gedeutet werden können und uns weiterhin beschäftigen werden.

Europa ist mit Recht stolz auf die Trennung zwischen Staat und Kirche, allerdings erweist sich die Erwartung, dass dies ein Vorbild für den Islam sein soll, als Missverständnis und Missdeutung. Wo es keine Kirche und kirchenähnliche Institution gibt, kann es weder Vermischung noch Trennung geben. Die Deutung, dass der Islam eine politische Religion ist, trifft zu in dem Sinne, dass der Islam sich nicht als politisches System und Modell versteht, sondern als eine Weisung und Orientierung, die auch für gesellschaftliche und politische Entscheidungen Werte und Prinzipien anbietet. Im Laufe der islamischen Geschichte hat es in den verschiedenen Gebieten und Zeiten unterschiedliche Gesellschafts- und Regierungsformen gegeben, darunter auch zahlreiche säkulare Formen. Der Islam bietet keine homogene Form für eine Regierung oder für die Führung eines Staates; er legt Prinzipien und Maximen fest, die in einer Gemeinschaft zu beachten und zu befolgen sind. Die qur'anischen Aussagen über die Gesellschaftsordnung gehen zuerst von einer Stammesgesellschaft aus, die in der Zeit und dem Raum der Offenbarung eine gelebte Realität war. Im Qur'an wird vorwiegend der Begriff *qaum* (Stamm) verwendet; damit ist eine „große Menge von Menschen gemeint, die innerhalb einer nach ungeschriebenen, stets aber gültigen und unverletzlichen Regeln strukturierten Gemeinschaft in gegenseitiger Abhängigkeit voneinander zusammenleben. Sie ist eine immanent verbundene Einheit".[3] Die Individualität spielte in dieser Gesellschaftsform keine Rolle. Weiter verwendet der Qur'an den Begriff *Umma* (Gemeinschaft), womit hauptsächlich die Gemeinschaft der Gläubigen einer Religionsgemeinschaft gemeint ist. Um Ordnung und Frieden in einer Gemeinschaft zu errichten und zu bewahren, wird der Begriff *hukm* verwendet; er bedeutet „auf Weisheit beruhtes Richten und Entscheiden mit göttlichen Anweisungen". Die Vorschriften, Bestimmungen, Grundsätze und Regeln heißen *ahkam* und umfassen gottesdienstliche Handlungen sowie die Regelung der zivilgesellschaftlichen Angelegenheiten und der Beziehungen zu weiteren Gemeinschaften und der Weltgemeinschaft. Auch die Worte *Ha'kim* (der Herrscher und der Regierende) und *Hukumat* (die Regierung) kommen aus derselben Wurzel und verweisen darauf, dass die Führung eines Staates in der Lage sein muss, vernünftige und weise Entscheidungen zu treffen. Außerdem ist im Qur'an das Prinzip der Beratung in den Vordergrund gestellt, und sogar der Prophet Muhammad wurde dazu aufgefordert, sich in gesellschaftlichen Angelegenheiten mit anderen zu beraten (3,159). Die qur'anischen Aussagen bieten ein Fundament für eine gerechte und friedliche Gesellschaft; es ist die Aufgabe der Menschen, dieses Fundament zu ergründen und es entsprechend der Bedürfnisse der Menschen und Realitäten der jeweiligen Zeit auszuformen und lebensfähig zu machen.

Der Prophet Muhammad hat bekanntlich auch als weltliches Oberhaupt der Gemeinschaft gehandelt. Dies war nicht seine Hauptaufgabe; er war auserwählt, um die teilweise vergessene Beziehung der Menschen zu Gott wiederherzustellen und sie an ihre Verantwortung als Statthalter Gottes auf Erden zu erinnern. Seine Aufgabe bestand nicht darin, nur sakrale Riten und Frömmigkeit einzuführen, sondern eine Gesellschaftsordnung zu schaffen. Er kritisierte den herkömmlichen Aufbau der sozialen Verhältnisse innerhalb eines Stammes, die zu Ungerechtigkeiten führten. Die

---

[3] *Abdul Djavad Falaturi:* Aufsatz „Beitrag zu Grundzügen der islamischen Geschichte", www.islamische-akademie.de, Abruf Januar 2013.

Enge des Stammes sollte zugunsten einer gerechten größeren Gemeinschaft überwunden werden. Dies ist das Ziel zahlreicher qur'anischer Stellen, die sich vehement für den Schutz der Schwachen, hilflosen Stammesangehörigen, der Waisen, Sklaven, Frauen und anderer Bedürftiger einsetzen.

Der Begriff „Reich Gottes" oder „Gottes Staat" kommt in der islamischen Terminologie nicht vor. Muhammad hatte als Ziel, eine Gesellschaftsform aufzubauen, die auf Gerechtigkeit und Ethik basierte, er hat diesbezüglich nicht von einem Gottesstaat gesprochen. Der Begriff Gerechtigkeit wird im Qur'an „in Bezug auf die menschlichen Beziehungen verwendet und ist ein weltlich-menschlicher vernünftiger Begriff [...] und impliziert mehr als ein moralisches Handeln anderen gegenüber".[4] Der Mensch wird niemals dazu in der Lage sein, einen Staat in vollkommener Form auf dieser Welt zu errichten, schon gar nicht einen sogenannten „Gottesstaat"; auch die Staaten, die den Anspruch erheben, ein islamischer Staat zu sein, verstehen sich selbst nicht im Sinne des Begriffs „Gottesstaat".

Die letzte Frage, ob die Trennung zwischen Kirche und Staat bewirkt hat, dass die Religion ganz vom öffentlichen Raum verdrängt wurde und in den gesellschaftlichen und politischen Diskussionen nichts mehr zu sagen hat, ist mit einem klaren Nein zu beantworten. Die einzelnen Kirchen vor Ort, die Deutsche Bischofkonferenz und die EKD – um einige Beispiele zu nennen – wirken mit Stellungnahmen, Handreichungen und auch persönlicher Präsenz beispielsweise in Ethik-, Rundfunk- und Fernsehräten aktiv mit, und dies ist zu begrüßen, denn die Religion ist nicht nur für das Seelenheil der einzelnen Menschen zuständig, sie hat auch die Aufgabe, die Gemeinschaft mitzugestalten.

Die komplexen Fragen in einer globalisierten Welt können nicht mit einfachen Erklärungen beantwortet werden. Wir müssen uns gemeinsam diesen Fragen ehrlich stellen, verschiedene Erkenntnisse vernetzen und in einem dynamischen Prozess ständig nach Antworten und Lösungen suchen. Hierfür müssen die Menschen Vertrauen zueinander und eine gemeinsame Basis haben. Ein Zusammenwachsen der Religionen ist notwendig, um miteinander für die gemeinsamen Werte einzutreten. Dafür können die Religionen wertvolle Werte und Prinzipien anbieten und darüber hinaus den einzelnen Menschen Halt und Kraft zum Handeln spenden.

---

[4] *Mohammad M. Shabestari:* Der Islam und die Demokratie, Erfurt 2003, 22.

Theologie vor neuen Herausforderungen?

Religion und Religionen im öffentlichen Raum

Christian Polke[1]

Von der „Wiederkehr der Götter" ist in den letzten Jahren viel die Rede gewesen. Kaum eine Publikation zum Thema von Religion und Religionen im öffentlichen Raum kam ohne diese Reminiszenz an die berühmten Zeilen aus Webers Vortrag „Wissenschaft als Beruf" aus.[2] Doch ob die Götter wirklich wiederkehren oder ob sie einfach – wenngleich mehrheitlich unbeobachtet – nie weg waren, ist bereits umstritten. Für eine Antwort bedarf es vor allem der sozialwissenschaftlichen Analyse und Differenzierung. Unstrittig ist dabei, dass sich die mediale Aufmerksamkeit gegenüber dem Phänomen des Religiösen gewandelt hat, und dies nicht erst, aber doch verstärkt seit dem 11. September 2001. Das macht selbst vor dem Wissenschafts- und Politikbetrieb nicht halt. Jedenfalls können sich Theologen wie Religionswissenschaftler seitdem nicht über mangelnde Nachfrage an wissenschaftlicher Expertise beklagen. Zudem haben sich die Erfolgsaussichten von Forschungsprojekten, die sich mit der Verflechtung von Religion, Politik und kultureller Lebenswelt befassen, durchaus verbessert.[3]

Doch ungeachtet dieser teilweisen Verbesserung öffentlicher Wahrnehmung von theologischer Forschung, auch in Wissenschaftskreisen, stellt

---

[1]   Dr. Christian Polke ist wissenschaftlicher Mitarbeiter am Fachbereich Evangelische Theologie der Universität Hamburg.
[2]   Vgl. *Friedrich Wilhelm Graf:* Die Wiederkehr der Götter. Religion in der modernen Kultur, München 2004. Die berühmte Formulierung ist wiederzufinden in: *Max Weber:* Wissenschaft als Beruf, in: *Ders.:* Aufsätze zur Wissenschaftslehre, hg. von *J. Winckelmann,* Tübingen ⁶1985, 605.
[3]   Ein bekanntes Beispiel dafür ist das Exzellenzcluster „Religion und Politik" an der WWU Münster.

sich die Frage, ob die Konsequenzen aus der sog. „Rückkehr der Religionen" auf das politische wie zivilgesellschaftliche Feld bereits hinreichend erfasst sind. Die für lange Zeit unter westlichen Eliten vorherrschende Säkularisierungsgewissheit, wie sie selbst von Theologen geteilt wurde, ist zunehmend infrage gestellt worden. Dabei geht es für die theologischen Disziplinen als wissenschaftliche Reflexionsinstanzen religiöser Traditionen und Gemeinschaften nicht ausschließlich um juristische Belange. Die rechtliche Legitimität theologischer Fakultäten an staatlichen Universitäten und ihre Koexistenz neben religionswissenschaftlichen Einrichtungen ist – obgleich seit Ende der Weimarer Republik nicht mehr verfassungsrechtlich verankert – durch Staatskirchenverträge geregelt und auf absehbare Zeit gesichert. Mehr noch, in den letzten Jahren konnten deutliche Fortschritte in der Gleichbehandlung von jüdischen und muslimischen Religionsgemeinschaften erzielt werden, und dies trotz mancher, noch zu nehmender Hindernisse auf Seiten von Gesetzgeber und Religionsverbänden. Die Öffentlichkeit sollte jedenfalls ein starkes Interesse an der staatlich organisierten Ausbildung von Theologen haben, wenn ihr weiterhin an einer „Zivilisierung der Religion durch Bildung" liegt, ohne dass diese mit dem Neutralitätsgebot des Staates kollidiert.[4]

Gravierender für den gestiegenen Reflexionsbedarf in Sachen „Religion" dürfte der Umstand sein, dass sich die *religious literacy,* d. h. das religiöse Basiswissen von Bürgern und Entscheidungsträgern, im umgekehrten Verhältnis zur öffentlichen Aufmerksamkeit verhält. Das diesbezügliche Erfordernis von vermehrter Sachexpertise aus der Teilnehmer- wie aus der Beobachterperspektive dürfte daher außer Frage stehen. Eine Gefahr droht hierbei immer dann, wenn so getan wird, als gäbe es *den* religiösen Bürger oder Gläubigen, ganz unabhängig von anderen Identitätsmustern. Ein Resultat dieser Wahrnehmungsverzerrung ist dann die Überzeugung, wonach Religion alleiniges Kriterium für die Ausprägung eines normativen Lebensplanes sei. Daran hat gewiss auch die Theologie ihren Anteil, insofern sie bisweilen den Eindruck erweckt, als gebe es *die* Religion, *den* christlichen Glauben oder *das* muslimische Recht. Diese Kontextvergessenheit macht es nicht einfacher, das ohnehin immer noch schwierige Verhältnis zwischen bekenntnisgebundenen und nichtbekenntnisgebundenen religionsbezogenen Wissenschaften[5] zugunsten von Interdisziplinarität zu verbessern. Dabei ist der Bedarf an interdisziplinärer Religionsforschung groß.

---

4 Vgl. *Rolf Schieder:* Sind Religionen gefährlich? Berlin 2008, 274 ff.
5 Um der wissenschaftstheoretisch problematischen Unterscheidung von Theologien und Religionswissenschaften durch die Attribute von „positionell" und „neutral" zu entkom-

Wenn dagegen immer noch Stimmen zu hören sind, die der Theologie ihre Wissenschaftlichkeit und somit ihren Platz an der Universität bestreiten wollen, dann belegt dies nur, wie rückständig selbst wissenschaftstheoretische Debatten sein können.[6] Ohne die notwendige Produktivität von Auseinandersetzungen in Abrede zu stellen, dürfen diese nicht den Eindruck bloßer „Erbschaftsstreitigkeiten" erwecken.

„Religion" lässt sich jedenfalls nicht als Singular begreifen, was nicht heißen muss, dass es keine „Familienähnlichkeiten" (Wittgenstein) zwischen religiösen Traditionen gäbe. So wichtig das symbolische Vokabular der einzelnen Glaubensüberzeugungen ist, so wenig lässt sich Religion – unabhängig vom Grad ihrer Institutionalisierung – ohne ihre Trägersubjekte verstehen. Woraus sich ein Glaube speist, welche Gründe und Motive ihn leiten, all das sind die Fragen, die für die Theologien als Instanzen kritischer Selbstbeobachtung von Religionen ausschlaggebend sind. Deren gesellschaftliche Relevanz lässt sich selbst religionskritischen Skeptikern aufzeigen.

1. Zur religiösen Lage der Gegenwart – eine Bestandsaufnahme

Eine zeitgemäße Bestimmung der Aufgaben von theologischer Wissenschaft und Forschung kommt nicht ohne Charakterisierung der religiösen Gegenwartslage aus. Die kulturellen und politischen Herausforderungen

men, lehne ich mich an Formulierungen des Deutschen Wissenschaftsrates an, wie er sie in seinen *Empfehlungen zur Weiterentwicklung von Theologien und religionsbezogenen Wissenschaften an deutschen Hochschulen* gegeben hat. Dabei ersetze ich das dort zur Kennzeichnung der Differenz verwendete Attribut „bekenntnisneutral" durch „nichtbekenntnisgebunden". Man könnte auch von „theologischer" und „nichttheologischer" Religionsforschung sprechen. Wichtig ist, dass die Charakterisierungen des Wissenschaftsratspapiers sich auf die rechtliche Dimensionierung des Bekenntnisbegriffs beziehen, was etwas anderes ist als die theologische Frage, ob sich die Theologie als eine im Wesentlichen an ein bestimmtes und fixiertes Bekenntnis gebundene Wissenschaft verstehen sollte. Zur Problematik des letzteren aus protestantischer Sicht: *Michael Moxter:* Theologie als bekenntnisgebundene Glaubenswissenschaft? Ein Kommentar, in: Organisationsrechtliche Fragen der Theologie im Kontext moderner Religionsforschung, hg. von *Hans Michael Heinig/Hendrik Munsonius/Viola Vogel,* Tübingen 2013, 23–33.

[6] Gerade weil unter spätmodernen Bedingungen eine einzelne Wissenschaft keinen Anspruch auf das Deutungsmonopol von Wissenschaftlichkeit haben kann, zeigt jedwedes Bemühen um ein solches die noch ausstehende Einsicht in einen „nicht-absolutistischen, depotenzierten Wissenschaftsbegriff". Vgl. *Hans M. Baumgartner:* Erwartungen an die Theologie als Universitätsdisziplin. Aus der Sicht eines Philosophen, in: *Albert Franz* (Hg.): Bindung an die Kirche oder Autonomie? (QD 173), Freiburg i. Br. 1999, 30–43, 33.

betreffen nicht nur das öffentliche Wirken der Religionsgemeinschaften, sondern prägen zu einem guten Teil die theologische (und religionswissenschaftliche) Agenda. Drei Gesichtspunkte scheinen mir mit Blick auf unsere mitteleuropäische Situation besonders relevant:[7]

1. *Zur Dialektik*[8] *der Säkularisierung.* Das letzte Jahrzehnt hat in den Sozialwissenschaften zu einem Paradigmenwechsel geführt: die Abkehr von der Überzeugung, mit zunehmender gesellschaftlicher Modernisierung ginge automatisch der Einfluss und die Plausibilität von Religion auf die persönliche Lebensführung und im öffentlichen Raum zurück. Die damit verbundenen Irritationen äußern sich nicht selten im Verdacht, Europa, der angebliche Zivilisationsmotor, sei in Sachen Religion die große Ausnahme vom gegenläufigen „globalen Trend". „Die Welt wird immer religiöser, nur wir nicht", heißt es dann. Auch hierzulande darf die Tatsache, dass die beiden großen christlichen Kirchen zwar weiterhin unter Mitgliederschwund leiden, nicht darüber hinweg täuschen, dass ihr Einfluss in Zivilgesellschaft und Politik nach wie vor beachtlich ist und als solcher auch wenig infrage gestellt wird. Wie sich dies bei einer stärkeren Gleichbehandlung muslimischer Organisationen möglicherweise ändern würde, ist eine offene Frage. Zu stark sind mitunter die (politischen) Verunsicherungen ob eines unverstellten, öffentlichen Bekenntnisses zur Religion.

2. *Lebensweltliche Globalisierung.* Globalisierung betrifft nicht nur die Interaktionen und Interdependenzen, die sich aus weltweiter Vernetzung u. a. religiöser Organisationen ergeben und die in interreligiösen Koalitionen bei moralischen Fragen und in gesellschaftlichen Konflikten immer häufiger in den Vordergrund tritt. Vielmehr findet sich die Pluralität von religiösen Lebensentwürfen auch verstärkt in der eigenen Lebenswelt vor. Das wird im Wesentlichen durch zwei Faktoren bedingt, der Zunahme von Migration und dem Siegeszug digitaler Medien einschließlich der dadurch verursachten,

---

[7] In ähnlicher Weise habe ich eine religionssoziologische Zeitdiagnose vorgenommen in: *Christian Polke:* Öffentliche Religion in der Demokratie. Eine Untersuchung zur weltanschaulichen Neutralität des Staates (ÖTh 24), Leipzig 2009, 27–46.

[8] Von „Dialektik der Säkularisierung" spreche ich an dieser Stelle, weil die Vielschichtigkeit des durch den Säkularisierungsbegriff Gemeinten in vielen Regionen zu einem nicht geringen Teil von gegenläufigen Tendenzen gekennzeichnet ist: Hierunter fällt die US-Situation mit ihrer strikten Religionsneutralität seitens des Staates bei deutlicher öffentlicher Präsenz der Religionen genauso wie das skandinavische Modell von säkularer Lebenseinstellung bei hoher Kirchenmitgliedschaft.

räumlichen und zeitlichen Entgrenzung von Informationsquellen und Kommunikationsschranken.[9] Somit wird die allgemeine Wahrnehmung von Religion vielfältiger, diffuser und zugleich bereitet es den gesellschaftlichen Steuerungsinstanzen von Recht und Politik deutlich mehr Schwierigkeiten, in den gesellschaftlichen Aushandlungsprozessen konfliktvermeidend zu agieren und dabei die Achtung der eigenen Neutralität in religiösen Fragen zu wahren.

3. *Individualisierung und Pluralisierung.* Der durch Internet und Migration mitverursachte Pluralisierungsschub auf dem religiösen Feld führt darüber hinaus bei den betroffenen Handlungssubjekten zu einer zunehmenden Individualisierung ihrer religiösen Einstellungen und Identitätsmuster. Mit den Stichworten von Individualisierung und Pluralisierung sollen zwei Seiten eines kulturellen und sozialen Wandels beschrieben werden, der sich nicht nur auf das „Religiöse" beschränkt. Individualisierung betrifft vornehmlich den religiösen Aspekt der Identität von Menschen. Häufig genug bleibt es hierbei bei sporadischen Äußerungen, die kaum mehr als ein Patchwork-Muster aufweisen. Mancher spricht in diesem Zusammenhang etwas abschätzig von „Cafeteria-Religion" (I. U. Dalferth). Was dabei fehlt, ist eine ernsthafte und zeitlich dauerhafte Auseinandersetzung mit religiösen Traditionen, zu der auch ein gesellschaftlich relevantes, religiöses Basiswissen (*religious literacy*) gehört. Pluralisierung hingegen zielt auf die öffentliche „Vielspältigkeit" (Troeltsch) und Vieldeutigkeit historisch gewachsener wie neu entstandener Religionskulturen. Pluralismus betrifft als generelles Merkmal kulturellen Lebens in modernen Gesellschaften ganz selbstverständlich auch das Binnenleben der Religionsgemeinschaften. Um des sozialen Zusammenlebens willen bedarf ein solch bunter Wertepluralismus allerdings eines minimalen, wenngleich harten Rechtsnormenkonsenses.

Am Ende meiner Überlegungen komme ich noch einmal auf die zugegebenermaßen allgemein gehaltenen Bemerkungen zurück, um mit ihrer Hilfe die inhaltlichen und organisatorischen Herausforderungen für Theologien und Religionswissenschaften im 21. Jahrhundert zu verdeutlichen.

---

[9] In diesem Zusammenhang einschlägig für die Zeitdiagnose sind die Arbeiten von *Hartmut Rosa* u. a.: Weltbeziehungen im Zeitalter der Beschleunigung. Umrisse einer neuen Gesellschaftskritik, Berlin 2012.

Der amerikanische Theologie David Tracy hat bereits Ende der 1960er Jahre auf die Pluralität von Öffentlichkeitsforen aufmerksam gemacht, in die sich Theologien als selbstkritische wie wissensaffine Reflexionsinstanzen religiöser Traditionen in pluralistischen Gesellschaften hineingestellt sehen. Nach Tracy partizipiert Theologie an mindestens drei Formen strukturierter Öffentlichkeit:

- Sie steht im Zusammenhang von *Ausbildung religiöser Berufsgruppen und der Generierung von Expertenwissen für Kirchen und Religionsgemeinschaften.*
- Sie findet sich als akademische Theologie im Hause der Wissenschaften wieder und muss sich damit auch in den *Wissenskosmos des in der Regel an Universitäten professionell erarbeiteten Forschungs- und Sachstandes* einfügen.[10]
- Beide Kontexte – kirchliche und universitäre – bilden nur einen Ausschnitt einer *größeren gesellschaftlichen Öffentlichkeit,* die sich der durch sie mitfinanzierten Wissenschaften durch *Expertise und Beratungskompetenz* zu bedienen weiß. Dies gilt nicht nur in politischer Hinsicht.[11]

Theologie muss für Tracy stets die Gestalt eines „public discourse" annehmen, ganz unabhängig davon, in welchem der drei Kontexte sie auftritt. Eine Ausrichtung auf weitestgehende Verständlichkeit und Transparenz ist daher von Nöten. Ohne dabei die von ihm vorgeschlagene Zuordnung von Fundamental-, historischer und praktischer Theologie auf die drei Formen der Öffentlichkeit übernehmen zu wollen, zeigt sich doch, dass Theologien als Reflexionsinstanzen religiöser Gemeinschaften und Traditionen naturgemäß mit unterschiedlichen Verantwortlichkeiten und Zumutungen verbunden sind. Es geht hierbei weniger um inhaltliche Spezifika als vielmehr um Sprach- und Argumentationsweisen, die dem jeweiligen Ort des Verantwortens religiöser und theologischer Rede gerecht werden muss. Dabei darf kein Verdacht eines anti-demokratischen Obskurantismus aufkommen, bei dem Theologen nur dann offen und ehrlich

---

[10] Gerade diese Einbindung ist für die Pluralismus- und Öffentlichkeitsfähigkeit moderner Religionsforschung erforderlich, weswegen hierin wissenschaftsintern die gewichtigsten Argumente für den Erhalt staatlicher theologischer Fakultäten und Fachbereiche im gesamtuniversitären Zusammenhang mit den anderen Disziplinen zu suchen sind.

[11] Vgl. *David Tracy:* The Analogical Imagination. Christian Theology and the Culture of Pluralism, New York 1987, 3–46.

sprechen, wenn sie sich des Erfolgs oder der Akzeptanz ihrer Position sicher wähnen. Denn Öffentlichkeit „entsteht aus dem Umstand, daß alle Formen assoziierten Verhaltens weitreichende und andauernde Folgen haben können, welche andere außer den direkt in sie Verwickelten einschließen".[12]

Die Vielzahl an zivilgesellschaftlichen Öffentlichkeiten, die sich überlappen können und die darum der rechtlichen und politischen Koordination bedürfen, betrifft demnach Religionsgemeinschaften, Theologien wie die Religionswissenschaften gleichermaßen. Zur Verantwortung von Religionen und Wissenschaften in pluralistischen Demokratien gehört deren affirmative Positionierung in den unterschiedlichen gesellschaftlichen Kontexten. An der Universität bedeutet das für die religionsbezogenen Wissenschaften nachgerade die Pflicht zum interdisziplinären Diskurs sowie die Anerkennung ihrer gesamtgesellschaftlichen Aufgaben über den Bereich der jeweiligen institutionellen Kontexte von Kirche und Forschungsbetrieb hinaus. Daran knüpft sinngemäß schon Kant in seinem berühmten „Streit der Fakultäten" an, wenn er die theologische Fakultät daran erinnert, dass sie sich in ihrer Auslegungskunst und in ihren Argumentationspraktiken der Einsichten anderer Disziplinen bedient, und wenn er ihre Aufgabe in der Ausbildung von Religionsgelehrten für das religiöse Leben der Bürger sieht.[13]

Die oben erwähnten zeitdiagnostischen Signaturen auf Herausforderungen betreffen somit eine Mehrzahl von Öffentlichkeiten, auf die sich die religionsbezogenen Wissenschaften von Theologie und Religionswissenschaft in unterschiedlicher Weise zu beziehen haben. Dies hat Auswirkungen nicht nur auf deren inhaltliche Agenda, sondern mindestens eben so sehr auf deren wissenschaftliches Selbstverständnis als auch auf die Gestalt ihrer Institutionalisierung. Für die christliche Theologie ist dies in einem nächsten Schritt zu zeigen.

---

[12] *John Dewey:* Die Öffentlichkeit und ihre Probleme. Aus dem Amerikanischen von *W.-D. Junghanns,* Bodenheim 1996, 37. Der Vorteil von Deweys Öffentlichkeitsbegriff ist der, dass er nicht mit einer invarianten Struktur von gesellschaftlichen Sphären arbeitet und somit ein prozedurales, weitgehend bestimmungsoffenes Verständnis von Öffentlichkeit erlaubt.

[13] So kommt es zum Streit zwischen theologischer und philosophischer Fakultät um die Methoden der Schriftauslegung. Man kann die Modellhaftigkeit dieses Vorschlags würdigen, ohne das kantische Konzept von „moralischer Vernunftreligion" oder dessen Transzendentalphilosophie übernehmen zu müssen. Vgl. *Immanuel Kant:* Der Streit der Fakultäten (1798), in: Kants Werke. Akademie Textausgabe Bd. VII, Berlin 1968, v. a. 21f.36–67.

Wenngleich die wissenschaftstheoretische Diskussion um Aufgabe und Wesen der Theologie verglichen mit anderen Fragestellungen noch sehr jung ist, so kann doch spätestens seit Friedrich Schleiermachers berühmter *Kurzer Darstellung* als weitergehender Konsens gelten, dass Theologie als „positive Wissenschaft" (vgl. KD § 1)[14] nicht ohne Bezug auf eine „bestimmte Glaubensweise", d. h. auf deren organisierte und institutionalisierte Gestalt gedacht werden kann. Als positionelle Reflexionsinstanz erwächst sie aus der Gegebenheit (Positivität) christlicher Kirchen und Konfessionen. Damit ist jedoch nur teilweise ihr Proprium erfasst. Denn Theologie erforscht nicht nur die historischen Bedingungen und gegenwärtigen Gestalten des Christentums; sie leitet zur verantworteten „Kirchenleitung" in Schule und Pfarramt (vgl. KD §§ 3–5) an und tut dies im wissenschaftlichen Gespräch (vgl. KD § 6) mit anderen Disziplinen im Hinblick auf die Zukunftsmöglichkeiten des Christentums. Gerade die beiden zuletzt genannten Aspekte verweisen auf die Relevanz der Binnenperspektive eigener religiöser Überzeugung und ermöglichen von daher die Unterscheidung gegenüber den komparatistisch oder analytisch verfahrenden Religionswissenschaften.[15]

Doch lässt sich Theologie als Wissenschaft vom Christentum noch unter einem anderen Gesichtspunkt verstehen. Denn das, was sich in der Geschichte als theologische Wissenschaft allmählich herausgebildet hat und was sein Profil im Rekurs auf Philosophie und später – in der Form der römischen Kanonistik – auch auf Jurisprudenz gewann, muss in einer bestimmten Hinsicht als spezifisch christlich gewertet werden. Das meint keinen Überbietungsanspruch, sondern verweist auf die Brisanz, die in der Tatsache liegt, dass bspw. in Judentum und Islam andere Techniken der Selbstreflexion des Überlieferungsbestandes vorherrschen. Solange man

---

14 *Friedrich Schleiermacher:* Kurze Darstellung des theologischen Studiums zum Behuf einleitender Vorlesungen (=KD), hg. v. *Heinrich Scholz*, Darmstadt 1969, 1.

15 Zur Unterscheidung und Beziehung von Theologie und Religionswissenschaft vgl.: *Reiner Anselm:* Beschreiben und Bestimmen. Die Theorie des Christentums und der Schwesternstreit zwischen Religionswissenschaft und Theologie, in: *Klaus Tanner* (Hg.): Christentumstheorie. Geschichtsschreibung und Kulturdeutung, Leipzig 2008, 131–149. Eine konstruktive Verhältnisbestimmung beider Wissenschaftsdisziplinen, welche den Fehler vermeidet, die Differenz von Beobachter- und Teilnehmerperspektive mit derjenigen von „Innen" und „Außen" gleichzusetzen, findet sich bei: *Michael Moxter:* Wozu braucht Theologie Religionswissenschaft?, in: *Stefan Alkier/Hans-Günter Heimbrock* (Hg.): Evangelische Theologie an Staatlichen Universitäten: Konzepte und Konstellationen Evangelischer Theologie und Religionsforschung, Göttingen 2011, 262–291. Moxters Vorgehen wünschte man sich analog auch von Seiten der Religionswissenschaften, gemäß der Frage: Wozu brauchen Religionswissenschaften Theologien?

sich nun in einem kulturell relativ homogenen Raum befand und den gleichen philosophischen Referenzrahmen teilte, stellte das für interreligiöse Dialoge kein Problem dar. Doch ist unsere heutige Situation davon radikal verschieden[16] und so wird die Frage nach einer interreligiös angelegten Wissenschaftstheorie religionsbezogener Wissenschaften akut.

Die Vielfalt an hermeneutischen Methoden von Schrift-[17] und Rechtsauslegung sowie von philosophischer Argumentation erfordert es, mit der Unterschiedlichkeit methodischer Vorgehensweisen nicht bereits die Wissenschaftlichkeit bestimmter Reflexionspraktiken infrage zu stellen. Was wir in meinen Augen brauchen, ist eine komparatistische Hermeneutik von Theologie (und Religionswissenschaften) als einem Bündel von Auslegungs- und Argumentationsmethoden, die jedoch nicht für sich den Anspruch einer Metatheorie erhebt, sondern sich ihrer eigenen Positionalität und damit Relativität bewusst bleibt. Vor diesem Hintergrund bestätigt sich nochmals, worin das Ärgernis einer andauernden Frontstellung von „bekenntnisgebundenen" und „nichtbekenntnisgebundenen" Wissenschaften von der Religion liegt. Statt weiter über die Berechtigung theologischer Fakultäten zu debattieren, sollten religionsbezogene Wissenschaften, viel stärker als bisher geschehen, Konzepte zur interdisziplinären Forschung und zur institutionellen Kooperation erarbeiten. Dies würde auch der Ausbildung von theologischem wie religionswissenschaftlichem Nachwuchs nachhaltig zugute kommen.

Worin die zukünftigen Aufgaben und Herausforderungen liegen könnten, zeigen – ganz diesseits der Möglichkeit von „Departments of Religious Studies", wie es sie in den USA gibt[18] – Bemerkungen Wolfhart Pannenbergs. Bereits 1977 verwies er in seinem Buch *Wissenschaftstheorie und Theologie,* ein Werk, das im Übrigen bis heute seinesgleichen sucht, darauf, im Zuge „des Wettbewerbs zwischen den verschiedenen Kulturen und Religionen der Menschheit [läge es] in Zukunft durchaus auch praktisch [nahe], mit entsprechenden Konsequenzen für die Wissenschaftsorganisation der Theologie auch in unseren Breiten"[19] zu rechnen. Wenn „dabei

---

[16] Deswegen ist Vorsicht geboten, wenn im jüdisch-christlich-islamischen Dialog auf mittelalterliche Streitgespräche rekurriert wird und diese als unmittelbar gegenwartsrelevant präsentiert werden.

[17] Einen informativen Überblick hierzu gibt der Sammelband: *Wolfgang Reinhard* (Hg.): Sakrale Texte. Hermeneutik und Lebenspraxis in den Schriftkulturen, München 2009.

[18] Darüber informiert: *Robert C. Neville:* Theological and Religious Studies in the United States, in: Evangelische Theologie an Staatlichen Universitäten (Anm. 15), 123–131. In den gelungenen Fällen vereinen sich Divinity Schools und Religious Studies Departements unter dem Dach einer Fakultät, um ihre wissenschaftlichen Aufgaben kooperativ und interdisziplinär besser wahrnehmen zu können. Dies hilft ersichtlich, gegenseitige Vorurteile abzubauen.

[19] *Wolfhart Pannenberg:* Wissenschaftstheorie und Theologie, Frankfurt a. M. 1977, 328.

der vergleichenden Religionswissenschaft größerer Raum zu gewähren ist als das bisher der Fall ist, so brauchte das, falls die Religionswissenschaft im oben skizzierten Sinne als Theologie der Religionen betrieben wird, keineswegs eine Preisgabe des eigentlichen Themas der Theologie zu bedeuten, lediglich seine Entkonfessionalisierung, wie sie im Interesse der Wissenschaftlichkeit ohnehin zu wünschen ist."[20]

Pannenbergs Überlegungen verdienen Beachtung, gerade weil er Theologie nach wie vor als ein normatives Unterfangen im Sinne des Wahrheitsanspruches einer bestimmten religiösen Tradition versteht. Wenn er in diesem Zusammenhang von „Entkonfessionalisierung" spricht, zielt er gewiss zunächst auf die innerchristliche Ökumene, was aber nicht ausschließt, den Bezugsrahmen stärker zu weiten; und zwar dann, wenn die Eigenbedeutung der darin miteinbezogenen „Konfessionen" und „Religionen" gebührend institutionell gewahrt bleibt. Doch liegt auf der Fluchtlinie dieser Überlegung noch ein Weiteres, nämlich die Frage, wie die real existierenden Religionswissenschaften hierin einbezogen werden könnten, ohne dass sie gleichsam unter der Hand theologisch normiert würden. Zum weltanschaulichen Pluralismus gehört jedenfalls nicht nur eine wachsende Zahl religiöser Traditionen, sondern ebenso sehr eine steigende Varianz von säkularen Überzeugungsgebilden.

Doch weder religiöse Pluralität noch aggressiver Weltanschauungsatheismus stellen gegenwärtig die größte Gefahr für einen kultivierten Umgang der Gesellschaft mit Religion dar. Vielmehr ist es die schleichende, religiöse Indifferenz, d. h. das, was man den Verlust einer elementaren „religious literacy" in Teilen der Bevölkerung nennen kann. Es geht also nicht um Missions- oder Evangelisationsstrategien, sondern um die Bedingungen für eine kluge religiöse und politische Urteilskraft, gerade auch bei den „religiös Unmusikalischen".

4. Konsequenzen: Theologie vor neuen Herausforderungen

Wenn es überhaupt zutrifft, dass Theologie vor neuen Herausforderungen steht, weil sich die gesellschaftliche Situation verändert, der kulturelle Wandel verstärkt oder wenigstens die Wahrnehmung beider intensiviert hat, dann sollte sie ihnen offensiv begegnen. Das bedeutet immer zweierlei: Prüfung des eigenen Selbstverständnisses und Arbeit an der Ausrichtung der theologischen Agenda. Von Vorteil ist, dass konfessionelle und religiöse „Theologien", aber auch Religionswissenschaften sich in der glei-

---

[20] Ebd.

chen Lage befinden. Obschon die Deutung bestimmter Prozesse und Krisen in der religiösen Lage der Gegenwart unterschiedlich ausfallen wird und von daher unterschiedliche Antworten auf neue Herausforderungen gegeben werden, zwingt dies doch zu gesteigerter Kooperation und zum wechselseitigen Austausch von Wissen und Kompetenz.[21]

Damit kehre ich zum Beginn meiner Ausführungen zurück. In vier Punkten soll abschließend etwas genauer auf den Handlungsbedarf eingegangen werden.

1. *Religious literacy:* Hierbei geht es nicht nur um die Verbreiterung des religiösen Basiswissens, wie ihn Verfechter eines überkonfessionellen oder interreligiösen Religions(kunde)unterrichts in Anschlag bringen. Auch würde man die Kompetenzen und Ressourcen universitärer Theologie bei weitem überschätzen, wenn man ihr auch noch die Vermittlung elementarer Grundkenntnisse bei der Ausbildung von theologischen Berufen auferlegen würde. So sehr jeder dort Lehrende um das Faktum weiß, dass immer weniger Vorkenntnisse aus der Schule mitgebracht werden, so wenig darf dies zuungunsten der Einübung wissenschaftlicher Selbstkritik führen. Demgegenüber meint „religious literacy" eine viel breitere Schärfung der religiösen Urteilsbildung und Urteilskraft, zu denen alle Bürgerinnen und Bürger, auch die säkularen, in multireligiösen Gesellschaften befähigt sein müssen. Mit Kant kann man vom Vermögen sprechen, sich in die Lage eines Anderen versetzen zu können,[22] auch dann, wenn man nicht oder anders glaubt. Seine Gründe vor seinem eigenen Wertehintergrund nachzuvollziehen, ist die Bedingung für gute und weiterführende Kritik. Dies gilt verstärkt für Geistliche und Religionslehrer. Von ihnen muss man ein Mindestmaß an religionssoziologischer Expertise ebenso abverlangen können wie die Lektüre etwa des Korans. Das zieht selbstredend Modifikationen der theologischen Ausbildungscurricula nach sich.

2. *Komparative Hermeneutik religionsbezogener Wissenschaften:* Eine Stärkung der „religious literacy" gelingt nicht ohne die Entwicklung einer komparativen Hermeneutik der verschiedenen Methodologien und Wissenschaftspraktiken von Religionsauslegung

---

[21] Ein Bespiel für die Produktivität dieses Wissenstransfers in beide Richtungen sind die gegenwärtigen Deutungen des Säkularisierungsbegriffs. Vgl. *Craig Calhoun, Mark Juergensmeyer* und *Jonathan Van Antwerpen* (eds.): Rethinking Secularism, Oxford/New York 2011.

[22] Vgl. die zweite der drei Maximen der vorurteilsfreien, erweiterten und konsequenten Denkungsart gemäß § 40 KdU: *Immanuel Kant:* Kritik der Urteilskraft, in: Kants Werke. Akademische Textausgabe, Bd. V, Berlin 1988, 294 f.

und Religionserforschung. Religionen stellen nicht nur kulturelle Hybridgebilde dar, die über die jeweiligen Traditionsgrenzen hinweg gemeinsame Mentalitäten und *shared values* generieren.[23] Ein produktiver Diskurs, z. B. über ethische Angelegenheiten darf zudem nicht ausschließlich um die inhaltlichen Positionen und Differenzen der Beteiligten kreisen, sondern muss sich um das Verstehen der argumentativen Wege, die dabei beschritten werden, bemühen. Es geht um eine Hermeneutik der Logik der jeweiligen Überzeugungsbildung und ihrer Plausibilisierung. Eine solche Hermeneutik meint demnach keine schlichte Fortsetzung des interreligiösen Dialogs mit anderen Mitteln. Auch ist sie nicht zu verwechseln mit dem Ansatz einer komparativen bzw. komparatistischen Religionstheologie. Vielmehr greift sie Jürgen Habermas' Forderung nach gegenseitiger Übersetzungsbereitschaft von religiösen und säkularen Stimmen im öffentlichen Diskurs auf, ohne sich einseitig am monolithischen Dual von religiös und säkular zu orientieren. Theologien und Religionswissenschaften kommen somit mehr denn je als hermeneutische Vermittlerinstanzen infrage.

3. *Ethische Orientierung:* In pluralistischen Gesellschaften, welche kulturelle Differenzen sensibel wahrzunehmen haben, wächst der Bedarf an ethischer Orientierung. Die Stabilisierung des demokratischen Grundkonsenses wird zu einer der heikelsten Angelegenheiten. Allerdings ist der Beitrag, den religiöse Überzeugungen hierbei leisten können, umstritten. Zwar gilt, dass „wir als Europäer Begriffe wie Moralität und Sittlichkeit, Person und Individualität, Freiheit und Emanzipation [nicht] ernstlich verstehen können, ohne uns die Substanz des heilsgeschichtlichen Denkens jüdisch-christlicher Herkunft anzueignen",[24] doch bildet dies nur ein Ferment unseres Wertekosmos, der unser Zusammenleben bewusst oder unbewusst

---

[23] Diese Überlappungen hinsichtlich kultureller Mentalitäten erhalten sich auch dann, wenn Gesellschaften säkular werden. Hans Joas spricht von einer „Persistenz religiöser, d. h. konfessionell geprägter Unterschiede über eine gewisse Zeit hinweg" (*Hans Joas:* Glaube als Option. Zukunftsmöglichkeiten des Christentums, Freiburg i. Br. 2012, 50), die als kulturelle Werte selbst bei durchgreifender Säkularisierung überdauern.

[24] *Jürgen Habermas:* Metaphysik nach Kant, in: *ders.:* Nachmetaphysisches Denken. Philosophische Aufsätze, Frankfurt a. M. 1988, 23. Aufschlussreich ist der Folgesatz: „Aber ohne sozialisatorische Vermittlung und ohne eine philosophische Transformation *irgendeiner* der großen Weltreligionen könnte eines Tages dieses semantische Potential unzugänglich werden; dieses muß sich jede Generation von neuem erschließen, wenn nicht noch der Rest des intersubjektiv geteilten Selbstverständnisses, welches einen humanen Umgang miteinander ermöglicht, zerfallen soll." (ebd.) Soweit ich sehe, hat Habermas an dieser Krisendiagnose festgehalten, sie in den letzten Jahren eher noch verstärkt.

prägt. Somit gilt es, die verschiedenen sozialmoralischen Ressourcen im Bewusstsein zu halten und sie nicht einseitig zugunsten eines scheinbar „neutralen", d. h. säkularen Vernunftethos zu vernachlässigen, das selbst kaum über abstrakte Formeln hinauskommt. Die Vielfalt an moralischen Ansichten und ethischen Argumentationsweisen muss schon unter demokratischen Gesichtspunkten im vorpolitischen Bereich wie in der aktiven Politikberatung repräsentiert werden. Auch Ethikkommissionen offenbaren hier dringenden Lernbedarf, wie zuletzt das Niveau der Beschneidungsdebatte im vergangenen Jahr gezeigt hat. Kirchen und Religionsgemeinschaften, vor allem aber ihre reflexiven Instanzen, die Theologien, müssen sich verstärkt nicht nur um die Darlegung der eigenen Positionen zu Fragen des guten und gerechten Lebens kümmern, sondern mehr noch der Verständigung über die religiös-philosophisch-kulturelle Vielfalt an Argumentations- und Begründungsformen dienen. Ihre genuine Fachkompetenz kann helfen, dass der demokratische Staat seine Neutralität in Fragen der Lebensführung in einem Höchstmaß sichern und ein tolerantes wie offenes gesellschaftliches Klima ermöglichen kann.[25]

4. *Gesteigerte Medienkompetenz:* Der rasante Wandel von Kommunikations- und Öffentlichkeitsstrukturen im vergangenen Jahrzehnt zwingt uns stärker als bisher, die Medien als Vermittlungsinstanzen von *religious literacy* und ethischen Orientierungswissen zu nutzen. Digitale Medien und soziale Netzwerke fordern alle gesellschaftlichen Institutionen, insbesondere aber Religionsgemeinschaften und Wissenschaften heraus, ihre hermeneutischen Methoden und Didaktik-Konzepte zu überdenken. Das bedeutet keinen Abschied von den herkömmlichen Medien und keineswegs den Verzicht auf leibliche Kopräsenz, deren Gewicht kaum zu unterschätzen ist. Aber eine zeitgemäße Mediendidaktik und Medienethik hat zu bedenken, dass bspw. Diskussionen im Netz anders verlaufen als in akademischen Seminaren, dass andere rhetorische Stilmittel eingesetzt werden und dass vor allem die Wahrnehmung und das Wissen von Religion insbesondere unter jungen Gebildeten sich vornehmlich über Internet und soziale Netzwerke aufbaut. Bedeutende Religionsforscher in Nordamerika, wie R. N. Bellah, P. L. Berger, Ch. Taylor u. a. nutzen

---

[25] Dies kann unter bestimmten verfassungsrechtlichen Bedingungen sogar mit der Implementierung rechtspluraler Strukturen verbunden sein. Vgl. hierzu: *Christian Polke:* Rechtspluralismus – ein Weg zur Integration religiöser Pluralität?, in: *Hans-Peter Großhans/Malte D. Krüger* (Hg.): Integration religiöser Pluralität. Philosophische und theologische Beiträge zum Religionsverständnis in der Moderne, Leipzig 2010, 57–74.

bereits Blogs als wissenschaftliche Austauschform, die durchaus ein beachtliches intellektuelles Niveau aufweisen.[26] Hierauf überhaupt nur ansatzweise reagiert zu haben, im Sinne einer Fortschreibung hermeneutischer Kompetenzen, tut jeder Wissenschaft gut, allen voran solchen, deren Inhalte mehr als nur auf Steigerung von Sachexpertise zielen, die als Orientierungshilfen die Stabilität (Identität) und Verbesserung (Fortschritt) individueller wie gesellschaftlicher Lebensoptionen befördern wollen.

Die gesellschaftlichen Herausforderungen von Theologien, die ihrer Verantwortung für ihre Zeit nicht ausweichen wollen, erfordern darüber hinaus ein Umdenken in der Wissenschaftsorganisation, der Curricula, der Einstellung der Kirchen und Religionsgemeinschaften zu ihren eigenen wissenschaftlichen Praktiken. Wenn Kirchen nicht zu *closed communities* werden und wenn Gläubige nicht dem Irrtum erliegen wollen, ihre eigene Überzeugung gliche einer inneren *black box*, dann wird die Weitergabe von Glauben nicht ohne Sprachfähigkeit und Sprachfertigkeit in der eigenen Tradition und gegenüber Anders- und Nichtgläubigen gelingen. Hierzu gehört auch ein Ethos des Sich-Infrage-Stellen-Lassen und der Revisionsbereitschaft durch fremde Traditionen und Kulturen. Wenn christliche Theologie bedeutet, im Wissen um die eigene Überlieferung und im Angesicht eines lebensweltlichen wie wissenschaftlichen Pluralismus reflektiert an der Zukunftsfähigkeit des Christentums zu arbeiten, und wenn dies sich sinngemäß auch für die Reflexionsinstanzen anderer Religionsgemeinschaften sagen ließe, dann steht jedenfalls fest: Diese Theologie muss, schon um ihres Auftrages willen, öffentliche Theologie sein.[27] Sie hat sich auf das Risiko und die Chance der Selbstrevision hin der öffentlichen Auseinandersetzung im Konzert der Meinungen zu stellen. Damit bezeugen sie in einer lebendigen Demokratie, dass Religionen um ihre gesamtgesellschaftliche Verantwortung wissen und dass zum Glauben selbst eine Verpflichtung zur Mitarbeit am Gemeinwohl gehört, und zwar über das eigene Seelenheil und das der Anderen hinaus. Einmal mehr erweist sich somit der alte Grundsatz einer „fides quaerens intellectum" (Anselm) als ungemein aktuell, steht doch am Anfang allen Mühens um Verständigung die Bereitschaft zum Verstehen, gerade über die tiefsten Glaubensunterschiede hinweg.

---

[26]   Man überzeuge sich selbst im Blog „The Immanent Frame. Secularism, religion, and the public sphere" unter: http://blogs.ssrc.org/tif (Stand: Mai 2013).

[27]   Einen guten Überblick über den Ansatz öffentlicher Theologie gibt: *Georg M. Kleemann: Mut zur Kooperation. Spannungsfelder und Zusammenhänge öffentlicher Theologie*, in: *Veronika Hoffmann/Ders./Stefan Orth* (Hg.): Unter Hochspannung. Die Theologie und ihre Kontexte, Freiburg/Br. 2012, 83–103.

Ökumenische Verstörungen[1]

Oder: Wozu müssen wir aneinander festhalten?

Eine Wasserstandsmeldung

Hinführung zum Beitrag „Ökumenische Verstörungen"

Ein Text, der so etwas wie eine „Wasserstandsmeldung" zum ökumenischen Gespräch machen will und dabei gleich im Titel von „ökumenischen Verstörungen" spricht, macht neugierig. Man erwartet, dass hier einmal nicht abgeklärt auf Ausgleich bedacht formuliert wird, sondern Fragen pointiert auf den Punkt gebracht und Probleme so benannt werden, dass man darüber – in Zustimmung oder Widerspruch – ins Gespräch kommen kann.

Was Wolfgang Vogelmann, Oberkirchenrat und Dezernent für Mission, Ökumene und Diakonie im Landeskirchenamt der Evangelisch-Lutherischen Landeskirche in Norddeutschland in Kiel, und Christoph Anders, Direktor des Evangelischen Missionswerks in Deutschland in Hamburg, zu Papier gebracht haben, war als Gesprächsimpuls für Beratungen im Ausschuss für Kirchliche Zusammenarbeit in Mission und Dienst (AKZMD) der VELKD und des DNK/LWB entstanden. Ausgangspunkt war die im Ausschuss oft ausgesprochene Wahrnehmung, dass es im ökumenischen Gespräch und der ökumenischen Zusammenarbeit der Kirchen zunehmend Spannungen und Konfliktpunkte gibt, die elementare Fragen nach der Zukunftsfähigkeit des ökumenischen Gesprächs und der ökumenischen Zusammenarbeit aufwerfen. Im Blick war dabei nicht so sehr das Gespräch zwischen der katholischen und den evangelischen Kirchen – obwohl auch dazu viel zu sagen wäre –, sondern der Kontext ökumenischer Netzwerke und Weltbünde wie auch die Partnerbeziehungen zwischen Kirchen im globalen Süden und Kirchen in Europa.

Der Text der beiden Autoren will keine abgewogene oder umfassende Analyse bieten, aber doch aus subjektiver Sicht Beobachtungen nennen, Fragen aufwerfen und Lösungsansätze andeuten und dabei – das ist besonders wichtig – auch nicht vor Zuspitzungen zurückschrecken. Vorgelegt ist nicht ein wohl abgewogenes Konsenspapier, sondern ein Impuls, der zum weiteren Nachdenken und Gespräch anregen soll.

Im Ausschuss für Kirchliche Zusammenarbeit in Mission und Dienst, in dem für Mission und Ökumene verantwortliche Leitungspersonen aus Kirchenämtern und Missionswerken der Mitgliedskirchen der VELKD und des DNK/LWB vertre-

---

[1] Zuerst abgedruckt in: VELKD-Informationen Nr. 139, Dezember 2013 bis März 2013, Amt der VELKD, Hannover, 7–16. Online: www.velkd.de/downloads/VELKD-Informationen-Nr_139_download.pdf.

ten sind, hat der Impuls der beiden Autoren eine ausgesprochen positive Resonanz gefunden und eine gewisse Tiefe und Qualität in unsere Diskussionen gebracht. Aus diesem Kreis kam auch die von den beiden Autoren zunächst nur widerstrebend aufgenommene Anregung, den Text auch einem größeren Kreis zugänglich zu machen.

Wir veröffentlichen diesen in einer Werkstattsituation entstandenen Text als einen Beitrag für die aus unserer Sicht dringend notwendige neue Diskussion um den Stand und die Zukunft der ökumenischen Gemeinschaft der Kirchen. Wenn die manchmal bewusst pointierten Formulierungen zu Widerspruch oder Zustimmung reizen, ist der damit einhergehende Erkenntnisgewinn doch ein erfreuliches und von diesem Text angestrebtes Ergebnis.

Klaus Schäfer

(Dr. Klaus Schäfer ist Direktor des Zentrums für Mission und Ökumene der Evangelisch-Lutherischen Kirche in Norddeutschland und Vorsitzender des Ausschusses für Kirchliche Zusammenarbeit in Mission und Dienst [AKZMD] der VELKD und des Deutschen Nationalkomitees des Lutherischen Weltbundes [DNK/LWB].)

Vorab

Wieder einmal ist es so weit: Der Ökumenische Rat der Kirchen lädt im Oktober/November 2013 Mitgliedskirchen und weitere kirchenbezogene Akteure aus der ganzen Welt zu seiner zehnten Vollversammlung nach Busan/Südkorea. Bereits jetzt zeichnet sich ab, dass im Vorfeld – neben Erwartungen an die Ökumene – Vorbehalte gegenüber dem bestehen, was die „Genfer Ökumene" in den letzten Jahren bewegt hat. Sicher werden die Debatten über den Stand der ökumenischen Bewegung und den Beitrag kirchlicher Akteure aus Deutschland an Intensität gewinnen und – für einen begrenzten Zeitraum – auch jenseits der Insider-Kreise auf Interesse stoßen.

Die folgenden Beobachtungen verstehen sich als Beitrag zu diesen Diskussionen und resultieren aus Erfahrungen, die die Autoren auf unterschiedlichen Foren gesammelt haben. Sie konzentrieren sich – ohne Anmerkungen und Literaturhinweise – auf ein begrenztes Spektrum von Entwicklungen, die allerdings weitreichende Folgen für die ökumenische Bewegung haben könnten. Eine weitere bewusste Entscheidung der Autoren liegt darin, sich aus ihrer deutschen Perspektive – also einem bestimmten kulturell, theologisch und historisch geprägten Kontext – zu Konstellationen in der internationalen Ökumene zu äußern.

Eine umfassende Analyse der ökumenischen Großwetterlage könnte sich hier anschließen. Sie hätte auch das Miteinander mit der römisch-katholischen Kirche, die Herausforderungen multireligiöser Gesellschaften für das christliche Selbstverständnis und manch anderen Aspekt zu beleuchten und eine auch andere Kontexte einbeziehende Perspektive zu wählen.

1. Annäherungen

1.1 Etwas irritierend und uneuphorisch fragend kommt der Titel daher. Dass „Ökumenische Verstörungen" und eine „Wasserstandsmeldung" zum Stand der ökumenischen Gespräche nebeneinander stehen, deuten Menschen am Wasser als ein Krisenszenario. Genauer: Wir nehmen die Tragfähigkeit der Basis weltweiter kirchlicher Gemeinschaften in den Blick. Denn die Beziehungen zwischen Kirchen in verschiedenen Weltgegenden sind vielfach Belastungsproben ausgesetzt. Darin sind mehr als krisenhafte Einzelfälle zu erkennen, nämlich die Herausbildung bzw. Verfestigung von bedrohlichen, weil potentiell Kirchengemeinschaften trennenden Konstellationen. Sicher: In nahezu allen Epochen der Ausbreitung des Christentums hat es neben erfreulichen Aufbrüchen auch Spannungen, handfeste Konflikte und Spaltungen gegeben. So sind auch heute Stimmen zu hören, die für Aufregung wenig Anlass sehen und dafür plädieren, angesichts sich akzentuierender Differenzen auf ökumenischen Weltbühnen eher Verbindendes in den Mittelpunkt zu stellen. Wir halten solche Positionen deshalb für problematisch, weil in ihrer Folge erodierenden Tendenzen nicht mehr die nötige Aufmerksamkeit geschenkt wird. Solange keine dramatischen Vorgänge anliegen, rangiert die gemeinsame Suche nach Ursachen und Konsequenzen ökumenischer Verstörungen eher auf den hinteren Plätzen kirchlicher Tagesordnungen. Dies ist aus unserer Sicht mindestens riskant, weil dem Ernst der Lage nicht entsprechend.

1.2 Die erste Weltmissionskonferenz in Edinburgh 1910 gilt als Geburtsstunde der modernen Ökumenischen Bewegung. Die beteiligten Akteure suchten nach verbindlichen Gemeinsamkeiten in der Mission, verorteten die bisherigen Grenzen der Verbreitung des Christentums und entwarfen optimistische Zukunftsszenarien. Im Rückblick auf das vergangene Jahrhundert zeigt sich, dass entscheidende Trends jenseits des damaligen Erwartungshorizonts lagen. Dazu zählt etwa die dynamische Beharrungskraft der großen Weltreligionen, die Ausbreitung bis dahin unbekannter Formen des Christentums, die Herausbildung unabhängiger (Missions-)Kirchen und ein Anwachsen nicht-religiöser Lebens- und Weltsichten.

1.3 Heute konstatieren wir die Verlagerung der Gravitationszentren des Christentums vom Norden in den Globalen Süden, blicken auf radikal veränderte kirchliche Landschaften. Unterschiedliche Entwicklungsdynamiken transformieren Weltchristenheit und Ökumenische Bewegung erheblich und führen zu inzwischen klarer erkennbaren Verschiedenheiten kirchlichen Lebens in den Regionen der Welt. Dieser Umstand ist an sich nicht neu und kein Rückschritt gegenüber einem „Goldenen Zeitalter" ökumenischer Gemeinsamkeit, das es als solches nie gegeben hat. Allerdings sind heute die Möglichkeiten der Kenntnisnahme von Verschiedenheiten deutlich gewachsen. Vieles deutet darauf hin, dass sich die Aufmerksamkeit nach Jahrzehnten der Profilierung weltweit verbindender Fragestellungen nunmehr stärker auf die Betonung der jeweils eigenen Kontexte richtet. Dabei drohen Gemeinsamkeiten aus dem Blick zu geraten, die nicht an einen bestimmten Kontext gebunden sind – und mit ihnen der Wunsch, gemeinsam etwas mehr und nachhaltiger zum Heil der Welt und dem Wohl der Menschen beitragen zu können.

1.4 Darüber hinaus ist zu beobachten, dass mit der Betonung der eigenen Kontexte häufig Festschreibungen von Fremdheiten verbunden werden, die auf gegenseitigen Zuschreibungen von Stereotypen beruhen (wie z. B. „aufklärerisch" gegenüber „vormodern"). Diese Zuschreibungen können genutzt werden, um bestimmte politische und gesellschaftliche Positionen durchzusetzen, die anderswo schon auf dem Rückzug sind. Derartige Erfahrungen und Erlebnisse von Fremdheit könnten dazu führen, dass die seit Edinburgh 1910 gestellte Frage nach dem, was die Kirchen weltweit „gemeinsam tun könnten und müssten", an Kraft verliert. Sprengte sie damals konfessionelle Engführung, so wünschte man sich heute ein hartnäckiges Werben für das Festhalten an verantworteter Gemeinschaft.

2. Vom Kehren vor der eigenen Haustür ...

Die aktuellen Herausforderungen absorbieren auch in den Kirchen vor Ort immer mehr Energien. Dies gilt weitreichend, selbst wenn Probleme in den Bereichen der Wirtschaft, des Sozialen und der Umwelt von Region zu Region (und in ihnen) erheblich differieren. Mit einigen Schlaglichtern versuchen wir dies anhand von Beobachtungen zu ausgewählten Regionen und Kirchen zu illustrieren – auch hier ohne einseitige Zuschreibungen vornehmen oder ein Gesamtbild der kirchlichen Lage vor Ort zeichnen zu wollen.

2.1 Am Beispiel von Tansania lässt sich zeigen, dass der Schuldenerlass 2000 mit dem daraus folgenden Aufbau von Bildungs- und Gesundheitswesen auch Kirchen in die Lage versetzte, Ausbildungsstätten und Krankenhäuser zu finanzieren. Gegenwärtig kann allerdings etwa die Evangelisch-Lutherische Kirche in Tansania (ELCT) diese Einrichtungen kaum mehr finanziell tragen. Dies zwingt die kirchlichen Träger zur Aufgabe des Engagements oder bindet Kräfte bei der Suche neuer Finanzierungen. Gemeinden sind dann häufig enttäuscht und Rückschläge bringen angesichts der Konkurrenzen zu anderen Denominationen und Religionen Begründungszwänge für Kirchenleitungen mit sich.

2.2 Wieder anders sind die Bedingungen in Brasilien, als einer der neuen „Gestaltungsmächte" (BRICS). Dort herrschen post-neoliberale Vorstellungen, nach denen staatlich gestützten Akteuren zentrale Verantwortung bei der Entwicklung der Gesellschaft hin zu mehr Gerechtigkeit zukommt. Für Gemeinden der Evangelischen Kirche lutherischen Bekenntnisses in Brasilien (IECLB), der größten lutherischen Kirche Lateinamerikas, wirken sich die erreichten wirtschaftlichen Verbesserungen bislang jedoch nur wenig aus. Sie ringen darum, ihre Position zu halten: zwischen der traditionell starken römisch-katholischen Kirche und den massiv gewachsenen (neo)pentecostalen „Mega-Kirchen", die in ihrer breit gefächerten Angebotsstruktur partiell einem postmodernen Zeitgeist zu entsprechen scheinen.

2.3 In einigen asiatischen Ländern ist für die Kirchen als religiöse Minderheiten das friedliche Zusammenleben mit den Mehrheitsreligionen von entscheidender Bedeutung. Ihre gesellschaftliche Aufgabe wird vielfach in dem Nachweis gesehen, dass ihre Lebensvollzüge im Kontext einer „guten Religion" dem friedlichen Zusammenleben vor Ort förderlich sind.

In Indien beispielsweise bestehen die Kirchen jedoch vorwiegend aus gesellschaftlich marginalisierten Gruppen. Sie sind deshalb häufig mit Spannungen konfrontiert, die sich aus der Infragestellung ungerechter gesellschaftlicher Machtkonstellationen durch die befreiende Kraft des Evangeliums ergeben. Das verfassungsmäßige Recht auf ungehinderte Religionsausübung muss hier immer neu erstritten werden, die Situationen von Bedrängung und Verfolgung nehmen offenbar zu.

2.4 Nochmals anders sind Situationen in Ländern Osteuropas, wo beobachtet wird, dass – sei es aufgrund der eigenen Geschichte, sei es als Reaktion auf die zunehmende Anpassung an westliche Lebensstile – manche Gesellschaften den Weg zu einem Typ der autoritären oder gelenkten Demokratie beschreiten. Dies prägt offenbar auch die Kirchen, denn in lutherischen Kirchen (etwa im Baltikum) nehmen – neben dem Fortbestehen kleiner Gruppen mit liberal offenen theologischen Prägungen – stark hierarchisierte und dogmatisch orthodoxe Strömungen im Gefolge der Einflussnahme fundamentalistischer Strömungen aus Amerika zu. Innerhalb einer Region lassen sich somit verschiedene Antworten auf gesellschaftliche Transformationsprozesse finden.

2.5 In Teilen Westeuropas ist ein Rückgang des Einflusses von christlichem Glauben und Kirchen sichtbar geworden. Dabei werden fundamentale gesellschaftliche Veränderungen oft mit Schlagworten wie Individualisierung, Säkularisierung und Bindungslosigkeit verbunden. Im Gegensatz zu Positionen, die hierin Prozesse sehen, die auch anderen Weltregionen bevorstehen, möchten wir deutlich machen, dass es sich hier um eine spezielle und regional begrenzte Entwicklung handelt, die aber zumindest einige westeuropäische Kirchen besonders angeht und engagiert. Die differenzierten Konstellationen in Westeuropa sind noch nicht einmal modellhaft für den „Globalen Norden", sondern stellen gegenwärtig eher einen weltweiten Sonderweg dar. Dieser erfordert jedoch spezifische Konzepte, um in zudem auch multikulturell werdenden Gesellschaften als religiöse Institutionen neben anderen die Menschen mit einer zeitgemäßen Verkündigung der Frohen Botschaft weiterhin erreichen zu können.

2.6 Dies gilt auch für die Entwicklungen in Deutschland. In EKD und Landeskirchen wurden Reformprozesse initiiert, die mit unterschiedlich profilierten Vorhaben auf neue Herausforderungen einzugehen versuchen. Im Kern dominieren institutionelle Aspekte, mit dem Ziel, sich durch Qualitätszuwachs zu profilieren und in komplexer gesellschaftlicher Gemengelage möglichst „gut aufzustellen". Kirchensteuern fließen trotz regionaler Unterschiede weiterhin in nennenswertem Umfang, Prozesse organisatorischer Umgestaltungen (z. B. Fusionen, Leitungsfragen, Management) sollen EKD und Landeskirchen stärken. Offene theologische Debatten werden geführt. Der Dialog mit „Kirchenfernen" und „Konfessionslosen" wird gesucht, ebenso wie mit den gesellschaftlichen Eliten. Vieles ist in Bewegung.

Andererseits nehmen irritierende Wahrnehmungen zu: Konstant setzt sich der Mitgliederschwund fort und schwächt die eigene finanzielle Basis sowie die kirchliche Position gegenüber anderen politischen Akteuren (Parteien, Gewerkschaften und staatlichen Stellen). Trotz bestehender Staatskirchenverträge werden von politischer und juristischer Seite vor allem die Staatsleistungen, arbeitsrechtliche Regelungen und seelsorgerliche Verschwiegenheit als Privilegien wahrgenommen, nicht aber als Rechte aufgrund des Status als Körperschaft. Gleichzeitig werden andere Religionsgemeinschaften zu Körperschaften öffentlichen Rechts neben den Kirchen. Solche Trends weisen hin auf den Verlust von gesellschaftlichen Zentralpositionen und sind verschiedentlich mit Kränkungserfahrungen verbunden.

2.7 Einerseits also institutionelle Normalität – andererseits in Frage gestellte Ansprüche, solche gegenläufigen Tendenzen lassen uns vermuten, dass sich in Deutschland die Position der Kirchen verändert. Dabei wird nicht über Relevanzverlust oder Relevanzgewinn entschieden. Doch erfordert diese Veränderung, dass die Kirchen sich nicht nur gegenüber den „weichen", soziokulturellen Veränderungen in der Gesellschaft positionieren, sondern auch gegenüber den „harten" Veränderungen in Wirtschaft und Politik, die beide gegenwärtig heftig miteinander um Vorherrschaft ringen.

Zwischenfazit: Die beschriebenen komplexen Situationen im Zusammenspiel von Kultur, Wirtschaft und politischen Verfassungen gewinnen an Dynamik und bestimmen die Diskussionen in Gemeinden, Synoden und Kirchenleitungen. Sie führen im Ergebnis zu einer Fokussierung auf die eigenen Probleme, zu deren Überwindung alle Kräfte gebündelt werden. Es trifft zu, dass jede Kirche ohnehin nur eine Provinz der Weltchristenheit abbildet – aber es scheint, dass viele Kirchen derzeit eher auf eigene Profilierungen setzen und dabei das Risiko des Provinzialismus in Kauf nehmen.

3. ... über den provozierten Blick in Nachbars Garten ...

3.1 Neben den Versuchen, sich auf komplexe eigene Hausaufgaben zu konzentrieren, kommt es immer wieder auch zu provozierten Blicken auf andere Kirchen. Durch deren (synodale) Entscheidungen aufgrund ihrer Konstellationen und Traditionen reagieren andere Kirchen verärgert. Es kommt zu „Verstörungen", ja heftigen Auseinandersetzungen zwischen den, aber auch innerhalb der Konfessionsfamilien. Gegenwärtig liegen die Schmerzpunkte bei unterschiedlichen Positionen zu (sozial)ethischen Fragen sowie Glaubens- und Frömmigkeitsformen. Beispielsweise werden Entwicklungen aus den Bereichen Sexualität und Lebensformen zur Ursache für Spaltungstendenzen und Verwerfungen – unabhängig davon, dass andere Stimmen darauf beharren, diese Themen würden die gemeinsamen Bekenntnisgrundlagen doch „eigentlich" nicht tangieren.

3.2 Dabei geraten mit den ethischen Differenzen dann doch theologische Grundsatzfragen, vor allem unterschiedliche Schriftverständnisse, in den Mittelpunkt der Auseinandersetzungen. Hier lassen sich u. a. folgende Süd-Nord-Fremdzuschreibungen feststellen: Für „den Norden" wird eine auch durch die historisch-kritische Forschung induzierte, distanzierte Beliebigkeit im Umgang mit Bibeltexten sowie eine Missachtung der Autorität der Heiligen Schrift konstatiert. Diese wird häufig mit Dekadenz, Traditionsvergessenheit und falscher Anpassung an einen destruktiven Zeitgeist konnotiert. Bisweilen kommen unter diesen Zuschreibungen Allianzen mit Gruppen aus anderen Regionen zustande, um Vorstellungen biblisch begriffener Nachfolge mehr Nachdruck und Geltung zu verschaffen. Diese Allianzen verstärken solche Urteile und Positionen.

Kirchen des Südens und des Ostens wird umgekehrt eine fundamentalistisch-gesetzliche Wörtlichkeit im Umgang mit der Schrift unterstellt, die „voraufkläre-risch" geblieben sei, sich mit konservativ-antimodernen Frömmigkeitsformen verbinde, sowie sich weitgehend reaktionären politischen Einstellungen vor Ort anpasse.

3.3 Es wird gegenwärtig in der kirchlichen Öffentlichkeit zu wenig miteinander über die Implikationen dieser Differenzen diskutiert und gestritten, ob und inwieweit die sogenannten fundamentalistischen Ansätze und Frömmigkeitsstile (z. B. in Pfingstkirchen und evangelikalen Strömungen) einerseits und die als aufgeklärt-postmodern und liberal verorteten Konstellationen andererseits jeweils durchaus angemessene und nachvollziehbare Reaktionen auf gesellschaftliche Problemlagen darstellen könnten:

So bieten in manchen Regionen die Kirchen mit einfachen Antworten klare (ethische) Orientierungen an in einer – nicht zuletzt durch Globalisierungsfolgen – unübersichtlich gewordenen und daher verunsichernden gesellschaftlichen Lage.

In anderen Regionen erweist sich die theologische und kirchliche Aufnahme von „Wohlstand" – als Vorgeschmack eines „Lebens in Fülle" – als kompatibel mit den Einstellungen einer jungen, urban geprägten neuen Mittelschicht, die an Gütern teilhaben möchte, die nun durch die Globalisierung erreichbar scheinen. Dadurch entsteht vielfach ein neues Selbstwertgefühl („empowerment") in Bevölkerungsgruppen, die zuvor von gesellschaftlicher Teilhabe ausgeschlossen waren.

Für andere Regionen macht es durchaus Sinn, eine Theologie und kirchliche Praxis zu pflegen, die sich dem/der einzelnen Gläubigen zuwendet, ihm/ihr die Gestaltung des Glaubens zutraut und weitgehend überlässt. Das entspricht der Situation in einer hochkomplexen Gesellschaft, die sich an Freiheit orientiert und einer kirchlichen Verortung, die sich vorrangig einer kulturell-ästhetisch sensiblen Mittelschicht als Adressaten verpflichtet weiß.

3.4 Statt sich auf den zugegeben mühevollen Weg wechselseitigen Verstehen-Wollens zu begeben, wird überprüft, wes Geistes Kind die jeweils anderen sind. Speziell von wachsenden Kirchen im Süden und dort v. a. in Afrika wird gegenüber den Kirchen des Nordens über die historischen Dominanzvorwürfe hinaus deren Kirchenprofil grundsätzlich in Frage gestellt. Neu sind dabei die veränderten Machtverhältnisse in weltweiten kirchlichen Gemeinschaften. Sie führen dazu, dass Positionen aus dem Globalen Süden nicht nur mehrheitsfähig, sondern auch als biblischen Maßstäben eher entsprechend angesehen werden. Vom Norden erfolgt reflexhaft der Vorwurf, sich den Anforderungen der Moderne zu verweigern, statt sich ihnen konstruktiv zu stellen. Versöhnte Verschiedenheit sollte anders aussehen, weniger misstrauisch daherkommen, aber Machtverhältnisse klar benennen.

3.5 Gegenüber diesen Themen tritt die Brisanz der bleibend nicht überwundenen, klassischen Differenzen entlang von Bekenntnis und Dogmatik in den Hintergrund. Sie stehen Koalitionen von Kirchen bei gleichen Interessen in anderen Bereichen nicht im Wege. Die römisch-katholische und orthodoxe Annäherung verdankt sich beispielsweise kaum gewachsenen dogmatischen Übereinstimmungen, sondern vergleichbaren Frontstellungen gegenüber negativen Einflüssen „der Moderne".

3.6 Wir fragen, ob aufgrund dieser beschriebenen Entwicklungen das Bewusstsein einer weltweiten zwischenkirchlichen Verbundenheit diffundiert und welche Form eine tragfähige kirchliche Gemeinschaft heute haben kann. Die kirchlichen Weltbünde haben dazu als historisch gewachsene Antworten unterschiedliche Ausgangspositionen, z. B. je nachdem wie verbindlich Gemeinschaft verstanden wird, welche Entscheidungsmodalitäten festgelegt sind. Gleichwohl drängt sich der Eindruck auf, dass sie nur begrenzt als Plattformen für den Austausch über stark divergierende Positionen dienen können. Denn sie geraten in kirchliche Auseinandersetzungen, die mit Hinweis auf Austritt, Geldentzug oder Diskussionsabbruch durchaus Züge einer kirchlichen Machtpolitik annehmen. In dem Powerplay spielen Finanzen und Mitgliedstärke sowie Mehrheits- bzw. Minderheitsposition in einer Gesellschaft eine erhebliche Rolle. So sind nicht nur die klassischen ökumenischen Kämpfe und Konkurrenzen, sondern eben auch die internen Spannungen gleichzeitig zu bearbeiten.

4. ... zur illusionären Zufriedenheit im eigenen Vorgarten

4.1 Mit einer rechtlich abgesicherten und ausdifferenzierten Form von Kirche sind die Landeskirchen in Deutschland und die EKD intern und weltweit profiliert. Lebensbegleitung, gesellschaftlicher Diskurs und starke Präsenz durch Dienste und Werke führen sie nahe zu den Menschen. Sie werden bei der Markierung von Fehlentwicklungen in der Gesellschaft durchaus aufmerksam gehört.

Zu ihrem Profil gehören zudem beachtliche Beiträge zu weltweit agierenden ökumenischen Zusammenschlüssen (z. B. GEKE, KEK, ÖRK, LWB, WGRK), die deren Strukturen stützen. Im Ergebnis ist eine deutliche Aufmerksamkeit und Kenntnis von Vorgängen in der weltweiten Christenheit in Teilen der deutschen Kirchen anzutreffen. Personelle Ausstattung, inhaltliche Kompetenz und finanzielle Stärke reichen aus, um auf internationalen Konferenzen markant zu agieren. Im eigenen Land und weltweit genießen sie Vertrauen.

4.2 Gleichzeitig lässt sich jedoch beobachten, dass in Teilen von EKD und Landeskirchen die Aufmerksamkeit für Vorgänge in anderen Regionen insgesamt abnimmt. Warum? Politische Befreiungskämpfe, in die auch Kirchen oder kirchliche Basisbewegungen involviert sind, lassen sich seit geraumer Zeit kaum mehr ausmachen – und internationale Debatten über die Legitimität rechtssichernder Gewalt gegen Unrechtsregimes zeitigen zwar Insiderkenntnisse, aber wenig Begeisterungspotential.

Prophetisch-anstößige theologische Entwürfe aus dem Globalen Süden sind seit der Ausdifferenzierung der Befreiungstheologie kaum entstanden bzw. hier nennenswert rezipiert worden. Ökumenische Stars, die früher Kirchentagshallen gefüllt haben, sind in die Jahre gekommen und haben einstweilen offenbar keine Nachfolger/innen.

Stattdessen verschaffen sich nunmehr theologisch-kirchliche Positionen internationales Gehör, die – wenigstens im volkskirchlichen Mainstream – als verstörend fremdartig festgestellt und im Gegensatz zu früheren „inspirierenden Impulsen aus der weltweiten Ökumene" als schwer anschlussfähig gewertet werden. Ein ÖRK, der sich seit Jahren um eine qualifizierte Mitwirkung „sperriger" orthodoxer Kirchen müht und zugleich im „weiteren ökumenischen Spektrum" um ein wachsendes Miteinander ringt, er kann – in einer zudem komplex gewordenen Weltlage – die prophetische Kraft früherer Dekaden derzeit kaum mobilisieren. Das führt mancherorts zu Kritik und Distanzierungen.

4.3 So ist es in gewisser Weise folgerichtig, wenn im Rahmen von Reformprozessen die Suchbewegungen nach Szenarien künftigen kirchlichen Lebens in der Regel als hausinterne Veranstaltungen organisiert werden. „Stimmen von außen" sind meist durch Vertreter/innen aus hiesigen nicht-kirchlichen Gesellschaftsfeldern besetzt. Es drängt sich der Eindruck auf, dass viele Veränderungsprozesse bei uns geplant und umgesetzt werden, ohne den Dialog mit Akteuren aus der weltweiten Ökumene zu suchen oder die intendierten Veränderungen gezielt in den Kontext der oben skizzierten Entwicklungen zu stellen. Von unseren Partnern werden substantielle Beiträge zur kirchlichen Lage bei uns – trotz anders lautender Rhetorik – faktisch kaum erwartet. Wenn sie gleichwohl erfolgen, (z. B. bei ökumenischen Visitationen) werden sie entweder euphorisch begrüßt oder als wenig fundiert bzw. randständig angesehen – in beiden Fällen aber nicht wirklich ernst genommen.

4.4 Antworten, die Kirchen in anderen Kontexten auf die Veränderungen in ihren Gesellschaften finden, werden hierzulande nur partiell, nämlich meist in Expertengruppen rezipiert. Dies hat einen Grund möglicherweise in der verbreiteten Einschätzung, dass unsere kirchlich-gesellschaftliche Lage so komplex ist, dass Lösungsmodelle anderer Kontexte nicht greifen könnten. Gleichzeitig aber scheinen hier gefundene Lösungen wohl geeignet, in andere Kontexte exportiert zu werden (wie z. B. die Diskussion um die Professionalisierung von Diensten zeigt.).

Daher fragen wir, ob in unseren Landeskirchen unterschwellig nicht doch in den ererbten Konstellationen von Mutter-Tochter-Kirchen gedacht und bisweilen auch gehandelt wird, ohne ausreichend zu realisieren, dass unsere Geschwister vielerorts theologisch-kirchliche Vorgaben aus Europa längst hinter sich gelassen haben (z. B. in Bereichen der theologischen Ausbildung). Könnte es also sein, dass sich Kirchen in Deutschland trotz des bekannten ökumenischen Engagements tendentiell selbstreferentiell zurückziehen und mögliche Erkenntnisgewinne aus weltweiten Diskussionszusammenhängen ausblenden? In vielen Kirchenverfassungen wird zu Recht auf die Verbindung von Kirchen untereinander hingewiesen – denn Kirche ist mehr als die regionale und lokale Gemeinde oder Kirchenprovinz. Kirche ist theologisch immer auf das Miteinander und die Gemeinschaft der Kirchen bezogen.

5. Wozu müssen wir aneinander festhalten?

5.1 Wenn man angesichts der so angedeuteten Situation nicht vor der Unterschiedlichkeit der Akteure, der Interessen und der unterschiedlichen Perspektiven und Bewertungen kapitulieren will, besteht ein Teil der ökumenischen Aufgabe derzeit wohl darin, die Bemühung um präzise Wahrnehmungen zu verstärken und die dann stärker konturierten Andersartigkeiten selbst zum Thema zu machen. Dies würde dazu führen, die aufgrund theologisch-kirchlicher Entscheidungen wechselseitig entstandenen und weiter entstehenden „Verstörungen", in geeigneter Weise öffentlich, als solche zu diskutieren. Das wird Mühe machen – denn die verschiedenen Kontexte und deren Plausibilitäten müssen aufeinander bezogen werden; man wird nicht von Beginn an das Ergebnis solcher Diskussionen festlegen können, also fordern sie auch Geduld. Es wird schmerzhaft sein, die im eigenen Kontext plausiblen Kirchenbilder von anderen in ihren Begrenzungen gespiegelt zu bekommen. Und selbst Brüche bleiben dabei möglicherweise nicht aus. Entscheidungen von Synoden aus Partnerkirchen werden nicht kommentarlos hingenommen werden, wenn sie im eigenen Kontext als untragbar erscheinen.

5.2 Wir sehen drei ekklesiologische Argumente für den „Mehrwert" derartiger Streitgespräche (z. B. im Lutherischen Weltbund): Erstens ein pragmatisches und funktional verwertbares Argument: Eine offene Diskussion führt zu einer klaren, nachhaltigen, kontextübergreifenden und international verständlichen evangelischen Profilierung. Das zweite Argument liegt auf der emotionalen Ebene: in der strukturierten Diskussion sind Verlässlichkeit und Verbindlichkeit die positiven Erträge. Das dritte Argument liegt auf institutionspolitischer Ebene: selbstkritische Debatten führen zu theologisch gewichtigen Einsichten in die Vorläufigkeit und Irrtumsfähigkeit des je eigenen kirchlichen Weges. Eine gewisse institutionelle Demut als Folge kritischer Diskussion mag darüber hinaus gerade bei jenen für Aufmerksamkeit sorgen, die mit Kirche wenig vertraut sind, aber Ehrlichkeit in der Suche nach Antworten und Wissen um Begrenztheit schätzen.

5.3 Ein solches Gespräch miteinander macht allerdings nur Sinn, wenn man auf die Frage „Wozu müssen wir aneinander festhalten?" überzeugende Antworten findet, die über funktionale Bestimmungen (Mitteltransfer für strukturelle und diakonische Hilfe) hinausgehen.

Wir meinen, als Christen/innen haben wir voneinander die gerade beschriebenen Prozesse zu erwarten: Denn wir wollen miteinander in der komplexen Welt für ein Leben auch der kommenden Generation einstehen, sozialkulturellen Folgen der Globalisierung begegnen und miteinander begründen können, warum Kirchen ihr Zeugnis und Dienst einerseits zeitgemäß verändern und andererseits manchem Zeitgeist gegenüber widerborstig bleiben.

Weder der vorab festlegende Verweis darauf, was kirchentrennend sei und was nicht, noch eine Strategie des gezielten Ausklammerns und Verschweigens der Konfliktthemen, noch vorschnelle Kompromissformulierungen können zu klaren Positionierungen von Kirchen führen. Es ist zu befürchten, dass der Hinweis auf die großen Herausforderungen der Menschheit, die auch von den Kirchen nur gemeinsam angegangen werden können (wie im Konziliaren Prozess für Gerechtigkeit, Frieden und Bewahrung der Schöpfung), in solchen Konfliktsituationen nicht wirklich weiter führt. Genauso wenig aber hilft die Versicherung, dass Christus uns Einheit und Gemeinschaft immer schon vorgibt. Dies ist als theologische Feststellung sicher zutreffend, bleibt aber für die umstrittene kirchliche Praxis zurzeit relativ folgenlos.

5.4 Erst nach solchen Diskussionen wird zu fragen sein, welche „Verstörung" wem zugemutet werden kann. Das heißt dann gegebenenfalls auch, dass Synodenentscheidungen anderer entweder akzeptiert werden oder die eindringliche Bitte um Korrektur bestehen bleibt. Wenn daran festgehalten wird, dass eigene Entscheidungen ausschließlich den internen Willensbildungsprozessen von kirchenleitenden Organen unterliegen und eine qualifizierte Infragestellung von außen nicht vorgesehen ist, drohen Formen verbindlicher ökumenischer Netzwerke zu erodieren.

Wir erkennen in Deutschland einen Wahrnehmungs-, Diskussions- und Handlungsbedarf in den Kirchen. Werden diese Themen nicht angesprochen, befürchten wir, ein Sinken des Grundwasserspiegels ökumenischer Gemeinsamkeit; nur in geteilter ökumenischer Verbundenheit werden Christen in der globalen Welt ein diese Welt betreffendes und sie veränderndes Zeugnis ausrichten können.

Gelegenheiten für solche Diskussionen bieten sich neben der oben erwähnten ÖRK-Vollversammlung in den kommenden Jahren auch bei der Vollversammlung der KEK. Darüber hinaus bieten Konsultationen, die im Horizont des Reformationsjubiläums 2017 nach den Impulsen durch die Reformation weltweit fragen, weitere Anlässe, sich über die Frage auszutauschen, ob wir Zeit, Energie und Kraft investieren wollen, um aneinander festzuhalten und „genügend Wasser im Brunnen" zu behalten.

Christoph Anders
Wolfgang Vogelmann

(Pfarrer Christoph Anders ist Direktor des Evangelischen Missionswerks in Deutschland. Pastor Wolfgang Vogelmann ist Oberkirchenrat und Dezernent für Mission, Ökumene, Entwicklungsdienst und Diakonie im Landeskirchenamt der Evangelisch-Lutherischen Landeskirche in Norddeutschland.)

Bericht über die 10. Vollversammlung der Gesamtafrikanischen Kirchenkonferenz

Vom 3.–9 Juni 2013 fand in Kampala/Uganda die 10. Vollversammlung der Gesamtafrikanischen Kirchenkonferenz (AACC) statt. Der Tagungsort war gewählt worden in Erinnerung an die förmliche Gründung der AACC vor 50 Jahren ebenfalls in Kampala. Mit ihren über 180 Mitgliedskirchen ist sie die größte und eine der ältesten regionalen ökumenischen Organisationen. Die Jubiläums-Vollversammlung stand unter dem Thema „Gott des Lebens, weise Afrika den Weg zu Frieden, Gerechtigkeit und Würde", in bewusster Parallele zum Thema der bevorstehenden Vollversammlung des Ökumenischen Rates. Unter den nahezu 1.000 Teilnehmenden waren neben den offiziellen Delegierten der Mitgliedskirchen auch Vertreter der afrikanischen Diaspora vor allem in den USA sowie von ökumenischen Partnerorganisationen, und ebenfalls 85 Studierende, die an einem begleitenden theologischen Seminar teilnahmen. Die Vollversammlung war vorbereitet worden durch ein fünftägiges Symposium in Nairobi im Dezember 2012 unter dem Thema: „Die Kirche in Afrika: Chancen, Herausforderungen und Verantwortungen", dessen Bericht der Versammlung von Dr. Agnes Abuom vorgelegt wurde.

Die ersten drei Tage des am 4. Juni begonnenen offiziellen Programms waren neben den Eröffnungsformalitäten, wie Grußbotschaften der Gastgeber und Berichten des Präsidenten und des Generalsekretärs, ausgefüllt mit einer Reihe von größeren Beiträgen zum Hauptthema der Versammlung. Zu den Referenten gehörten Mrs. Sekai M. Holland, Mitglied der Regierung von Zimbabwe mit Verantwortung nationale Versöhnung und Integration, und Prof. P. L. O. Lumumba aus Kenia. Beide betonten die unauflösliche Zusammengehörigkeit von Frieden und Gerechtigkeit und die bleibende Bedeutung der afrikanischen Ubuntu-Tradition. Prof. John Mbiti, einer der bekanntesten afrikanischen Theologen, sprach zum Thema „Leben in Würde in Afrika – theologische Perspektiven". Er zeigte anhand afrikanischer Schöpfungsmythen und Sprichwörter die enge Verbindung zur biblischen Tradition, welche die menschliche Würde begründet in der Erschaffung des Menschen zum Ebenbild Gottes. Der in seiner Zeit als Generalsekretär des ÖRK mit Afrika besonders verbundene Dr. Konrad Raiser war eingeladen worden, „ökumenische Perspektiven" zum Thema „Die Verpflichtung zu Einheit im Blick auf die Förderung von Frieden, Gerechtigkeit und Würde" zu skizzieren. Er nutzte die Gelegenheit, die Diskussionen im Vorfeld der kommenden Vollversammlung des ÖRK mit der Suche nach Frieden, Gerechtigkeit und Würde in Afrika zu verbinden.

Am vierten Tag teilten sich die Teilnehmenden auf in 14 Arbeitsgruppen, deren Themen einen umfassenden Überblick über aktuelle Probleme und Aufgaben kirchlich ökumenischer Arbeit für Frieden, Gerechtigkeit und Menschenwürde in Afrika geben. Als Beispiele seien genannt die Probleme von Menschenhandel, der Inklusion von Behinderten, die Herausforderung von HIV und Aids, Genderbezogene Gewalt sowie wirtschaftliche Gerechtigkeit und Armutsüberwindung, Transparenz und Haushalterschaft im Umgang mit Ressourcen, und schließlich die Rolle der Kirchen bei den Bemühungen um Frieden im Sudan, die Ausbreitung von Kleinwaffen und Sicherheit in Afrika und friedliche Koexistenz von Christen und Muslimen in Afrika und darüber hinaus. Die knappen und pointierten Berichte der Arbeitsgruppen wurden von der Versammlung entgegengenommen und an das neu gewählte General Committtee überwiesen als Grundlage für die Formulierung des Arbeitsprogramms der AACC in den kommenden fünf Jahren. Die Wahl des neuen General Committee war gut vorbereitet worden und vollzog sich in großem Einvernehmen. Auch der Präsident, der anglikanische Erzbischof von Tansania, Valentine Mokiwa und der Generalsekretär, Dr. André Karamaga, wurden für weitere fünf Jahre in ihren Funktionen bestätigt.

Zum Abschluss ihrer Beratungen nahm die Vollversammlung eine Botschaft an die Kirchen und die afrikanische Öffentlichkeit an, die im Rahmen des Jubiläumsfestes am letzten Tag feierlich verlesen wurde. Sie beginnt mit einem einleitenden Rückblick auf die wichtigsten Stationen der letzten 50 Jahre. Sie geht dann über zu einer kritischen Analyse der gegenwärtigen Situation von Kirche und Gesellschaft in Afrika und schließt mit einem auf den Schutz, die Vertiefung und die Feier des Lebens ausgerichteten Blick in die Zukunft. Der letzte Tag war reserviert für die Feier des 50-jährigen Jubiläums der AACC, die mit einem festlichen Gottesdienst begann. Unter den dann folgenden zahlreichen Ansprachen, Zeugnissen, und Grußbotschaften war auch eine Rede des Staatspräsidenten von Uganda Yoweri K. Museweni, der sich als ein mit der biblischen Tradition durchaus vertrauter kritischer Beobachter der Rolle der Kirchen in Afrika erwies.

Die AACC hat sich unter der Leitung von André Karamaga konsolidiert und zu neuer Geschlossenheit gefunden. Die Kirchen sind sich bewusst, dass sie dieses gemeinsame Instrument dringend brauchen für die notwendige Rekonstruktion Afrikas. Hinter dem Stichwort der „Würde" im Thema der Vollversammlung kommt, wenn auch auf verhaltene Weise, ein neues Vertrauen in die eigenen Kräfte der afrikanischen Kirchen zum Ausdruck. Natürlich bleiben sie auf die solidarische Unterstützung der ökumenischen Partner angewiesen. Aber Erfahrungen wie die Friedensvermittlung im Sudan stärken das Selbstbewusstsein und die Bereitschaft, den Herausforderungen für ein Leben in Frieden, Gerechtigkeit und Würde in eigener Verantwortung zu begegnen. Besonderes Gewicht liegt auf der Aus- und Weiterbildung von kirchlichen Führungspersonen. Das betrifft einerseits die theologische Ausbildung, deren Bedeutung durch ein gerade erschienenes, umfangreiches Handbuch über Theologische Ausbildung in Afrika unterstrichen wird, an dem eine große Zahl von afrikanischen Theologiedozenten mitgewirkt haben. Es gilt ebenso für die Weiterbildung von Personen mit kirchenleitender Verantwortung mit dem Ziel, die finanzielle Eigenständigkeit sowie die ökumenische Zusammenarbeit und wechselseitige Unterstützung der Kirchen zu stärken. In den letzten Jahren haben nach Angaben des Generalsekretärs bereits 400 Personen an solchen Weiterbildungen teilgenommen und die Früchte dieser Arbeit werden allmählich erkennbar. So eröffnete diese Jubiläums-Vollversammlung eine neue und hoffnungsvolle Periode der ökumenischen Bewegung in Afrika.

Konrad Raiser

Bischof i. R. Heinz Joachim Held zum 85. Geburtstag

Dr. Heinz Joachim Held feierte im Mai 2013 in Hannover seinen 85. Geburtstag. Bischof Held ist eine prägende evangelische Persönlichkeit in der Ökumene nicht erst seit den 1970 Jahren, der durch seine überzeugende theologische Irenik in vielen Kirchen weltweit bekannt und geehrt wird. Held wuchs in Essen-Rüttenscheid in einer evangelischen Pfarrersfamilie auf: sein Vater, Heinrich Held, war Mitbegründer der Bekennenden Kirche und eine führende Persönlichkeit des kirchlichen Widerstandes in der altpreußischen Kirche; er wurde 1949 zum ersten Präses der Evangelischen Kirche im Rheinland nach der Shoa gewählt. Seine Mutter, Hildegard Röhrig, sang mit ihren sechs Kindern täglich Choräle, so dass Heinz Joachim Held diese bis heute auswendig kann. In der Evangelischen Kirche in Deutschland wirkte er seit 1975 als Präsident des Kirchlichen Außenamtes in Frankfurt a. M.; schließlich leitete er von 1986 bis 1993 als Präsident die Hauptabteilung Ökumene und Auslandsarbeit im neu gebildeten Kirchenamt der EKD in Hannover. 1991 wurde ihm die Amtsbezeichnung Bischof übertragen.

Held konnte in seinem weiten ökumenischen Wirken auf vielfältige Erfahrungen in Deutschland und im Ausland aufbauen: nach dem Studium der Theologie war der Stipendiat des ÖRK in Austin/Texas/USA und wurde im Neuen Testament in Heidelberg promoviert. Von 1964 bis 1968 war er Professor für Systematische Theologie an der Lutherischen Hochschule in José C. Paz bei Buenos Aires in Argentinien und von 1968 bis 1974 Kirchenpräsident (Bischof) der Evangelischen Kirche am La Plata mit den Gemeinden deutscher Sprache und Herkunft in Argentinien, Paraguay und Uruguay. Aufgrund seiner Erfahrungen v. a. auch als Bischof während der Diktatur in Argentinien, war er ein gesuchter und anerkannter Dialogpartner für die orthodoxen Vertreter bei den bilateralen Dialogen der EKD mit der Russisch-Orthodoxen Kirche, dem Ökumenischen Patriarchat und der Rumänisch-Orthodoxen Kirche sowohl vor 1989 als auch nach 1990. Die Ökumene- und Auslandsarbeit der EKD entfaltete sich während seines Dienstes in voller Blüte und trug maßgeblich zum Bekanntwerden der EKD im Ausland bei.

Eine Predigthilfereihe, die Held in den 1970er Jahren mit herausgegeben hatte, trägt den bezeichnenden Titel „Hören und Fragen". Bischof Held hat eine außerordentliche Gabe zuzuhören und sein Gegenüber auch dank seiner Mehrsprachigkeit so zu fragen, dass spürbar wird, worauf sich unser Leben und unser Glauben gründen.

Ad multos annos, lieber Bruder Hajo Held!

Johann Schneider

*(Propst Dr. Johann Schneider ist
Regionalbischof des Propstsprengels Halle Wittenberg.)*

In Memoriam: Emilio Castro (1927–2013)

Am 6. April 2013 starb kurz vor der Vollendung seines 86. Lebensjahres Dr. Emilio Castro in seiner Heimat in Uruguay. Die Nachricht von seinem Tod wurde in der weltweiten ökumenischen Gemeinschaft mit Bewegung aufgenommen. Viele seiner Freunde und Weggefährten aus allen Teilen der Welt würdigten ihn als eine der großen Persönlichkeiten in seiner Generation, die das Streben nach christlicher Einheit im gemeinsamen Zeugnis für das Evangelium in Wort und Tat verkörperte.

Emilio Castro wurde in einer Arbeiterfamilie am 2. Mai 1927 in Montevideo geboren. Schon von seinem 9. Lebensjahr an war er aktiv im Leben seiner Methodistischen Kirche. Von 1944–1950 studierte er Theologie an der Evangelischen Fakultät in Buenos Aires. Daran schloss sich eine erste Zeit als methodistischer Pfarrer in Trinidad und Uruguay an. 1953/4 war er der erste junge Theologe aus Lateinamerika, der bei Karl Barth in Basel studierte. In den folgenden drei Jahren war er Pfarrer in La Paz, Bolivien. 1957 wurde er zum Pfarrer der ersten Methodistischen Gemeinde in Montevideo berufen und wurde bald zu einem der führenden Sprecher des Protestantismus in Lateinamerika. Das fand seinen Ausdruck in der Berufung zum Koordinator der „provisorischen" Kommission für evangelische Einheit in Lateinamerika (UNELAM), eine Funktion, die er von 1965–1973 ausübte. In der Periode der internen sozialen und politischen Konflikte in seinem Heimatland Uruguay in den 70er Jahren des letzten Jahrhunderts wirkte er als Mittler des Dialogs zwischen den verfeindeten Gruppen und trat für Frieden und Gerechtigkeit ein inmitten von Konflikt und Gewalt.

Im Jahr 1973 wurde Emilio Castro als Nachfolger von Philip Potter zum Direktor der Kommission für Weltmission und Evangelisation des Ökumenischen Rates der Kirchen berufen. Was ihn für diese Aufgabe prädestinierte, war mit den Worten von Bischof Leslie Newbigin „die Begeisterung im Vertrauen auf das Evangelium und das entsprechende Verlangen, es weiter zu geben; eine brennende Leidenschaft für die Opfer öffentlichen Unrechts; die pastorale Anteilnahme am persönlichen Leben einzelner Menschen und ein übersprudelnder Sinn für Humor". Unter seiner Leitung fand 1980 die Weltmissionskonferenz in Melbourne statt unter dem Thema „Dein Reich komme!", ein Thema, das für sein Verständnis von Mission zentral war. In seiner 1984 von der Theologischen Fakultät in Lausanne angenommenen Dissertation hat er seine Überzeugungen von „Mission und Einheit im Blick auf das Reich Gottes" entfaltet (s. *Emilio Castro:* Zur Sendung befreit. Frankfurt a. M. 1986).

Seine intensiven Bemühungen um eine ökumenische Verständigung mit römisch-katholischen, orthodoxen und evangelikalen Partnern über die Berufung zum gemeinsamen Zeugnis in Mission und Evangelisation fanden ihren Niederschlag in der unter seiner Leitung ausgearbeiteten ökumenischen Erklärung zu „Mission und Evangelisation", die 1982 vom Zentralausschuss des Ökumenischen Rates angenommen wurde. Sie signalisierte den Beginn der Überwindung der Spannungen zwischen der ökumenischen und der evangelikalen Bewegung, ein Prozess der in der neuesten Missionserklärung des Ökumenischen Rates „Gemeinsam für das Leben. Mission und Evangelisation in sich wandelnden Kontexten" deutliche Früchte getragen hat.

Nach der Vollversammlung des ÖRK in Vancouver wurde er 1984, wiederum als Nachfolger von Philip Potter, zum 4. Generalsekretär des Ökumenischen Rates gewählt. Er übte dieses höchste Leitungsamt in der ökumenischen Bewegung bis zum Erreichen der Altersgrenze im Jahr 1992 aus. Schon in seinem ersten Amtsjahr konnte er den Zentralausschuss des ÖRK bei seiner Tagung in Buenos Aires/Argentinien in seinem heimatlichen Kontext Lateinamerika begrüßen. Es war das erste Mal, dass ein Leitungsgremium des ÖRK in Lateinamerika tagte.

Argentinien war 1983 zur Demokratie zurückgekehrt und der erste demokratisch gewählte Präsident, Raul Alfonsin, begrüßte den Zentralausschuss. Das Thema der Tagung „Gottes Gerechtigkeit – Verheißung und Herausforderung" gab Emilio Castro Gelegenheit, sein langes Engagement für Gerechtigkeit und Menschenrechte in Lateinamerika zu bekräftigen, für das er von der chilenischen Regierung mit dem Orden Bernando O'Higgins ausgezeichnet wurde.

In seine Amtszeit fiel einerseits der ökumenische Aufbruch des konziliaren Prozesses für Gerechtigkeit, Frieden und die Bewahrung der Schöpfung, der mit der Weltversammlung in Seoul 1990 zum Abschluss kam. Vergeblich bemühte sich Castro darum, den Vatikan als Mitträger des konziliaren Prozesses zu gewinnen. Andererseits waren die letzten Jahre seiner Amtszeit geprägt von den Folgen des politischen Umbruchs in Europa und der Nötigung, die ökumenische Bewegung nach dem Ende des Kalten Krieges neu auszurichten. Das fand seinen Niederschlag in der Initiative des Zentralausschusses bei seiner Tagung in Moskau im Sommer 1989, also noch vor dem Fall der Berliner Mauer, einen Beratungsprozess unter den Mitgliedskirchen des ÖRK in Gang zu setzen über ein „gemeinsames Verständnis und eine gemeinsame Vision des ÖRK", der bei der Vollversammlung in Harare 1998 zum Abschluss kam.

Höhepunkt seiner Amtszeit als Generalsekretär war die 7. Vollversammlung des Ökumenischen Rates in Canberra 1991 unter dem Thema „Komm, Heiliger Geist – erneuere die ganze Schöpfung". Das Thema bot ihm in seinem Bericht an die Vollversammlung den Rahmen, seine Leidenschaft für Evangelisation, Einheit und Gerechtigkeit in ihrem unlösbaren Zusammenhang noch einmal eindrücklich unter Beweis zu stellen. So erklärte er am Ende seines Berichts: „Dies sollte die letzte Vollversammlung mit einer getrennten Eucharistie sein! Das ist nicht nur eine Herzensangelegenheit; dahinter steht auch das Bewusstsein der Gefahr, die für unsere Spiritualität besteht, wenn wir weiter einen Ökumenismus ohne Offenheit für die Überraschungen des Geistes pflegen. Unsere gemeinsame Pilgerfahrt wird ohne die Vorwegnahme des Reiches nicht allzu lange Bestand haben."

Emilio Castro war, nach dem Zeugnis seines alten Freundes José Miguez Bonino, in erster Linie in der evangelistischen Tradition Lateinamerikas verwurzelt. Er war ein „für das Evangelium Bekehrter", der Einheit nur im zentralen Bezug auf das Evangelium verstehen konnte, eines Evangeliums, das bekannt, bezeugt, in die

Tat umgesetzt und verkündigt werden muss. Er konnte seine genuin „evangelische Passion" für Einheit, Mission und Dienst nicht anders denken als im Verweis auf das Werk des Heiligen Geistes, der „bekehrt, heiligt und ‚neue Geschöpfe' sowie eine ‚neue Schöpfung' hervorbringt. Es ist diese Leidenschaft, die unablässig dazu nötigt, immer wieder von einem persönlichen Glauben, von ‚persönlicher Transformation' zu sprechen, und so das Predigen zu einer permanenten Einladung zu machen". Emilio Castro war ein begnadeter Prediger und mit seiner Leidenschaft für die Predigt des Evangeliums wird er in dankbarer Erinnerung bleiben.

Konrad Raiser

(Prof. Dr. Konrad Raiser war von 1993 bis 2003
Generalsekretär des Ökumenischen Rates der Kirchen.)

Gestern – heute – morgen

Anlässlich des *40-jährigen-Jubiläums der Leuenberger Konkordie* haben die GEKE-Mitgliedskirchen (Gemeinschaft Evangelischer Kirchen in Europa) in Ungarn am 18. März eine Festkonferenz veranstaltet. Im Mittelpunkt stand das heutige Verständnis der Kirchengemeinschaft.

Deutsche Bischofskonferenz, Rat der EKD und Bundesärztekammer erörterten gemeinsam aktuelle Fragen. *Ethische Aspekte zur Suizidbeihilfe, aktuelle Entwicklungen in der Transplantationsmedizin und medizinethische Fragen* zur sogenannten „Pille danach" standen im Mittelpunkt eines trilateralen Spitzengesprächs, das am 10. April zwischen Vertretern der Deutschen Bischofskonferenz, des Rates der Evangelischen Kirche in Deutschland (EKD) und der Bundesärztekammer in Berlin stattfand.

Die bundesweite *Woche für das Leben* vom 13. bis 20. April stand unter dem Motto ‚Engagiert für das Leben: Zusammenhalt gestalten' und wollte Denkanstöße geben, wie Menschen in einer zunehmend komplexen Gesellschaft selbst aktiv werden können, um die Lebensumstände in ihrem Umfeld zu verbessern – gestützt und unterstützt von kirchlichen Einrichtungen und anderen Institutionen. Ein Themenheft zur Woche für das Leben 2013 bietet neben Grundsatzbeiträgen und Anregungen zur Gottesdienstgestaltung zahlreiche Praxisbeispiele zum Nachlesen und Nachmachen.

Die *50. Jahrestagung des Evangelischen Arbeitskreises für Konfessionskunde in Europa* (EAKE) tagte vom 18. bis 21. April zum Thema „Nachkonfessionelles Christentum in Europa" in Bensheim. Die Delegierten kamen aus Belgien, Dänemark, Österreich, Deutschland, Finnland, Italien, Liechtenstein, den Niederlanden, Österreich, Rumänien, der Schweiz, aus der Tschechischen Republik, der Ukraine und Ungarn. Die 51. Jahrestagung findet im Mai 2014 auf Einladung der Reformierten Synode Dänemarks in Kopenhagen statt, 2015 tagt der EAKE auf Einladung der Tschechoslowakischen Hussitischen Kirche in Prag.

Vom 19. bis 21. April 2013 fanden im Rahmen der Lutherdekade zum Jahresthema Reformation und Toleranz die *„Wormser Religionsgespräche"* statt. Das Podiumsgespräch mit Prof. Peter Steinacker, Prof. Khorchide, Prof. Forst, Landesbischof Prof. Weber, Kardinal Lehmann und Landesrabbiner Jonah Sieverst befasste sich mit dem Thema „Dulden oder verstehen?"

Der *34. Deutsche Evangelische Kirchentag* in Hamburg (1. bis 5. Mai) hatte eine starke ökumenische Prägung. Die Losung „So viel du brauchst" (2. Mose 16,18) hat den „Nerv der Zeit getroffen". Der

„Markt der Möglichkeiten", seit über drei Jahrzehnten integraler Bestandteil eines Evangelischen Kirchentags, ist zu einem ökumenischen Treffpunkt geworden, denn nicht nur die in der Arbeitsgemeinschaft Christlicher Kirchen (ACK) zusammengeschlossenen christlichen Kirchen stellten sich auf dem Markt vor, sondern auch viele ökumenisch arbeitende Gruppen und Initiativen. Auch die anderen großen Weltreligionen waren vertreten.

Die katholische Kirche in Deutschland hat am 5. Mai das 50-jährige Bestehen ihrer Gedenkkirche „Maria Regina Martyrum" in Berlin-Plötzensee gefeiert. Sie ist der *Erinnerung an die christlichen Gegner der Nationalsozialisten* gewidmet. Die „Gedächtniskirche der deutschen Katholiken zu Ehren der Blutzeugen für Glaubens- und Gewissensfreiheit aus den Jahren 1933– 1945" wurde 1963 errichtet. Sie steht in der Nähe des früheren Hinrichtungsorts Plötzensee, der heute eine staatliche Gedenkstätte ist.

Über Entstehung und Folgewirkungen des vor 450 Jahren verfassten *Heidelberger Katechismus* diskutierten Theologen und Historiker vom 9. bis 11. Mai auf einem Symposion der Universität Heidelberg.

Vom 12. Mai bis 15. September befasst sich eine Doppelausstellung im Schloss und Kurpfälzischen Museum in Heidelberg mit der „Macht des Glaubens" und Aufbrüchen der Reformationszeit in Richtung Moderne. Anlass ist die Veröffentlichung des *Heidelberger Katechismus vor 450 Jahren. Das Lehrbuch, 1563 im Auftrag von Kurfürst Friedrich III. von der Pfalz in Heidelberg verfasst, stellte erstmals die zentralen Glaubensaussagen für die reformatorischen Kirchen zusammen. Bis heute ist der in 129 Fragen und Antworten gegliederte Katechismus ein weltweit genutztes Glaubensbuch.

Die Konferenz Europäischer Kirchen (KEK) veranstaltete vom 14. bis 16. Mai in Helsinki das jährliche *Treffen der Generalsekretärinnen und -sekretäre der nationalen Kirchenräte Europas.* Die folgende Frage wurde diskutiert: Welche Rolle spielen die nationalen Kirchenräte im öffentlichen Raum? Berichte aus der Arbeit der nationalen Kirchenräte machten deutlich, dass deren Rolle im öffentlichen Raum von Land zu Land verschieden ist. Das Spektrum reicht von einer guten Zusammenarbeit zwischen nationalem Kirchenrat und Politik bis hin zu bewussten Bestrebungen der Politik, sowohl die Kirchen als auch den nationalen Kirchenrat aus dem öffentlichen Raum zu verdrängen. In den zunehmend säkularen Gesellschaften Europas wird es offensichtlich zunehmend notwendig, den Anspruch der Religionsgemeinschaften, im öffentlichen Raum Gehör zu finden, neu zu begründen.

Der *gemeinsame Leitungskreises der Evangelischen Kirche in Deutschland (EKD) und des Deutschen Evangelischen Kirchentages (DEKT)* zur Vorbereitung des Reformationsjubiläums 2017 tagte anlässlich der konstituierenden Sitzung am 27. Mai erstmals in Berlin. Dem Leitungskreis gehören Vertreterinnen und Vertreter der EKD und des Kirchentages an. Darüber hinaus sind internationale kirchliche Zusammenschlüsse, die Arbeitsgemeinschaft Christlicher Kirchen sowie die Stadt Wittenberg vertreten. Diese gremiale Zusammenarbeit wird erstmals in der Geschichte von EKD und Kirchentag gewählt. Reinhard Höppner, der seit 1994 dem Präsidium des Kirchentages angehört, ist Vorsitzender des neuen Gremiums, das die gemeinsamen Veranstaltungen anlässlich des Reformationsjubiläums in vier Jahren begleitet und steuert. Zu stellvertretenden Vorsitzenden des Leitungskreises wurden die Landesbischöfin der Evangelischen Kirche in Mitteldeutschland, Ilse Junkermann, und der hannoversche Landesbischof Ralf Meister gewählt.

Zu einem *Spitzengespräch und zur Feier eines gemeinsamen Abendmahlsgottesdienstes* kamen am 28. Mai Vertreter der Evangelisch-methodistischen Kirche (EmK), der Evangelischen Kirche in Deutschland (EKD) und der Vereinigten Evangelisch-Lutherischen Kirche Deutschlands (VELKD) im Kirchenamt in Hannover zusammen. Das Treffen war im Anschluss an das 25-jährige Jubiläum der gegenseitigen Erklärung von Kanzel- und Abendmahlsgemeinschaft am 30. September 2012 vereinbart worden. An dem Gespräch und dem Gottesdienst nahmen die Bischöfin der EmK, Rosemarie Wenner

(Frankfurt am Main), der Ratsvorsitzende der EKD, Dr. h.c. Nikolaus Schneider (Berlin), der Auslands- und Ökumenebischof der EKD, Martin Schindehütte (Hannover), und der Leitende Bischof der VELKD, Gerhard Ulrich (Kiel), sowie weitere Personen aus der EmK, der VELKD und der EKD teil. Die Teilnehmer vereinbarten, sich in regelmäßigen Abständen zu treffen, um die *Zusammenarbeit in Fragen der Theologie, des Gottesdienstes und der Ausbildung* zu vertiefen und die Kirchengemeinschaft noch stärker im Bewusstsein ihrer Gemeinden zu verankern. Eine Arbeitsgruppe soll Vorschläge zu diesen Themen unterbreiten.

Vertreter der Evangelischen Kirche in Deutschland (EKD) und der altorientalischen Kirche trafen sich am 29. und 30. Mai in Halle (Saale) und Wittenberg, um die *aktuelle Situation der Christen im Nahen Osten* zu erörtern. Bei einem ökumenischen Friedensgebet in der Wittenberger Marktkirche gedachten sie der Opfer militärischer und ziviler Gewalt im Nahen Osten, „die weder Menschen irgendeiner Religion noch Orte des Gebetes von Christen, Juden oder Muslimen schont". In besonderer Weise in die Fürbitte eingeschlossen wurden die beiden seit über einem Monat entführten Metropoliten von Aleppo. Am Schluss des ökumenischen Gebetes stand die Bitte um den Verzicht auf Gewalt und die Suche nach einer Verhandlungslösung durch alle politischen Akteure des Syrien-Konfliktes.

Das *9. Treffen europäischer Religionsführer* am 30. Mai in Brüssel stand thematisch im Zeichen des „Europäischen Jahres der Bürgerinnen und Bürger" 2013. An der Begegnung nahmen rund 20 führende Vertreter der Kirchen, des Judentums, des Islam und des Hinduismus teil. Sie diskutierten auf Einladung der Europäischen Kommission und des Europäischen Parlaments über die Frage, wie das Projekt der europäischen Integration den Bürgern näher gebracht werden kann.

Im Ökumenischen Forum Hamburg-HafenCity trafen sich am 1. Juni Vertreter der Hamburger Evangelisch-methodistischen Kirche um des *zehnjährigen Jubiläums der Charta Oecumenica* zu gedenken und sich der in der Charta verbrieften ökumenischen Selbstverpflichtungen zu erinnern. Die an der Theologischen Hochschule der Evangelisch-methodistischen Kirche in Reutlingen lehrende Theologin Ulrike Schuler hielt den Festvortrag über „John Wesleys ‚ökumenische Gesinnung' – ein Vorbild für die Kirchen heute?" Zu den Gästen, die Impulse für mehr gemeinsames Handeln geben, gehörten neben dem Ökumenedezernenten der Nordkirche, Oberkirchenrat Andreas Flade, auch die Ökumenebeauftragte des Erzbistums Hamburg, Bernadette Kuckhoff. Die Orthodoxie war durch den ökumeneerfahrenen Erzpriester Constantin Miron vertreten. Die Hamburger landeskirchliche ACK-Pastorin Martina Severin-Kaiser leitete die Rückschau ein mit einem Vortrag zur Frage „Was hat sich in Hamburg entwickelt?"

Welche Bedeutung hat die Eucharistie/das Abendmahl für die verschiedenen christlichen Kirchen? Dieser Frage gingen Vertreter mehrerer Mitgliedskirchen der ACK am 6. Juni auf einem Podium *„In der Taufe geeint – im Mahl getrennt.* Erfahrungen der einzelnen Konfessionen" im Rahmen des *Eucharistischen Kongresses* (5. bis 9. Juni, Köln) nach. Für die evangelische Kirche sprach Landesbischof Friedrich Weber (Braunschweig), für die römisch-katholische Kirche Weihbischof Nikolaus Schwerdtfeger (Hildesheim). Die orthodoxe Position erläuterte Erzpriester Radu Constantin Miron (Brühl), die evangelisch-methodistische Auffassung Professorin Ulrike Schuler (Reutlingen). Moderator war Prof. Dr. Wolfgang Thönissen. Der Austausch zeigte eine große Nähe im Verständnis von Eucharistie und Abendmahl.

Die Kirchen in Deutschland haben am 25. April in einer gemeinsamen Erklärung zum Kampf gegen rechtsextremes und rassistisches Denken und Handeln aufgerufen. Mit dieser Erklärung laden die Kirchen zur *„Interkulturellen Woche"* ein, die vom 22. bis 28. September stattfindet und unter dem Motto steht *„Wer offen ist, kann mehr erleben"* steht. Zentrales Thema ist die Bekämpfung von Rassismus und Vorurteilen. Materialien sind erhältlich unter www.interkulturellewoche.de/content/bestellformular-2013.

Von Personen

Hans Küng, Tübinger Theologe, hat am 22. April die Leitung der Stiftung Weltethos an seinen Nachfolger *Eberhard Stilz,* Präsident des baden-württembergischen Staatsgerichtshofs, übergeben. Bei der Veranstaltung in der Universität zog er auch eine Bilanz seines Lebens. Er würdigte die Hochschule als „beste in der Welt", sie habe ihn „50 Jahre getragen und ertragen".

Sigurd Rink, Propst für Süd-Nassau, wurde am 26. April von der Synode der Evangelischen Kirche in Hessen und Nassau (EKHN) für weitere sechs Jahre in seinem Amt bestätigt. Weiterhin beschloss die Synode, dass die bisherigen Frankfurter Dekanate Höchst, Mitte-Ost, Süd und Nord am 1. Januar 2014 zu einem großen Stadtdekanat fusionieren.

Krystof Pulec, Metropolit der griechisch-orthodoxen Kirche von Tschechien und der Slowakei, ist nach massiven Vorwürfen eines unmoralischen Lebenswandels von seinem Amt zurückgetreten und hat sich in ein Kloster zurückgezogen. Der Erzbischof des slowakischen Presov, *Rastislav Got,* gilt als Favorit für seine Nachfolge. Der 87-jährige Erzbischof von Olmütz (Olomouc), *Simeon,* ist zur Zeit interimistisch Oberhaupt der tschechischen Orthodoxen.

Katherine Jolly, eine 25-jährige Studentin, ist am 4. Juni bei der Vollversammlung des Ökumenischen Jugendrats in Österreich zur neuen Vorsitzenden gewählt worden. Sie gehört der Evangelisch-methodistischen Kirche an. Als stellvertretender Vorsitzender fungiert *Florian Hartl* von der Evangelisch-reformierten Kirche. Bisherige Vorsitzende war *Sylvia Lang* von der Katholischen Jugend.

Alexander Gemeinhardt ist zum 31. Mai als Geschäftsführer und Referent für Publizistik des Konfessionskundlichen Instituts Bensheim ausgeschieden. Er trat am 1. Juni als Vorstandsvorsitzender der Schader-Stiftung in Darmstadt („Dialog zwischen Gesellschaftswissenschaften *und Praxis") die Nachfolge von Günther Teufel* an, einem der bisherigen stellvertretenden Kuratoriumsvorsitzenden, der die Stiftung bislang kommissarisch leitete.

Matthias Türk, seit 1999 Mitarbeiter im Päpstlichen Rat zur Förderung der Einheit der Christen in Rom, bleibt weiterhin in der weltweiten Ökumene tätig. Bischof Friedhelm Hofmann verlängerte den Einsatz des Würzburger Diözesanpriesters in Rom bis Januar 2019.

Hartmut Riemenschneider, Pastor in Pinneberg, bleibt Präsident des Bundes Evangelisch-Freikirchlicher Gemeinden (BEFG). Als Stellvertreterin bestätigte das neu zusammengesetzte Präsidium in Kassel *Renate Girlich-Bubeck.*

442

Dieter Graumann, Präsident des Zentralrats der Juden in Deutschland, ist neuer Vizepräsident des Jüdischen Weltkongresses (WJC). Zugleich wurde bei der Vollversammlung in Budapest der WJC-Präsident *Ronald Lauder* in seinem Amt bestätigt.

Friedhelm Pieper, Pfarrer und Europabeauftragter der Evangelischen Kirche in Hessen und Nassau (EKHN), ist neuer evangelischer Präsident des Deutschen Koordinierungsrates der bundesweit mehr als 80 Gesellschaften für christlich-jüdische Zusammenarbeit. Pieper, von 1998 bis 2004 Generalsekretär des Internationalen Rats der Christen und Juden, folgt auf Pfarrer *Ricklef Münnich,* der nach sechsjähriger Amtszeit nicht erneut kandidierte.

Martin Heimbucher, seit 2007 theologischer Referent im Amt der Union Evangelischer Kirchen in der EKD (UEK), wurde zum neuen Kirchenpräsidenten der Evangelisch-reformierten Kirche gewählt. Er wird Nachfolger von Jann Schmidt, der im Oktober in den Ruhestand geht.

Es vollendeten

das 85. Lebensjahr:

Paul-Werner Scheele, von 1979 bis 2003 Bischof von Würzburg, leitete 27 Jahre die Ökumene-Kommission der Deutschen Bischofskonferenz, am 6. April;

Heinz Joachim Held, früherer Auslandsbischof der Evangelischen Kirche in Deutschland, viele Jahre Moderator und Herausgeber der Ökumenischen Rundschau sowie Vorsitzender der Arbeitsgemeinschaft Christlicher Kirchen in Deutschland, am 16. Mai (s. Würdigung i. d. H., S. 434);

das 90. Lebensjahr:

P. Benedikt Schwank OSB, ökumenisch engagierter Benediktiner und Neutestamentler, früherer Dozent an der Jerusalemer Benedikterabtei Dormitio, am 16. April.

Verstorben sind:

Lothar Ullrich, emeritierter Professor für Dogmatik in Erfurt, früherer Mitherausgeber der Ökumenischen Rundschau, Berater der Ökumenischen Versammlung in der DDR sowie Delegierter bei der 1. Europäischen Ökumenischen Versammlung 1989 in Basel, im Alter von 81 Jahren, am 16. April;

Irenaios Galanakis, früherer Metropolit der griechisch-orthodoxen Kirche von Deutschland (1971–1979), im Alter von 101 Jahren, am 30. April;

I. Jesudasan, früherer Moderator und Bischof der Südindischen Kirche, von 1983 bis 1991 Mitglied des Zentralausschusses des Ökumenischen Rates der Kirchen, im Alter von 89 Jahren, am 16. Juni.

Zeitschriften und Dokumentationen

I. Aus der Ökumene

Elisabeth Dieckmann, Les Conseils d'Églises chrétiennes dans la diversité des cultures politiques et ecclésiales. Le Conseil d'Églises chrétiennes en Allemagne, Unité des Chrétiens, No 170, 17–18;
Uwe Swarat, Baptisten im ökumenischen Gespräch. Die jüngsten zwischenkirchlichen Dialoge und ihre Ergebnisse; In: Andrea Strübind/Martin Rothkegel, Baptismus. Geschichte und Gegenwart, V&R, Göttingen 2012, 229–258;
Gunther Wenz, De libertate religiosa. Glaubensgewissheit und Gewissensfreiheit. UnSa 2/13, 82–90;
Bischof John Hind, „Stärke deine Brüder". Eine anglikanische „Phantasie" zum Petrusdienst, KNA-ÖKI 18/13, Dokumentation I–X;
Kurt Kardinal Koch, Unterscheidung der Geister. Die Pfingstkirchen als Partner des Päpstlichen Rates zur Förderung der Einheit der Christen?, KNA-ÖKI 17/13, Dokumentation I–VII;
Karl Heinz Voigt, Fortschritt ist möglich. Baptistischer Ökumeniker: Übereinstimmung bei Rechtfertigungslehre, KNA-ÖKI 13-14/13, 7;
K. Rüdiger Durth, Erprobtes Miteinander. Auf dem „Markt der Möglichkeiten" sind Katholiken fest *integriert,* KNA-ÖKI 19/13, 7–8;
Stefan Orth, All inclusive. Der 34. Deutsche Evangelische Kirchentag in Hamburg, HerKorr 6/13, 282–286;
Hubertus Schönemann, Mut zum Experiment. Ein ökumenischer Kongress sucht neue Wege des Kircheseins, HerKorr 4/13, 187–191;
K. Rüdiger Durth, Glaubensfest für Katholiken. Der Eucharistische Kongress und die Abwesenheit der Ökumene, KNA-ÖKI 24/13, 3–4.

II. Tag der Schöpfung

Arbeitsgemeinschaft Christlicher Kirchen in Deutschland (Hg.), Gottesdienst- und Materialheft zum ökumenischen Tag der Schöpfung, Frankfurt 2013 (zu bestellen über: info@ack-oec.de);
Michael Kappes (Hg.), „Gottes Schöpfung – Lebenshaus für alle. Die Güter der Erde gerecht teilen" (Themenheft 3), Münster 2013;
„Gottes Schöpfung – Lebenshaus für alle. Die Güter der Erde gerecht teilen", Arbeitshilfe der ACK-NRW (zu bestellen über: info@ack-nrw.de, zu 2,– EUR je Ex., und im Internet unter: www.acknrw.de/downloads/2013/Arbeitshilfe_Lebenshaus.pdf.

III. Interreligiöser Dialog

Klaus von Stosch, Abrahams Opfer. Eine Annäherung aus dem Gespräch von Judentum, Christentum und Islam, HerKorr 4/13, 191–196;

Peter Ebenbauer, An den Bruchlinien spätmoderner Lebenskultur. Interreligiöses Beten und zivilreligiöse Feiern als Herausforderung, HerKorr Spezial, April 2013, 49–52;

Hartmut Hilke, „Das christliche Zeugnis in einer multireligiösen Welt". Ein Kommentar, UnSa 2/13, 141–149;

Georg Evers, Im Horizont der Religionen. Was die Theologie in Asien bewegt, Herkorr 6/13, 299–305.

IV. Liturgie

Benedikt Kranemann, Pointe des Katholizismus. Liturgiewissenschaft angesichts des religiösen Pluralismus der Gegenwart, HerKorr Spezial, April 2013, 2–5;

Birgit Jeggle-Merz, Den heutigen Menschen im Blick. Wie Kirche liturgiefähig wird, HerKorr Spezial, April 2013, 5–9;

Albert Gerhards, Die Ästhetik der Liturgie. Wie christliche Gottesdienste gestalten?, HerKorr Spezial, April 2013, 9–13;

„Vielfalt und Einheit der Liturgie in der Evangelischen Kirche", Zeitschrift der Liturgischen Konferenz für Gottesdienst, Musik und Kunst 1/13;

Job Getcha, Célébrer et vivre la liturgie dans un monde sécularisé, Irénikon 1/12, 25–45.

V. Gespräch mit der Neuapostolischen Kirche

Friedrich Weber, Die Neuapostolische Kirche, MDKonfInst 3/13, 41–42;

Helmut Obst, Zur Ökumenefähigkeit der Neuapostolischen Kirche, ebd., 43–44;

Reinhard Kiefer, Entstehung und Intention des Katechismus der Neuapostolischen Kirche, ebd., 45–46;

Peter Münch, „... Für die gesamte Kirche Christi gegeben ...". Tauftheologie und Kirchenverständnis der Neuapostolischen Kirche in Geschichte und Gegenwart, ebd., 47–52;

Daniel Lenski, Über das Diesseits hinaus. Entschlafenenwesen und Endzeitvorstellung im neuen Neuapostolischen Katechismus, ebd., 53–55;

Volker Kühnle, Der Katechismus der Neuapostolischen Kirche – Ewartungen an unsere ökumenischen Gesprächspartner, ebd., 56–57;

Kai Funkschmidt, Vom neuen Katechismus der Neuapostolischen Kirche zur Praxis, ebd., 57–59.

VI. Weitere interessante Beiträge

*Frank Crüsemann und Klaus Wengst, 500 Jah*re Reformation – Luther, die Juden und Wir, KNA-ÖKI 20–21/13, Dokumentation I–X;

Bénézet Bujo, Gottesdienst afrikanisch feiern. Die Bedeutung des „Zairischen Ritus" und seine Grenzen, HerKorr Spezial, April 2013, 57–61;

Hartmut Lehmann, Die Chancen der Freikirchen in der religiösen Welt Deutschlands im 19. Jahrhundert,

Freikirchenforschung, Jahrbuch 22 (2013), 177–188, Münster 2013; *Harald Suermann,* Religionsfreiheit (der Christen) in Nahost, UnSa 2/13, 99–109; *Stefan Orth,* Des Papstes neue Kleider, HerKorr 4/13, 163–165; *Magnus Striet,* Nachmetaphysische Grundlegung. Jürgen Habermas, die Gesellschaft und die Religion, HerKorr 4/13, 196–200; *Wolfgang Michalke-Leicht,* Ein Schulfach an der Grenze. Schülerinnen und Schüler im Religionsunterricht, HerKorr 6/13, 295–299; *Karl Heinz Voigt,* Demokratisch Weltkirche sein. Methodistische Kirchenkonferenz beriet Verfassungsänderungen, KNA-ÖKI 23/13, 7–9; *Ulrich Ruh,* Neue Konkurrenz. Pfingstler und Charismatiker als Herausforderung für die katholische Kirche, HerKorr 6/13, 305–309; *Gérard Siegwalt,* Vatican II et l'enjeu de la catholicité; Irénikon 1/12, 5–24; *Nikolaus Schneider,* Die Macht des Glaubens. Der Heidelberger Katechismus ist auch heute noch anregend, KNA-ÖKI 23/13, Dokumentation I–IV; 3–4.

VII. Dokumentationen

„Christen in großer Bedrängnis – Dokumentation 2013". Bericht über Diskriminierung und Unterdrückung weltweit, beleuchtet auf 180 Seiten die Lage in 17 Ländern, hg. vom internationalen katholischen Hilfswerk „Kirche in Not".

Die Feier des Taufgedächtnisses. Agendarische Handreichung, hg. v. Amt der VELKD, Hannover 2013. Zu bestellen unter: lvh@lvh.de oder www.einfach-evangelisch.de zu einem Preis von 9,90 EUR.

„65 Seiten VELKD", Magazin zum 65-jährigen Bestehen der VELKD, das u. a. die Geschichte, Themen- und Arbeitsbereiche, Einrichtungen, Organe und Gremien darstellt. Es liegt zum Download bereit unter: www.velkd.de/downloads/65_Jahre_VELKD_65_Seiten_2013.pdf.

Landraub. Der globale Kampf um Boden fordert Opfer, Publik-Forum Dossier, Bestell-Nr. 3022, 2,– EUR.

A. Laakmann, N. Arntz, H. Meesmann (Hg.), Hoffnung und Widerstand. Konziliare Versammlung der kirchlichen Reformgruppen in Frankfurt/Main, Publik-Forum, Best.-Nr. 3021, EUR 12,90.

Neue Bücher

THEOLOGIE
UNTER HOCHSPANNUNG

Veronika Hoffmann/Georg M. Kleemann/Stefan Orth Orth (Hg.), Unter Hochspannung. Die Theologie und ihre Kontexte. Herder Verlag, Freiburg i. Br. 2012. 204 Seiten. Kt. EUR 19,99.

„Unter Hochspannung" – so charakterisieren die Herausgeber die Lage der Theologie im Spannungsfeld von Kirche, Universität und gesellschaftlicher Öffentlichkeit. In dem hier anzuzeigenden Band versammeln sich unterschiedlichste Stimmen aus dem Bereich der katholischen Theologie, um Standort, Aufgaben und Herausforderungen zu analysieren, die der Theologie als Wissenschaft in der Vielfalt ihrer Bezugspunkte zufallen. Dass dabei Spannungen zwischen Lehramt und universitärer Wissenschaft nicht unerwähnt bleiben, kann nicht verschwiegen werden. Dem nicht-katholischen Leser wird dadurch ein Eindruck in die gegenwärtige Stimmungslage vermittelt.

Den Auftakt der Beiträge macht *Jürgen Werbick* mit Überlegungen, was die Einheit der Theologie angesichts des Methodenpluralismus und der unterschiedlichen Subjekte heißen könnte (vgl. 15–35). Seine Antwort lautet: die pluriform-plurale „Arbeit an der Identität des Christlichen" (17) im Studium der Gottesgeschichte Israels und der Kirche. Dem folgen die Aufsätze von *Ingo Broer* (vgl. 36–58) und *Andrzej Anderwald* (vgl. 59–70), die der üblicherweise der Systematischen Theologie (genauer gesagt: der Fundamentaltheologie) zukommenden wissenschaftstheoretischen Besinnung über Aufgabe und Rolle, Bemerkungen aus exegetischer Sicht sowie aus der Perspektive der Neuordnung der theologischen Wissenschaften im universitären Kontext in Polen nach 1990 zur Seite stehen.

Eine ganze Reihe weiterer Beiträge geht den Herausforderungen, derer sich Theologie in einer weltanschaulich pluralen Öffentlichkeit gegenübergestellt sieht, nach. So befasst sich *Veronika Hoffmann* mit den Anforderungen von Theologie als religionsbezogener Wissenschaft mit (christlicher) Bekenntnisbindung im Miteinander und Gegenüber von Jüdischen Studien, Islamischen Studien und Religionswissenschaften (vgl. 71–82). *Georg M. Kleemann* stellt danach das Konzept der „Öffentlichen Theologie" (*public theology*) vor, wie es vor allem in den USA entwickelt und in Deutschland durch Wolfgang Huber und Heinrich Bedford-Strohm vertreten wird (vgl. 83–103). Der Wirkung von Theologie in der Öffentlichkeit, speziell in der Politik und in den Medien gehen *Daniel Bogner* (vgl. 118–132), *Dagmar Mensink* (vgl. 104–117) und

Viola van Melis (vgl. 133–142) nach. Als ein Problem stellt sich für mehrere Beiträge der zunehmende Verlust von *religious literacy* heraus. Die Unbeholfenheit vieler gesellschaftlicher Eliten in Religionsdingen, sogar in der Wissenschaft, nimmt zu und zwingt die Theologie häufig genug in eine Rechtfertigungsrolle, unter der die Wahrnehmung ihrer genuinen Aufgabe als Reflexionsinstanz religiösen Wissens und Glaubens zusehends leidet.

Der dritte Block von Texten widmet sich verstärkt den existentiellen und pastoralen Dimensionen von Theologie. Hierzu gehören Überlegungen, wie diejenigen von *Stefan Orth,* die das Verhältnis von Theologie und Spiritualität beleuchten (vgl. 171–183); ein Feld, das – wenn ich es recht sehe – vor allem in der evangelischen Theologie überhaupt noch nicht hinsichtlich seiner wechselseitigen Dynamik wissenschaftstheoretisch oder curricular erfasst wird.

Jeder der Beiträge verdiente es, einzeln gewürdigt zu werden. Doch fehlt hierfür der Raum. Zwei grundsätzliche Bemerkungen, die sich dem Verf. beim Lesen der Texte als Eindruck gestellt haben, müssen daher genügen: Zum einen wird die Spannung zwischen kirchlichem Auftrag und wissenschaftlicher Positionierung bei vielen Autoren (Werbick, Bogner, Broer) dadurch einer Lösung zugeführt, dass man sich auf einen positiven gesamtchristlichen Themen- oder Kanonbestand beruft, von dem aus normative Identitätsbestim-mungen erfolgen, also bspw. die Gottesgeschichte Israels und der Kirche oder das Zeugnis der geschichtlichen Offenbarung in Jesus Christus durch das Wort der Schrift. So sehr dies einem Protestanten gefallen mag, die Gefahr hierbei besteht, dass Theologie nunmehr zur schlechthinnigen Auslegungs- und Urteilsinstanz verbindlicher Christlichkeit in Kirche und Gesellschaft wird. Dass die Autoren dies nicht meinen, ist klar, aber das Problem bleibt bestehen. Der andere Punkt betrifft das Verhältnis von (katholischem) Christentum und Moderne. Hier zeigt sich einmal mehr, wie unterschiedliche Mentalitätsgeschichten von Protestanten und Katholiken entgegengesetzte Problemwahrnehmungen generieren: Während das evangelische Christentum sich mit den Folgen seiner eigenen „Selbstsäkularisierung" (*Wolfgang Huber*) herumschlagen muss, ringen in diesem Band die unterschiedlichen Autoren mit der Möglichkeit und Gestalt einer katholischen Moderne, besonders im Einklang mit dem Lehramt des II. Vatikanischen Konzils (vgl. dazu v. a. den Beitrag von *Martin Rohner,* 186–202). Doch was bedeutet dies für ein ökumenisches Verständnis von Moderne als der zeitgenössischen Situation des Christentums vor Ort, in Deutschland und in Europa.

Meine Fragen wollen für die situativen Zwischentöne sensibel machen, die es wahrzunehmen gilt, wenn es angesichts der wachsenden religiösen Pluralität in Europa auch darum geht, den lauter werdenden Forderungen nach einer Neustrukturierung universitärer Ausbildung in religionsbezogenen Wissenschaften gerecht zu werden. Hier gemeinsam an einem Strang zu ziehen, täte Katholiken wie Protestanten gut, nicht zuletzt, aber eben auch als ökumenisches Zeichen. Und allein deswegen ist jedem dieser Band wärmstens zur Lektüre empfohlen.

Christian Polke

EVANGELIKALE BEWEGUNG

Gisa Bauer, Evangelikale Bewegung und evangelische Kirche in der Bundesrepublik Deutschland. Geschichte eines Grundsatzkonflikts (1945 bis 1989). Vandenhoeck & Ruprecht, Göttingen 2012. 796 Seiten. Gb. EUR 119,95.

Die hier vorliegende Leipziger Habilitationsschrift untersucht in kirchenhistorischer Perspektive den Weg der evangelikalen Bewegung (im Folgenden EB) in der Bundesrepublik Deutschland zwischen 1945 und 1989. Die Leitperspektive, aus der diese Analyse erfolgt, ist die eines „Grundkonflikts" mit den evangelischen Landeskirchen – ein bislang eher brachliegender Forschungsansatz. Nach methodischen und begrifflichen Klärungen (Kap. 1) erfolgt eine phänomenologische Annäherung an das Thema (Kap. 2). Die Kap. 3 und 4 untersuchen die Vorgeschichte der EB, deren eigentliche Geschichte in den 1970er und 1980er Jahren Gegenstand der Kap.

6 und 7 ist. Dazwischen wird die Zuordnung der EB zu den „neuen sozialen Bewegungen" diskutiert (Kap. 5). Eine Zusammenfassung, das Quellen- und Literaturverzeichnis sowie – sehr lobenswert – Biogramme beschließen den gewichtigen Band. Wie wird im Einzelnen vorgegangen?

Im Einleitungskapitel wird die sachlich sinnvolle Einschränkung vorgenommen, wonach das Verhältnis der EB zu den Freikirchen ebenso ausgeblendet bleibt wie das Aufkommen der charismatischen Bewegung. Auch die DDR wird dem Buchtitel entsprechend nicht berücksichtigt. Die Geschichte der EB ist, so eine These des Buches, als deren Wechselwirkung mit den evangelischen Landeskirchen zu bestimmen, nicht mit der Gesellschaft der Bundesrepublik insgesamt. Darzustellen ist demzufolge eine innerprotestantische Auseinandersetzung. Der schillernde Begriff „evangelikal" wird in zweifacher Hinsicht bestimmt: als „kirchenpolitisches Kampfwort" sowie als „Bezeichnung für eine Frömmigkeitshaltung des erwecklichen Typs" (30). Der auf der Darstellung des Grundkonflikts liegende Fokus der Arbeit bringt es mit sich, dass in der weiteren Untersuchung der erstgenannte Begriffsgehalt privilegiert wird, während das für die Frömmigkeit der Bewegung Typische in den Hintergrund tritt.

In Kapitel 2 wird die Ausdifferenzierung des evangelikalen Lagers aufgezeigt und die in der Forschung vorgeschlagenen Typisierungen aus historischen Gründen hinterfragt. In der Chronologie der Vfin. beginnt die Geschichte der deutschen evangelikalen Bewegung erst Mitte der 1960er Jahre. Bis dahin könne nur von einer „Vorgeschichte" der EB gesprochen werden. Ungeachtet des Facettenreichtums der EB identifiziert die Vfin. eine Reihe von typischen Merkmalen, wozu eine Negativhaltung gegenüber der akademischen Theologie und die Abgrenzung von der evangelischen Kirche gehörten, auf die der Evangelikalismus jedoch zugleich bezogen blieb, diente sie doch gewissermaßen als „Puffer" zwischen den evangelikalen Christen und der Welt. Das Verhältnis der EB zum Fundamentalismus wird differenziert bestimmt und führt zu dem Ergebnis, dass der Evangelikalismus eine indirekte Kritik an der Moderne ist, insofern Adressat der Kritik die Kirche ist, während der Fundamentalismus eine direkte Kritik der modernen Gesellschaft ist (104). Dennoch bleibt zu fragen, welche übergreifenden Charakteristika immer wieder dazu geführt haben, von erwecklichen Kreisen oder „Evangelicals" zu sprechen und zwar im angelsächsischen Bereich bereits im Blick auf das 18. und 19. Jahrhundert. Der Historiker David Bebbington hat als Charakteristika der Evangelikalen die Betonung der persönlichen Bekehrung, die zum Aktivismus neigende Frömmigkeit, die zentrale Stellung der Bibel und die Verkündigung des Kreuzestodes Jesu identifiziert (Evangelicalism in Mo-

dern Britain, Grand Rapids 1989, 2 ff). Kann die Geschichte eines Grundsatzkonflikts von der damit angesprochenen Frömmigkeitsgeschichte so weitgehend abgelöst betrachtet werden?

Das umfangreiche Kapitel 3 zeichnet die „Vorgeschichte" der späteren EB in Gestalt der drei wichtigsten „Trägergruppen" nach. In der Darstellung der Gemeinschaftsbewegung als „traditionsreichster und stärkster Trägergruppe" wird primär die Dialektik ihrer Anbindung an und Reibung mit den Landeskirchen herausgearbeitet. Die Stärke des Buches liegt hier wie auch später in der umfangreichen Auswertung von Gesprächsprotokollen und Briefwechseln der beteiligten Protagonisten. In der Darstellung selbst wird das Anliegen der Evangelisation der Evangelisationsbewegung als zweiter „Trägergruppe" zugeordnet, während doch dieses Anliegen Gnadauer, Freikirchler und volksmissionarisch gesinnte Landeskirchler in einem Kernmoment ihrer aktivistischen Frömmigkeit einte. Die formale Aufteilung des Kapitels verdeckt, dass das Lebenszentrum der Gemeinschaftsbewegung nicht die Auflösung von Ambivalenzen im Verhältnis zu den Landeskirchen war – diese haben sich bekanntlich bis in die Gegenwart erhalten –, sondern in starkem Maße die Evangelisation. Ähnliches gilt im Blick auf die Evangelische Allianz als dritter „Trägergruppe", die seit dem zweiten Besuch Billy Grahams in Deutschland für dessen Großevangelisationen verantwortlich zeichnete, doch nicht nur für sie, sondern auch mit den Namen Wilhelm Busch, Gerhard Bergmann und Paul Deitenbeck in Verbindung zu bringen ist. Der Vfin. ist zuzustimmen: „Für die spätere evangelikale Bewegung allerdings ist bedeutsam, dass sich unter dieser bunten Melange von Evangelisten viele ihrer späteren führenden Köpfe befanden" (197). Evangelisation ist in der Tat eine derjenigen Konstanten, die sich gegen die hier vorgenommene Unterscheidung von „Vorgeschichte" und „Geschichte" der EB ab 1966 sperrt.

Im Blick auf die Entwicklung der Evangelischen Allianz urteilt die Vfin., dass diese sich im Laufe eines Jahrhunderts von ihren Ursprüngen einer Einheitsbewegung wegentwickelte und „evangelikal" wurde, was hier heißen soll: kirchenpolitisch kämpferischer (231). Ihre These lautet: Die Kritik an der universitären Theologie wurde das neue Aufgabenfeld der Allianz, da ihr die Ökumene den Einheitsgedanken streitig machte (231.237). Da die Allianz aber von Anfang an „keinen Kirchenbund, sondern einen Bund einzelner Christen bilden wollte" (Hans Hauzenberger, Einheit auf evangelischer Grundlage, Gießen/Zürich 1986, 142), und hinter diesem Ansatz eine kategorial andere Vorstellung davon stand, wer wirklich ein Christ ist, blieb das evangelistische Kernanliegen der Allianz in deren eigener Wahrnehmung der ökumeni-schen Bewegung unberührt, ja, wie die Parallelgründungen eigener Missionsorganisationen demonstrieren sollten, unberücksichtigt.

Kapitel 4 zeichnet in beeindruckend materialreicher Darstellung die Kontroversen um die Theologie Rudolf Bultmanns und ihre Auswirkungen nach. In der Anlage der Arbeit sind diese Auseinandersetzungen Teil der „Vorgeschichte" und maßgebliches katalytisches Moment für die Entstehung der EB um 1966. Die Einteilung des Konflikts in Phasen erhellt vor allem, wie sich die Positionierung der Landeskirchenleitungen in diesem Konflikt entwickelte, worin wichtige Erkenntnisgewinne liegen. An der EB werden vor allem die theologiefeindliche Grundhaltung und die Tendenz zur Abwendung von Kirche und Welt betont. „[D]ie Genese des deutschen Evangelikalismus", so die These, sei „als eine Bewegung des Antiintellektualismus gegenüber der akademischen Theologie zu verstehen, auf Grund einer fundamental empfundenen Enttäuschung über die Theologie" (274). Die Frage, inwieweit die Theologie zu dieser Enttäuschung beigetragen haben könnte, bleibt jedoch unerörtert. Dennoch sind die Ausführungen zur Gründung neuer Missions- und Bibelschulen sowie zu Gruppen wie dem Betheler Kreis äußerst informativ.

Nachdem im fünften Kapitel eine allerdings nicht ganz glatt aufgehende Zuordnung der EB zu den „neuen sozialen Bewegungen" vorgenommen wird, setzt Kapitel sechs mit dem Dortmunder Bekenntnistag 1966 ein und interpretiert ihn als die Stunde des Aufbruchs der deutschen evangelikalen Bewegung. Die Leitperspektive der Darstellung ist weiterhin und jetzt noch verstärkt die des Konflikts mit den Landeskirchen. Der Dortmunder Bekenntnistag 1966 markiere den Umschlagpunkt zur offenen Kirchenkritik. Im Prinzip, so die Vfin., war die „Konferenz bekennender Gemeinschaften" mit der „Bekenntnisbewegung ‚Kein anderes Evangelium'" als stärkster Trägergruppe die „organisatorische Verkörperung der evangelikalen Bewegung in den 1970er Jahren" (592). Ab Ende der siebziger Jahre löste nach dieser Darstellung die Evangelische Allianz als Dachverband die Bekenntnisbewegung mehr und mehr ab (593). Diese Entwicklung wird äußerlich mit der wachsenden Verbreitung von „idea spektrum" in Verbindung gebracht (643.648), während in der Sache selbst eine wachsende Polarisierung zwischen den Kräften einer elitären Bekenntnishaltung gegenüber den Landeskirchen einerseits und den auf die Durchdringung der entkirchlichten Massen mit dem Evangelium ausgerichteten Gruppen andererseits ursächlich gewesen sei. Die Evangelische Allianz erwies sich in dieser Perspektive anpassungsfähiger und besser gerüstet für die achtziger Jahre, die als eine Zeit der Ernüchterung, Veränderung und vor allem inneren Pluralisierung gezeichnet wird.

Der Vfin. ist für eine umfangreiche, materialgesättigte und bis auf wenige Ausnahmen zurückhaltend wertende Arbeit zu einer Bewegung zu danken, deren Bedeutung für die Kirchen- und Frömmigkeitsgeschichte Westdeutschlands erst allmählich ins Bewusstsein der Forschergemeinschaft eintritt. Die Konfliktgeschichte zwischen erwecklich-evangelikalen Gruppen und den Landeskirchen, deren Teilsystem sie zugleich waren, erfährt hier eine Aufarbeitung, die in vieler Hinsicht als instruktiv und spannend zu bezeichnen ist. Die Fokussierung der landeskirchlichen Evangelikalen auf die Reibungspunkte mit der Landeskirche und ein damit zumindest partiell einhergehender Verlust an Weltwahrnehmung gehören zu den wichtigen Einsichten dieser Studie.

Die implizite Grundentscheidung der Vfin., den Begriff „evangelikal" allein im Sinne einer „kirchenpolitischen" Bezeichnung im Grundsatzkonflikt mit den Landeskirchen zu verwenden, scheint mir schon in der Auswahl der Quellen angelegt zu sein und führt dazu, dass die schon vor 1966 präsenten Frömmigkeitsmerkmale in ihrer Kontinuität hintergründig bleiben. Ausgewertet wurden v. a. Gesprächs- und Sitzungsprotokolle sowie Briefwechsel. Doch hatten die meisten der evangelikalen Protagonisten ihren Tätigkeitsschwerpunkt eindeutig in der Wortverkündigung. Auf Glaubenskonferenzen wie der Gerhard-Tersteegen- oder der Siegener Allianzkonferenz versammelten sich über Jahrzehnte Tausende frommer Christen. Die frömmigkeits- und kirchengeschichtliche Bedeutung von G. Bergmann und P. Deitenbeck dürfte vor allem in ihren überregionalen Verkündigungsdiensten gelegen haben, durch die viele Menschen in ihrem Glauben geprägt wurden. Bergmanns in hohen Auflagen erschienene Bücher sind ein Indiz dafür. Auch die These von der „geschwundene[n] und geschwächte[n] Identität" der Evangelischen Allianz vor ihrem behaupteten Bedeutungszuwachs in den achtziger Jahren steht und fällt mit einer Untersuchung der Aktivitäten in örtlichen Allianzen, also dem Beteiligungsgrad an der jährlichen Gebetswoche, übergemeindlichen Evangelisationen usw. In dieser schwer greifbaren Morphologie der evangelikalen Bewegung dürfte eine wesentliche Schwierigkeit ihrer Erforschung liegen. Das ist der Arbeit, die so schon umfangreich ist, zuzugestehen, hätte aber noch deutlicher markiert werden können. So nämlich wirken die von der Vfin. aus den Quellen herausgearbeiteten und aus meiner Sicht hier gut belegten Identitätsmomente in der Vorgeschichte und Geschichte der EB insofern interpretatorisch überbeansprucht, als das Frömmigkeitstypische, das die – besser im Plural zu bezeichnenden – evangelikalen Bewegungen seit dem 18. Jahrhundert bei allem Wandel und aller Pluralisierung verbindet, in dieser Darstellung hintergründig bleiben.

Christoph Raedel

FREIHEIT DES WILLENS

Wolfgang Achtner, Willensfreiheit in Theologie und Neurowissenschaften. Ein historisch-systematischer Wegweiser. Wissenschaftliche Buchgesellschaft, Darmstadt 2010. 288 Seiten. Gb. EUR 59,90.

Der Autor, Apl. Professor an der Universität Gießen und Privatdozent für Systematische Theologie an der Universität Frankfurt, publiziert seit mehr als zehn Jahren zu Fragen im Grenzbereich von Neurowissenschaft und Theologie. Sein neuestes Buch nimmt im Untertitel zu Recht in Anspruch „Wegweiser" zu sein im schwierigen Feld der durch die neuere Hirnphysiologie ausgelösten Determinismus- und Naturalismusdebatte. In außerordentlich wohltuendem Gegensatz zu den oft nur schroffen Abgrenzungen zwischen Deterministen und Indeterministen sucht der Autor, der auch einen Mastergrad in Mathematik inne hat, eine äußerst differenzierte Analyse des Freiheitsproblems, das er historisch und philologisch exakt rekonstruiert (16–208). So behandelt er Plato, Aristoteles, die Stoa (16–25), die biblische Anthropologie (26–49), die griechischen und lateinischen Kirchenväter (50–91), die Scholastik, den Nominalismus (92–136), die Humanisten und die Reformation (137–207), die nachreformatorische Theologie bis hin zur anthropologischen Wende der Aufklärung und zur Lutherrenaissance Hans Joachim Iwands (202).

(1) In der ostkirchlichen Tradition eines vergleichsweise geringeren Interesses am Sündenfall (89) entsteht unter dem Eindruck mönchischer Askese und im Kampf gegen die Gnosis und für die geschöpfliche Würde des Menschen bei Klemens von Alexandrien, Origenes und Cassian das Konzept vom freien Willen als asketisch trainierbarer „Selbstdistanz in Bezug auf die Affekte" (91). Die Konzeption vom freien Willen als Selbstdistanz findet der Vf. in der westlichen Mystik weitertradiert (107–119) und klassifiziert diesen Freiheitstypus als „Entgrenzungsfreiheit" (209).

(2) Die westliche Patristik betont im Anschluss an das biblische Grundthema des Menschen vor dem Gesetz Gottes die Deutung des freien Willens als Entscheidungsfreiheit für das Gute und gegen das Böse (liberum arbitrium). Dieser freie Wille wird bei Boethius in neuplatonischer Tradition als den Lebewesen gemäß dem Maß ihrer Vernunfteinsicht zukommend gedacht. Auf der menschlichen Stufe der Freiheit unterscheidet Boethius drei Grade: Die Freiheit nimmt ab, absteigend von der reinen Kontemplation (a) über die Bindung an den Leib (b) bis zur Auslieferung an das Leibliche (c) und gar weiter an Laster und verderbliche Leidenschaften (d / 87). Gott aber ist nicht frei, insofern er sich für Einzelnes frei entschließt, sondern indem er alles in der absoluten, alltäglich oft verstellten Wahrheit seines ursprünglichen Seins simultan schaut und genießt.

Nachhaltig wirksam führt Boethius so im Rahmen der Frage nach dem freien Willen ein wichtiges Argument zur Lösung des Theodizeeproblems ein (88 f).

(3) Die dritte Konzeption des freien Willens wird vorbereitet durch die paulinisch-augustinische Betonung des Willens in seiner Abgrenzung gegenüber der Einsicht: Während der Wille als liberum arbitrium seinen Sinn im Gehorsam gegenüber der intellektuellen Einsicht findet, verschwindet dieses Thema im Freiheitsdenken des William von Ockham: Der Franziskaner spricht statt dessen von der *voluntas* als dem ursprünglichen menschlichen Vermögen handelnder Selbstbestimmung (121). Freiheit wird als Spontaneität und kreative Freiheit des Einzelnen entdeckt, als „Autonomie des Willens, der in seiner Ich-Bindung kontingente Akte in der Welt wirkt" (122). Dem so freien Menschen steht der absolut freie Gott gegenüber, dessen *potentia absoluta* auch durch seine Güte und Gerechtigkeit keine Einschränkung erleidet (122).

(4) Die Reformation entdeckt mit der Erfahrung des auf die freie Rechtfertigung (Luther), Erwählung (Calvin) und Providenz (Zwingli) Gottes angewiesenen Menschen Freiheit als göttliche Befreiung des Menschen aus seiner „Selbstbezogenheit" (209). Weder Entgrenzungsfreiheit noch Entscheidungsfreiheit, noch selbstsetzende Autonomie sind aus reformatorischer Sicht für das Sein des Menschen vor Gott relevant.

454 Hinsichtlich seines Heils ist nicht die Freiheit des Menschen, sondern die Freiheit des erwählenden Gottes ausschlaggebend (209).

Der zweite Teil der Arbeit (208–257) koordiniert die vier Typen des Freiheitsverständnisses (208–210) einer entwicklungspsychologischen Typologie von präautonomem (Freiheit als liberum arbitrium), autonomem (Freiheit als voluntas) und transautonomem (Freiheit als Selbstdistanz) Freiheitsverständnis. Das Ergebnis ist ein „integral-dynamisch-personales Modell von Willensfreiheit" (219 f), in das nun auch das Kantische Autonomieverständnis, Schleiermachers transautonomes Ich und Kierkegaards Selbst in die „zeitlich-phasenhafte Erstreckung der Ichentwicklung" hineinprojiziert werden (220). Illustriert wird dieses Modell durch die graphische Abbildung zwei- und dreidimensionaler Gebilde, in denen jeweils von links unten nach rechts oben ein kräftiger Richtungspfeil eingetragen ist, der non-verbal den erheblich normativen Charakter unterstreicht, den jede Entwicklungspsychologie ergaunert, indem sie suggeriert: Was sich offensichtlich entwickelt, das muss und soll sich auch immer so entwickeln. Auch auf die historische Rekonstruktion wird so ex post das rabiate Muster angewendet, das jedes Spätere als alleine schon deshalb wahrer betrachtet. Der energische Systemwille am Abschluss dieser bemerkenswerten Untersuchung zur vielfältigen Problemlage des freien Willens wird der Differenziertheit der Einzeluntersuchungen nicht gerecht. Bemerkenswert bleibt, dass entgegen alten Frontstellungen innerhalb der katholischen Theologie der Vf. die Differenzen zwischen substanz-ontologischem, freiheitstheoretischem und mystischem Persondenken mit großer Leichtigkeit elegant für überbrückbar erachtet: Personsein impliziert eben Selbststand, Selbstwerden und Selbsttranszendenz (252–254).

So wenig hilfreich das integral-dynamisch-personale Modell von Willensfreiheit für ein abschließendes theologisches Verständnis von Freiheit ist, so nützlich ist die vierfache Typologie der Freiheitsgeschichte, um die Mehrdimensionalität des Freiheitsthemas aus theologischer Perspektive zu erfassen und die Suche nach Anknüpfungspunkten für den Dialog mit den Neurowissenschaften zu strukturieren (236–250):

Die Tradition des *liberum arbitrium* assoziiert der Autor mit indeterministischen Interpretationen des Libet-Experimentes (236–238), die sich auf die Veto-Funktion des Neokortex stützen, auf die Fähigkeit des Bewusstseins also, wirksame Handlungsneigungen (Bereitschaftspotentiale) zu unterbrechen (221–228). Den Denkern des *liberum arbitrium* attestiert der Vf. ein hohes Bewusstsein für die faktischen Determiniertheiten des Menschseins, die sie aber gerade entgegen den modernen Naturalisten nicht (letztlich metaphysisch) radikalisierten und als totale Determination interpretierten, sondern als Determinanten innerhalb der Transzendenzeröffnung, die Freiheit denkbar macht, ohne sie beweisen zu können (237). Denkbar allerdings wird Freiheit innerhalb der Naturwissenschaften auch, wo quantenmechanisch und chaostheoretisch die Idee der strengen Kausalität in Frage gestellt wird (225). Die Tradition des Nominalismus ist nach dem Vf. anschlussfähig für solche Forschungsrichtungen innerhalb der Hirnphysiologie, die die Plastizität des Organs in den Vordergrund rücken und so auf neuronaler Ebene Freiheit als Selbstbestimmung vorstellbar machen. Die mystische Selbstdistanz findet nach dem Vf. in der Hypothese einer Reizunterbrechung, die zur Erklärung der Veto-Funktion des Neokortex herangezogen wird, ihre Fortsetzung. Den reformatorischen Typus Freiheit zu denken, hält der Vf. wegen seines metaempirischen Charakters für naturwissenschaftlich nicht anschlussfähig. Das Buch ist nicht das letzte Wort zur Freiheitsthematik. Es ist aber eine höchst informative und instruktive Grundlegung des Themas in der Breite seiner philosophischen, theologischen und naturwissenschaftlichen Entfaltung.

Ralf Miggelbrink

KIRCHLICHE ZEITGESCHICHTE

Martin Greschat, Der Protestantismus in der Bundesrepublik Deutschland.1945–2005. Evan-gelische Verlagsanstalt, Leipzig 2010. 248 Seiten. Br. EUR 28,–.

Die in der Reihe „Kirchengeschichte in Einzeldarstellungen" (KGE) nun erschienene Geschichte des Protestantismus in der Bundesrepublik Deutschland von 1945 bis 2005 von Martin Greschat, höchst lesefreundlich verfasst, ist für mich ein Glücksfall in der Darstellung hoch komplexer, differenzierter und von einer Fülle von Begleitphänomenen bestimmter Prozesse. Martin Greschat gelingt es vorzüglich, den Leser, in diesem Fall einen, der diese Zeit mehr oder weniger als seine Lebenszeit miterlebt hat, durch die konzentrierte, zugleich aber die wesentlichen Schwerpunkte herausarbeitende Darstellung zu fesseln. Eine Kirchengeschichte, die man ohne sich zu langweilen in einem Durchgang lesen kann, die kirchliche und theologische Entwicklungen in ihrer Kontextualität zur Darstellung bringt, und dabei das Beschriebene als selbsterlebte jeweilige Gegenwart nun im Abstand der Zeit betrachten lässt, ist selten. Greschat erliegt bei der Darstellung nicht der Gefahr, gerade wegen der zeitlichen Nähe seines Gegenstandes, zu starke eigene Bewertungen der Wege, die der Protestantismus nach 1945 genommen hat, vorzunehmen. Es gelingt ihm vielmehr, über die Beschreibung der Nachkriegszeit, die in einer kritischen Betrachtung der Stuttgarter Schulderklärung (16) gipfelt, eine Gesamtbeschreibung der Ära Adenauers (27–79) zur Darstellung zu bringen. Die Beschreibung der Position Gustav Heinemanns im Gegenüber zur Politik Adenauers, die Darstellung der Einwirkungen auch aus dem Osten Deutschlands auf den Weg des Protestantismus (43), sowie die Auseinandersetzungen um die Militärseelsorge und die atomare Bewaffnung (60–72) lassen den Protestantismus als eine Kraft erkennen, die an der Neugestaltung eines demokratischen Deutschlands kräftig beteiligt ist, dabei aber auch geprägt wird von Auseinandersetzungen zwischen Vertreterinnen und Vertretern der bekennenden Kirche und anderen Traditionen. Im anschließenden großen Kapitel zum Jahrzehnt der Umbrüche wird in der Darstellung der Auseinandersetzung um „kein anderes Evangelium" (93–103) in eindrucksvoller Weise durchaus auch die Härte der Diskussion veröffentlicht. Der Studentenrebellion wird angemessener Raum geschenkt. Dabei wird immer wieder die besondere Rolle Helmut Gollwitzers betont. Wünschenswert wäre für diesen Zeitraum gewesen, dass Neuansätze, die das Zweite Vatikanum zumindest artikulierte und die bis auf den heutigen Tag noch zur Diskussion und Auseinandersetzung Anlass geben, stärker entfaltet worden wären. Der Absatz Dritte Welt und Ökumene (115–119) unter der Überschrift „Unruhige Beruhigungen" fasst den Zeitraum von ca. 1970–1989 zusammen. Ausführlich wird das FDP-Kirchenpapier und seine Entstehungsgeschichte dargestellt,

eine Ausführlichkeit, die diesem Programm eigentlich, was seine Bedeutung angeht, nicht zusteht, es sei denn, man versteht es als eine Vorwegnahme von Diskussionen, die eventuell in naher Zukunft das staatskirchenrechtliche Bild in der Bundesrepublik Deutschland noch einmal bestimmen werden. Unter der Überschrift „Reformen" werden in diesem Kapitel aber auch die Diskussionen um die Schwangerschaftskonfliktberatung sowie die Frage, wann und wie Kirchen sich zu gesellschaftlichen Fragen positionieren sollen, diskutiert. Selbst die um Ingmar Bergmanns Film „Das Schweigen" aus dem Jahr 1964 aufgebrochenen Diskussionsprozesse werden aufgenommen und als ein Aspekt beschrieben, wie sich christlich-kirchlich legitimierte Moralvorstellungen verändern bzw. wie sie abgelöst werden. Sehr hilfreich ist, dass gerade bei Nachzeichnung dieser Diskussionen, die gegenwärtig auch manche Konfliktlinie noch bestimmen, die differenzierten Positionen von EKD, VELKD und auch UEK eingebracht werden. Im Ganzen zeichnet sich die Darstellung gerade in diesem Bereich erneut dadurch aus, dass hier nie nur innerkirchlich theologische Prozesse beschrieben werden, sondern dass sie in ihrer Vernetzung mit dem gesellschaftlichen, politischen und staatsrechtlichen Kontext gedeutet werden. Dies bestimmt auch das letzte Kapitel, in dem es um das vereinte Deutschland geht, eine kritische Betrachtung der Entstehungsgeschichte der neuen Bundesrepublik, den Religionsunterricht, Kirchensteuer und Militärseelsorge und zugleich eine wichtige Würdigung des Kirche-Seins in der DDR. Wieweit eventuell auch eine Frage der Neuordnung des neuen Auftrags der Bundeswehr hier in ihrer Verwobenheit zur Militärseelsorge vielleicht noch stärker hätte gewichtet werden können, sei dahingestellt. Die ausgesprochen positive Beschreibung der unter dem Label „Kirche der Freiheit" stehenden Reformprozesse der Gesamt-EKD ist umfänglich. Wesentlich aber erscheint, dass die Wirkungen des Impulspapiers der EKD aus dem Jahre 2006 auch in ihren Destruktionen im Blick auf die Selbstwahrnehmung von Pfarrern und Pfarrerinnen und hinsichtlich der Bedeutung von Landeskirchen durch den Verfasser in kritischer Distanz zum Impulspapier erläutert werden. Ihm ist wichtig festzuhalten, dass zwar durch diesen Impuls eine Atmosphäre geschaffen wurde, die Mut machte „nach vorn zu blicken" (217), zugleich aber ist spürbar, dass dem Verfasser der ökonomische Ansatz des Papiers der EKD nicht hinreichend ist, um eine geistliche Orientierungskrise der Kirche zu überwinden (219). Es ist hoch erfreulich, dass er keinen Hehl daraus macht, dass im „Zutrauen zu Gottes Wort und Vertrauen zum Mitmenschen" die wichtigsten Aspekte zu finden sind, um eine lebendige, dem Evangelium verpflichtete Kirche zu gestalten. Dass beides geschenkt und gewagt werden muss, ist ihm wichtig und wesentlich (221).

Abschließend sei mit Hartmut Lehmann festgehalten, dass es Greschat gelungen ist, in meisterlicher Darstellung und Interpretation die hoch differenzierten Entwicklungsprozesse des Protestantismus – und zugleich politische und gesellschaftliche Prozesse in der Bundesrepublik – nach 1945 so darzustellen, dass sie sich jedem Interessierten erschließen.

Friedrich Weber

GEMEINSAME ERKLÄRUNG ZUR RECHTFERTIGUNGSLEHRE

Pieter de Witte, Doctrine, Dynamic and Difference. To the heart of the Lutheran-Roman Catholic Differentiated Consensus on Justification. T&T Clark International, London/New York 2012. 251 Seiten. Gb. EUR 82,99.

Dieses Buch ist ein äußerst wichtiges Werk für die theologische Aufarbeitung der *Gemeinsamen Erklärung zur Rechtfertigungslehre.* Es stellt eine im besten Sinne „unparteiische" und äußerst sorgfältige Evaluation der Ergebnisse dieses Konsensdokumentes dar. Der Ausgangspunkt ist eine überraschende Fragestellung (Kap.1). Die GER formuliert zwar einen *Grundkonsens* im Verständnis der Rechtfertigungslehre, verzichtet aber darauf, auch die *Grunddifferenz* („Fundamental Difference") zu benennen, die hinter den Differenzpunkten liegt, die in

Kap. 4 behandelt werden. Warum ist das so und worin besteht diese Grunddifferenz? Um diese Frage zu beantworten; untersucht W. zunächst die Vorgeschichte der GER. In Kap. 2 stellt er zwei theologische Konzeptionen vor, die auf beiden Seiten die Annäherung vorbereitet haben. Auf katholischer Seite ist das O.H. Pesch und seine Untersuchung zur Theologie Thomas von Aquins und Luthers; auf lutherischer Seite die finnische Schule der Lutherinterpretation (T. Mannermaa und seine Schüler), auch wenn deren direkter Einfluss auf die Entstehung der GER geringer war als der Peschs. Kap. 3 untersucht, welche Ergebnisse früherer katholisch-lutherischer Dialoge bei der Arbeit an der GER aufgenommen wurden. W. geht dabei vor allem auf den amerikanischen Dialog *Justification by Faith, das deutsche Dokument Lehrverurteilungen – kirchentrennend?* und die Studien des internationalen Dialogs Evangelium und Kirche (Malta-Bericht 1972) und Kirche und Rechtfertigung (1993) ein.

Kap. 4 wendet sich dann der GER selbst zu. Zunächst wird ein kurzer Abriss der Entstehungsgeschichte gegeben und der Charakter des Dokuments als Rezeption der vorangehenden Dialoge herausgearbeitet. Dann liefert W. eine sehr eingehende Analyse des entscheidenden 4. Kapitels der GER, in dem Konsens und Dissens anhand von sieben Schlüsselthemen der Diskussion um die Rechtfertigungslehre erläutert werden.

Das Buch schließt mit einer kurzen Zusammenfassung. Hier wird aufgezeigt, worin der Grunddissens zwischen Katholiken und Lutheranern besteht: Während die lutherische Lehre das *sola fide* als ein *sola fiducia* interpretiert und Vertrauen und Gewissheit allein auf dem beruht, was Gott an ihnen tut, unabhängig davon, wie sich das in ihrem Leben zeigt *(simul iustus et peccator)*, spricht die katholische Lehre von einer Wirksamkeit der rechtfertigenden Gnade, die im geschichtlichen Leben der Christen erfahrbar ist und dort ihre Früchte zeigt; sie hält darum unter bestimmten Voraussetzungen am Begriff des *meritum* fest. (Den Begriff *semihistorical*, den W. für diese Interpretation der Rechtfertigungslehre wählt [219 ff], halte ich allerdings für unglücklich.) Um zu einem Grundkonsens zu gelangen, haben beide Seiten Schritte aufeinander tun müssen, und zwar nach Überzeugung von W. die lutherische Seite stärker als die katholische, die sich aber auch bewegen musste. Das aber ist unvermeidlich, wenn man vom ökumenischen Partner nicht nur eine Zustimmung zur Wahrheit der eigenen Tradition erwartet.

Insgesamt bietet W. eine kritisch-wohlwollende Analyse von Geschichte und Inhalt der GER, die deren Schwächen, aber auch ihre Stärke und Bedeutung aufzeigt. Am Schluss stehen Vorschläge für eine Anwendung dieser Ergebnisse für den weiterführenden Dialog über das

Verständnis von Kirche. Sie zeigen allerdings, wie schwierig hier die Verständigung sein wird.

Walter Klaiber

INTERKULTURELLE THEOLOGIE

Henning Wrogemann, Interkulturelle Theologie und Hermeneutik. Grundfragen, aktuelle Beispiele, theoretische Perspektiven. Gütersloher Verlagshaus, Gütersloh 2012. 409 Seiten. Kt. EUR 29,99.

Dieses Buch ist der erste Band eines dreibändigen Lehrbuchs *Interkulturelle Theologie/Missionswissenschaft.* Der Charakter als Lehrbuch wirkt sich positiv auf die Leserfreundlichkeit des Werkes aus. Begriffe werden erklärt, Entwicklungen anschaulich dargestellt und Problemstellungen durch eindrückliche Beispiele eingeführt.

Das Buch ist klar gegliedert. Auf eine Einleitung: *Interkulturelle Theologie – was ist damit gemeint?* folgen vier Hauptteile: I. Interkulturelle Hermeneutik und der Kulturbegriff; hier werden Grundpositionen der Hermeneutik, Fragen von Globalisierung und Interkulturalität, Grundsatzfragen zur Inkulturation der christlichen Botschaft, der Kulturbegriff und Fragen der Kultursemiotik behandelt. *II. Zur Vielfalt Kontextueller Theologie – Beispiel Afrika,* ein Abschnitt, in dem ganz unterschiedliche Modelle kontextueller Theologie aus Afrika vorgestellt werden. *III. Christliche Missionen und fremde Kulturen – geschichtliche Perspektiven,* wo gezeigt wird, wie unterschiedlich in der Geschichte der Mission einheimische Kulturen behandelt wurden. *IV. Theologie und Interkulturalität – systematische Perspektiven,* nach meinem Eindruck der heterogenste Abschnitt des Buches. Hier wird u. a. die Frage des *Synkretismus* behandelt (wozu W. auch das Konzept des *Spiritual warfare* in den USA rechnet), aber auch die Bedeutung der Ökumene.

Die Vorzüge des Buches wurden schon angedeutet: Informationen über wichtige Aspekte der Theoriebildung und deren Diskussion wechseln sich ab mit eindrücklichen Beispielen für ganz unterschiedliche Problemstellungen oder Lösungsversuche. Sehr wohltuend ist die Weite des Blicks: W. scheut sich nicht, auch Beispiele und Lösungsansätze aus dem evangelikalen, charismatischen oder pfingstlerischen Bereich in „teilnehmender Beobachtung" zu beschreiben, dann aber auch kritisch zu evaluieren. Sehr hilfreich sind in diesem Zusammenhang auch die sehr ausgewogene Darstellung der verschiedenen Modelle missionarischer Auseinandersetzung mit heimischen Kulturen und die Beobachtungen, was das Thema für Migrantengemeinden in Deutschland bedeutet. Instruktiv sind auch einige beigegebene Bilder. Kritisch zu fragen wäre höchstens, ob W. nicht etwas zu viel in das Buch gepackt hat, sodass der rote Faden nicht immer deutlich erkennbar ist. Man darf also auf die Fortsetzung gespannt sein. Inzwischen ist auch schon Band 2 erschienen: *Missionstheologien der Gegenwart,* Gütersloh 2013.

Walter Klaiber

FRIEDENSDIENST IN PALÄSTINA

Rudolf Hinz/Ekkehart Drost, In Jayyous wachsen Bäume auch auf Felsen – Friedensdienst in einem palästinensischen Dorf. Gabriele-Schäfer-Verlag, Herne 2012. 180 Seiten. Pb. EUR 25,–.

Mit dem Buch „In Jayyous wachsen Bäume auch auf Felsen" legen Rudolf Hinz, Oberkirchenrat i. R., ehemaliger Direktor der Abteilung Weltdienst des Lutherischen Weltbundes in Genf und Koordinator des Ökumenischen Begleitprogramms für Palästina und Israel (EAPPI), und Ekkehard Drost, Lehrer i. R. und Freiwilliger des EAPPI im Jahr 2011, einen bewegenden, multiperspektivischen Einblick in das Leben, Kämpfen und Hoffen einer palästinensischen Dorfbevölkerung vor. In einem ersten Teil wird die Geschichte des Dorfes Jayyous und der Widerstand gegen Sperranlagen und Landverlust in den Jahren 2002–2007 von Rudolf Hinz skizziert. Ein zweiter Teil von Ekkehard Drost konzentriert sich auf Entwicklungen von 2007–2012. Ein Anhang verweist u. a. auf diejenigen palästinensischen und israelischen Menschenrechtsorganisationen, die integraler Bestandteil des gewaltlosen Widerstands gewesen sind.

Das Buch zeichnet sich durch ein hohes Maß an emotionaler Beteiligung seitens der Autoren aus. Eigene Erfahrungen, Begegnungen und Analysen sind ebenso essentieller Bestandteil der Veröffentlichung wie die zahlreichen Einschätzungen und Lebensgeschichten von Menschen aus Jayyous selbst. Ergänzt wird dieser multiperspektive Ansatz des Buches durch ausführliche Auszüge aus Dokumentationen, Berichten und Tagebucheinträgen von Freiwilligen des EAPPI.

Im Zentrum stehen dabei die Geschichte und die Geschichten von Menschen aus dem palästinensischen Dorf, das um Leben und Überleben als ländliche Gemeinschaft, um Zugang zu ihrem Land und um Frieden und Autonomie kämpft. „In Jayyous wachsen Bäume auch auf Felsen" erzählt diese Geschichte(n) unmittelbar und direkt. Leben, Alltag und Kampf gegen die existenzbedrohende Sperranlage und die damit verbundenen Konsequenzen für das Überleben von Familien werden durch zahlreiche Interviewteile sowie durch narrative Elemente verdeutlicht.

Gerade weil das Buch eine starke Ausrichtung auf das Alltags(er)leben hat, werden Leserinnen und Leser mithineingenommen in Hoffnung und Verzweiflung einer Dorfgemeinschaft, deren Lebens- und Bewegungsspielräume durch Bau der Sperranlage, Verwüstung von Olivenhainen, restriktivem Zugang zu Wasser, Absperrung des Zugangs zum

Land und zu Märkten und Absatzmöglichkeiten, militärische Intervention, Gefangennahme und Folter immer weiter eingeschränkt werden.

Dabei gelingt es den Autoren, nicht nur sozio-ökonomische Aspekte des mit dem Bau der Sperranlagen verbundenen erneuten Landverlustes zu skizzieren, sondern auch auf das Land als eine spirituelle Entität einzugehen und die Sehnsucht nach einem gerechten Frieden und friedlicher, autonomer Koexistenz immer wieder zu skizzieren. Metaphorischer Charakter und die Frage nach Land als Überlebensgröße und Heimat werden dabei immer wieder ins Spiel gebracht.

Ausgehend von der Geschichte des 4000-Menschen-Dorfes Jayyous eröffnet die Veröffentlichung den Blick auf die breitere (Konflikt-)Geschichte zwischen Israel und Palästina, auf israelische Siedlungspolitik und die Chancen und Grenzen des gewaltfreien Widerstandes.

Andrea Fröchtling

LITURGIK

Jörg Neijenhuis, Liturgik. Gottesdienstelemente im Kontext. Vandenhoeck & Ruprecht, Göttingen 2012. 160 Seiten. Kt. EUR 17,99.

Eigensinn ist ein Wesensmerkmal von Liturgie, der sich nicht durch einzelne Bedeutungszuschreibungen – gewissermaßen am Schreibtisch – kontrollieren oder begrenzen lässt. Die Erwartungen und Haltungen der Pfarrer und Gottesdienstteilnehmenden sowie die vielfältigen Zeichen und Codes (z. B. Körper-, Klangsprache, Gerüche, Textilien) konstituieren den Gottesdienst als vielsprachigen Text und eigensinnigen Zeichenprozess.

Diese semiotische Perspektive hat Jörg Neijenhuis, Privatdozent an der Uni Heidelberg und Abt des evangelischen Klosters Lobenfeld, bereits in seiner Habilitation „Gottesdienst als Text" (2006) entfaltet.

Seine neu erschienene Liturgik ist ein lesenswerter praxisnaher Extrakt dieses Werkes, der Studierende, Vikarinnen, Berufsanfänger über die Schwerpunkte ihrer künftigen Arbeit informieren will. In 24 Schritten, hauptsächlich entlang des Gottesdienstes, geht es um Wahrnehmung und Reflexion des eigensinnigen liturgischen „Textes", „weil und damit sich in der Liturgie die Freude des Glaubens zeigt".

Teils stehen die Kapitel unter theologischen und praktischen Fragestellungen der gottesdienstlichen Praxis (z. B. „Kyrie eleison – der Herr ist groß und wir sind klein?"; „Schriftlesungen – wer sagt hier eigentlich was?"; „Christe, du Lamm Gottes – muss man das immer singen?"), teils sensibilisieren sie für Konfliktthemen oder neue Horizonte des evangelischen Gottesdienstes (Kasualisierung der Gottesdienste, Eucharistiegebet, Verhältnis Predigt – Abendmahl, Liturgische Kleidung, Gesten und Gebärden, Liturgietheologie).

Verbundenheit mit der pluralen evangelischen Gottesdienstkultur, feste Verwurzelung in der evangelischen Liturgietradition und ökumenische Weite und Offenheit charakterisieren dieses Buch. Die protestantische Gottesdienstpraxis wird darin sorgfältig beobachtet und solidarisch reflektiert. Neijenhuis plädiert für einen liturgisch vielfältigen und in seiner Vielsprachigkeit wahrgenommenen und gestalteten evangelischen Gottesdienst, unter anderem auch – eher indirekt und unaufdringlich – für farbige liturgische Kleidung, für eine häufige(re) Abendmahlsfeier, für das Eucharistiegebet.

Die Liturgie bedarf einer ihr angemessenen sensiblen Didaktik. Manche Praxisbeobachtungen (z. B. der Zettel aus der Jackentasche für die Lesung) lassen lächeln, ohne lächerlich zu machen, und sensibilisieren die liturgische Wahrnehmung.

Bei aller gebotenen Sachlichkeit ist dem Autor die eigene Freude am gefeierten Glauben in vielen Gestalten abzuspüren. Diese Freude steckt an und macht Lust auf Liturgie, deren Feier ihrer Reflexion zeitlich und sachlich vorausgeht. „(D)ie Feier der Liturgie ist für ihr Verständnis grundlegend" (7).

Jedes Kapitel kann sehr gut einzeln gelesen werden und eignet sich meiner Meinung nach auch für ehrenamtliche Liturgen und interessierte Gemeindeglieder, aber auch für Studienanfänger jeder theologischen Ausbildungsrichtung. Ebenso sei es auch Interessierten anderer Konfessionen oder liturgiedistanzierten Menschen zur Lektüre empfohlen. Da das Buch auf Fußnoten und ausführliche Darstellung liturgiewissenschaftlicher Diskussionen verzichtet, kann es im Studium nur ein Einstieg sein, dem die Lektüre mindestens eines liturgischen Standardwerkes folgt – warum nicht auch Neijenhuis' opus magnum „Gottesdienst als Text"?

Florian Ihsen

Pfarrer Christoph Anders, Evangelisches Missionswerk in Deutschland, Normannenweg 17–21, 20537 Hamburg; Prof. Dr. Micha Brumlik, Institut für Allgemeine Erziehungswissenschaften, Johann-Wolfgang-Goethe Universität, Robert-Mayer-Straße 1, 60054 Frankfurt; Dr. Andrea Fröchtling, Fachhochschule für Interkulturelle Theologie, Missionsstraße 3–5, 29320 Hermannsburg; Prof. Dr. Antonio González, Centro Teológico Kénosis, c/Los Fresnos, 43, 1° A, 28240 Hoyo de Manzanares, Madrid, Spanien; Pfarrer Dr. Florian Ihsen, Erlöserkirche München-Schwabing, Germaniastraße 4, 80802 München; Bischof em. Dr. Walter Klaiber, Albrechtstraße 23, 72072 Tübingen; Bundestagspräsident Prof. Dr. Norbert Lammert, Deutscher Bundestag, Platz der Republik 1, 11011 Berlin; Prof. Dr. Vasilios N. Makrides, Lehrstuhl Orthodoxes Christentum, Universität Erfurt, Nordhäuser Str. 63, 99089 Erfurt; Prof. Dr. Ralf Miggelbrink, Institut für Katholische Theologie, Campus Essen, Universitätsstraße 12, 45141 Essen; Hamideh Mohagheghi, Querstraße 18, 30519 Hannover; OKR Dr. Hendrik Munsonius, Kirchenrechtliches Institut der EKD, Goßlerstraße 11, 37073 Göttingen; Dr. Christian Polke, FB Evangelische Theologie, Institut für Systematische Theologie, Universität Hamburg, Sedanstr. 19, 20146 Hamburg; Prof. Dr. Christoph Raedel, CVJM-Hochschule, Hugo-Preuß-Straße 40, 34131 Kassel; Prof. Dr. Konrad Raiser, Zikadenweg 14, 14055 Berlin; Prof. Dr. Thomas Schärtl, Katholisch-Theologische Fakultät, Universität Augsburg, Universitätsstraße 10, 86159 Augsburg; Propst Dr. Johann Schneider, Kl. Märkerstraße 1, 06108 Halle/Saale; OKR Wolfgang Vogelmann, Evangelisch-Lutherische Kirche in Norddeutschland, Landeskirchenamt, Dänische Straße 21–35, 24103 Kiel; Landesbischof Prof. Dr. Friedrich Weber, Ev.-luth. Landeskirche in Braunschweig, Dietrich-Bonhoeffer-Straße 1, 38300 Wolfenbüttel.

Titelbild: BER-Piktogramm

Thema des nächsten Heftes 4/2013:

Katholisch und ökumenisch. 50 Jahre Zweites Vatikanisches Konzil

mit Beiträgen von Elzbieta Adamiak, Clare Amos, Neil Blough, Günter Eßer, Massimo Faggioli, Günther Gaßmann, Evgeny Pilipenko, Paul-Werner Scheele, Myriam Wijlens

464 ÖKUMENISCHE RUNDSCHAU – Eine Vierteljahreszeitschrift

In Verbindung mit dem Deutschen Ökumenischen Studienausschuss (vertreten durch Uwe Swarat, Elstal) herausgegeben von Angela Berlis, Bern; Daniel Buda, Genf; Amelé Ekué, Genf/Bossey; Fernando Enns, Amsterdam und Hamburg (Redaktion); Dagmar Heller, Genf; Heinz-Gerhard Justenhoven, Hamburg; Ulrike Link-Wieczorek, Oldenburg/Mannheim (Redaktion); Viola Raheb, Wien; Johanna Rahner, Kassel (Redaktion); Barbara Rudolph, Düsseldorf (Redaktion); Dorothea Sattler, Münster; Stefanie Schardien, Hildesheim (Redaktion); Johann Schneider, Halle-Wittenberg (Redaktion); Oliver Schuegraf, Hannover (Redaktion); Athanasios Vletsis, München; Friedrich Weber, Wolfenbüttel; Rosemarie Wenner, Frankfurt am Main

ISSN 0029-8654
www.oekumenische-rundschau.de

Redaktion: Barbara Rudolph, Düsseldorf (presserechtlich verantwortlich, komm.)
Redaktionssekretärin: Gisela Sahm
Ludolfusstraße 2–4, 60487 Frankfurt am Main
Tel. (069) 247027-0 · Fax (069) 247027-30
e-mail: info@ack-oec.de

Verlag: Evangelische Verlagsanstalt GmbH
Blumenstraße 76 · 04155 Leipzig · www.eva-leipzig.de
Geschäftsführung: Arnd Brummer, Sebastian Knöfel

Satz und Druck: Druckerei Böhlau · Ranftsche Gasse 14 · 04103 Leipzig

Abo-Service und Vertrieb: Christine Herrmann
Evangelisches Medienhaus GmbH · Blumenstraße 76 · 04155 Leipzig
Tel. (0341) 71141-22 · Fax (0341) 71141-50
E-Mail: herrmann@emh-leipzig.de

Anzeigen-Service: Rainer Ott · Media Buch + Werbe Service
Postfach 1224 · 76758 Rülzheim
www.ottmedia.com· ott@ottmedia.com

Bezugsbedingungen: Die Ökumenische Rundschau erscheint viermal jährlich, jeweils im ersten Monat des Quartals. Das Abonnement ist jeweils zum Ende des Kalenderjahres mit einer Frist von einem Monat beim Abo-Service kündbar.
Bitte Abo-Anschrift prüfen und jede Änderung dem Abo-Service mitteilen.
Die Post sendet Zeitschriften nicht nach.
Preise (Stand 1. Januar 2013, Preisänderungen vorbehalten):
Jahresabonnement (inkl. Versandkosten): Inland: € 42,00 (inkl. MWSt.),
Ausland: EU: € 48,00, Nicht-EU: € 52,00 (exkl. MWSt.)
Rabatt (gegen Nachweis): Studenten 35 %.
Einzelheft: € 12,00 (inkl. MWSt., zzgl. Versand)

Die nächste Ausgabe erscheint Oktober 2013.